동아시아 도시 이야기

동아시아 도시 이야기

싱가포르에서 블라디보스토크까지, 도시로 읽는 동아시아 역사와 문화

초판 1쇄 발행 2022년 8월 20일
초판 2쇄 발행 2023년 5월 10일

지은이   도시사학회·연구모임 공간담화
펴낸이   이영선
책임편집   김종훈

편집   이일규 김선정 김문정 김종훈 이민재 김영아 차소영 이현정
디자인   김회량 위수연
독자본부   김일신 정혜영 김연수 김민수 박정래 손미경 김동욱

펴낸곳 서해문집 | 출판등록 1989년 3월 16일(제406-2005-000047호)
주소 경기도 파주시 광인사길 217(파주출판도시)
전화 (031)955-7470 | 팩스 (031)955-7469
홈페이지 www.booksea.co.kr | 이메일 shmj21@hanmail.net

싱가포르에서 블라디보스토크까지,
도시로 읽는 동아시아
역사와 문화

도시사학회 · 연구모임 공간담화 지음

동아시아 도시 이야기

서해문집

서문

도시는 각양각색의 다층적이고 중층적인 기억의 장소이다. 고대부터 오늘날에 이르기까지 정치·종교·경제 엘리트 지배층이나 시민들은 도시 곳곳에 계승하거나 전승하고 싶은 여러 기억의 매개물들을 만들어 왔다. 20세기 초에 집단기억의 개념을 창안해 낸 프랑스의 사회학자 알브박스Maurice Halbwachs가 주장한 것처럼, 기억의 매개물은 다양한 사회집단이나 공동체의 정체성을 형성·유지·강화한다. 몇몇 기념물만이 아니라 도시의 특정 구역이나 도시 전체가 기억의 대상이 되기도 한다. 기억의 장소와 도시문화, 도시의 다층적 정체성은 도시사학자들은 물론이고 도시문화 애호가들에게도 다각도의 관심 대상이었다.

　이 책《동아시아 도시 이야기》는 한·중·일 3국은 물론, 베트남과 말레이반도 등의 동남아, 극동 러시아 일부 도시도 포함해 주로 근현대 동아시아 도시 자체나 도시의 특정 구역이 어떻게 기억의 장소들을 형성해 갔는지, 어떻게 다층적 도시 정체성을 가졌으며, 이 정체성이 시간의 흐름 속에서 어떻게 유지·변화·변용되어 가는지를 살펴본다.

이 책은 도시사학회가 기획해 2017년에 출간한 《도시는 기억이다: 공공기념물로 본 서양 도시의 역사와 문화》의 후속편이다. 《도시는 기억이다》는 대한민국학술원 우수도서로 선정되는 등 학문적인 성과를 얻었을 뿐만 아니라 대중에게도 많은 사랑을 받았으며, 한국 사회에서 여러 도시의 각종 기억 및 기념물과 관련한 논의에도 기여했다.

또한 개인적 사회봉사이긴 하지만 책을 기획하고 대표저자를 맡았던 이 글의 필자는, 세월호 사회적 참사를 기억하기 위해 왕성하게 활동한 4·16안산시민연대의 초청을 받아 도시와 기억에 관한 강연을 하기도 했고, 국무조정실 세월호지원단 추모 시설 건립 관련 관계 기관 협의회의 자문회의에 참여하기도 했다. 그런데 《도시는 기억이다》는 부제처럼 서양 도시만을 다루었기에 출간 직후부터 일부 독자에게 동아시아 도시를 따로 책으로 낼 것인지, 낸다면 언제 출간될지 등에 관한 질문을 받기도 했다.

이러한 배경에서 2017년 가을에 《도시는 기억이다》가 출간된 직후부터 이 책이 구상되었다. 도시사학회는 동아시아도시 연구자 두 명을 대표 저자로 하여, 책의 기획 의도에 충실한 원고를 작성해 줄 공저자들을 섭외해 2018년과 2019년에 몇몇 원고를 준비했다. 그러나 2020년 초부터 시작된 코로나19 팬데믹 상황에서 일상의 리듬이 재편성되고, 현재의 사회적 필요에 부응하고자 여러 도시사연구자가 도시 위생과 공중보건 등에 학문적 관심을 집중하면서 책 출간 준비가 더는 진행되지 못했다. 마침 도시사와 도시문화를 연구하는 신진 연구자들의 연구모임 공간담화가 2017년부터 인터넷 매체인 《레디앙》에 '근현대 동아시아 도시이야기'라는 주제로 칼럼들을 연재하고 있었는데, 이 칼럼들이 '도시는 기억이다 동아시아편'의 취지에 부합했기에 논의를 통해 공동으로《동아시아 도시 이야기》출간을 결정했다. 이 책에서 다룬 도시 21곳 중에서《레디앙》에 연재한 글을 수정보완한 도시는 12곳(대전, 부산, 군산, 울산, 평양, 다롄, 하얼빈, 타이베이, 도쿄, 나하, 페낭, 블라디보스토크)이다. 도시사학회 전 편집장이자 연구모임 공간담화의 주요 연구자로서, 두 학술단체가 공동으로 이 책을 출간할 수 있게 조율하고, 공저자들과 빈번하게 소통하며, 원고를 취합하는 데 수고해 준 서울시립대학교 박준형 교수에게 이 자리를 빌려 고마운 마음을 전한다.

동아시아는 20세기 막바지에 미국, 유럽연합과 함께 지구적 차원의 경제·문화 활동의 핵심지역으로 대두했고, 계속해 다양한 영역에서 글로벌 영향력을 발휘하고 있다. 그 중심에는 빠르게 성장한 그리고 계속해서 성장 중인 도시들이 있다. 이 책에서는 동아시아 도시들의 역사, 문화, 기억을 매개로 한 도시 정체성을 크게 1부 '식민도시', 2부 '문화유산도시', 3부 '산업군사도시'로 범주화하여 탐구한다. 부별 도시들의 순서는 한·중·일과 그 외 국가나 지역 순이며, 동일 지역일 경우에는 글에서 다루는 시기가 앞서는 도시를 먼저 배치했다. 한국의 여러 지방 도시와는 달리 서울은 이 책에서 제외했는데, 이는 이 책에 이어 도시사학회와 연구모임 공간담화가 다시 함께 출간할 책에 서울의 여러 동네와 장소만을 담을 예정이기 때문이다.

이제 책에서 다루는 내용을 간략하게 살펴보자. 동남아시아 일부

지역에서는 16~17세기 대항해시대에 포르투갈, 네덜란드의 진출로 식민도시가 세워지기도 했으나, 동아시아 전체적으로 식민도시는 19세기 중반부터 본격적으로 등장해 서구식 근대도시의 인프라와 근대적 도시계획을 구현했다. 식민도시의 유산은 식민지에서 해방된 이후에도 유지되고 활용되면서 도시의 다층적 기억과 정체성을 형성했다.

1부 식민도시 1장에서 탐색하는 대전은 널리 알려진 것처럼 1904년 경부선 개통으로 만들어진 신도시로, 도청 소재지가 기존 공주에서 대전으로 옮겨지면서 크게 성장했다. 이주 일본인 공동체는 도시 개발의 주요 동인이었고, 대전에는 일제강점기에 민족과 계급, 식민성과 근대성 등이 복잡하게 착종되었다. 2장에서 고찰하는 군산은 서해안의 지리적 요충지로 대한제국 때 국제무역항으로 성장하기를 꿈꾸었으나 일제강점기에 식민도시로 성장했다. 시가지는 식민 시기에 민족적·경제적 조건에 따라 확장 분화되었는데 원도심은 식민도시 모습을 그대로 간직하고 있다. 군산은 해방 이후 침체를 겪다 새만금간척사업과 산업단지 조성으로 새로운 전환을 맞이하고 있다. 3장은 랴오둥반도의 항구도시 다롄을 다룬다. 1898년 러시아의 조차지租借地 항구도시로 생겨난 다롄은 육로와 해로의 결절점으로 시기별로 중국, 일본, 러시아/소련의 영향을 받았으며, 오늘날 중국 동북도시의 경제 중심지이자 국제금융도시로 발전하고 있다. 4장에서 고찰하는 하얼빈 또한 러시아가 청국에서 철도 부설권을 획득하면서 탄생한 도시이다. 1931년 만주사변 이후 일본이 세운 만주국이 통치한 이 도시에는 러시아혁명 이후 반공 러시아인들이 자리를 잡았고 이들에 의해 백인 유럽문화가 동북아에 퍼지기도 했다. 5장에서 살펴보는 오키나와 나하는 애초 류큐왕국의 수도 슈리首里의 문호門戶 역할을 하는 항구였다. 2차 세계대전 이후 나하가 슈리와 주변 지역을 병합해 오키나와 수도의 위상을 가졌고, 1970년대 이후 관광도시로 성장했다. 6장은 포르투갈과 네덜란드에 이어 18세기 말에서 19세기 초에 영국에 할양된 페낭과 말라카 그리고 싱가포르를 검토한다. 영국 동인도회사가 해협식민지로서 관리한 이들 식민도시에는 현지인, 중국인, 유럽인의 다민족·다문화 사회가 형성되었다. 7장은 베트남의 고원 휴양도시 달랏을 분석한다. 열대와 아열대 기후에 적응하지 못한 유럽인의 휴양도시라는 식민도시의 한 유형으로 1893년에 형성되기 시작한 달랏은 프랑스 식민 시기 크게 발전했다. 탈식민과 베트남전쟁 시기에는 다소 침체했으나 이후 식민도시 유산을 활용한 관광도시·교육도시라는 다층적 정체성을 가진 도시로 변모하고 있다.

2부는 문화유산도시들에 천착한다. 여기서 소개하는 도시 중 몇몇은 어느 정도 식민도시의 속성을 지니지만, 식민지 시기 이전의 역사와 문화유산들이 존재하기에 문화유산도시 범주에 포함했다. 먼저 8장은 주로 일제강점기 평양을 다룬다. 이 시기에 일본인 시가지인 '신시가'가 평양 내성과 외성 사이에 조성되면서 기존의 시가지였던 내성 일대는 조선인 중심의 '구시가'가 되었고, 식민지 도시의 '이중도시' 현상이 경성보다 평양에서 더 확연하게 나타났다. 9장은 오랜 역사도시 부산에서 최근 주목을 받는 감천마을과 산복도로를 '가난의 상품화'라는 비판적인 시선으로 바라본다. 낙후되었다는 이유만으로 시간의 침탈을 받지 않고 박제된 지역들이 재발견되는 현상은 과잉 관광 문제에 대한 성찰을 요청한다. 10장은 타이난의 역사와 문화를 검토한다. 대항해시대에 네덜란드가 동인도회사의 요새를 건설했는데, 명청 교체기 중국 남부에서 반청운동을 주도한 정성공鄭成功이 네덜란드인을 축출하고 기반을 마련했다. 이후 일본의 영향으로 타이완의 중심이 타이난에서 타이베이로 이동해 갔다. 11장은 19세기 말에 타이완의 정치적·경제적 중심지가 된 타이베이의 20세기 권력과 일상의 문제를 검토한다. 타이베이의 도시구조는 청국과 일본의 권력에 의한 도시계획이 실현된 사례이며, 일상에서는 다양한 문화운동과 공간의 전유가 나타났다. 12장은 도쿄의 우에노공원에 초점을 둔다. 17세기 초에 에도막부가 수립되며 대규모 사원지구로 조성된 우에노 지역은 메이지유신 시기 근대 공원으로 변모해, 박람회를 개최하고 박물관을 비롯한 근대적 시설들이 자리를 잡는 장소가 되었다. 13장은 일본의 마쓰야마를 다루면서 주요 관광자원 외에 잘 드러나지 않는 러일전쟁의 흔적을 문학박물관과 러시아군 묘소를 통해 환기한다. 14장은 베트남 호이안의 역사를 근세 동아시아 주요 교역항으로서 번성, 식민 시기의 정체, 탈식민 시기 관광 자원화와 유네스코 세계문화유산 등재라는 주요 역사적 흐름과 함께 고찰한다.

3부는 산업군사도시의 역사와 문화, 기억과 정체성을 고찰한다. 산업화는 도시화를 동반했는데, 동아시아 여기저기에서 생겨난 각양의 산업도시 중에는 군사적 목적을 지닌 도시가 포함되었다. 15장에서 다룬 울산은 전근대 읍성에서 일제강점기에 대륙병참기지화를 위한 공업도시의 구상으로 성장했다. 해방 이후에는 박정희 정부 시기 최초의 공업 특구로 지정되어 국가산업단지 건설에 따른 산업도시로 변모했다. 16장에서 고찰하는 부평 또한 일제강점기에 '수도권'과 '경인 공업지역'을 형성하는 과정에서 공장지역으로 조성되었는데, 해방 이후 산업화 시기에 더욱 확대되고 발전했다. 남아 있는 일제 건축물이 철거될 상황은 일상적 기억의 매개물에 대한 우리 사회의 논의가 다소 부족함을 보여 준다. 17장은 일본질소비료주식회사가 1926년에 건설한 공업도시 흥남의 도시문화와 정체성을, 흥남 일본질소비료주식회사 노동자로 근무하다 해방 후 일본으로 귀국한 노동자들의 구술을 기반으로 만들어 낸 가상의 인물이 들려주는 이야기이다. 18장은 1930년대 만주국의 대표적인 공업도시로 성장해 1949년 이후 중국 최대 중공업도시로 부상했다가 개혁개방 이후 쇠퇴한 선양瀋陽을 고찰한다. 특히 사회주의 시기 건설된 노동자 주택 밀집 지역인 '공인촌'을 둘러싼 노동자, 기업, 국가 사이에 집단기억이 어떻게 형성되었는지, 공인촌이 어떻게 변용되었는지를 분석한다. 19장은 중국 개혁개방의 1번지라 불리는 선전의 다층적 기억들에 대해 선전과 홍콩 경계의 작은 농촌 마을, 돌진적인 근대화의 예외적 공간, 호적이 없는 농민공農民工의 도시, 글로벌 도시 속 시민성의 문제를 중심으로 고찰한다. 20장은 신일본제철의 전신인 야하타제철소가 있었던 기타큐슈의 근대화 흔적, 2차 세계대전 중 군수산업 중심지로의 전환, 전후 폐허에서의 재출발과 환경오염 문제, 일본 정부에 의한 유산화 등을 차례로 검토한다. 마지막으로 21장은 극동 러시아 블라디보스토크에 해군 요새가 건설된 것, 시베리아 횡단철도가 부설돼 도시가 성장한 것, 1차 세계대전과 러시아혁명으로 국제도시로 변화한 것, 이후 소련이 태평양해군 함대 기지와 군수공장을 건립해 폐쇄적 군사도시로 변모한 것 등을 다룬다.

이 책은 동아시아 도시의 역사·문화·기억·정체성을 살펴보면서 널리 알려지거나 익숙한 곳만이 아니라 상대적으로 덜 알려지고 익숙하지 않은 도시들도 포함했다. 근현대에 집중해 동아시아 도시들의 주요한 기능과 형태에 따른 범주 또는 정체성에 해당하는 식민도시, 문화유산도시, 산업군사도시를 검토한 것은, 이들 도시 유형이 오늘날 동아시아의 많은 도시에 계속해서 직간접적인 영향을 미치고 있기 때문이다.

이 책이 동아시아 도시들의 역사와 문화에 관심을 가진 이들에게 많은 사랑을 받기를 희망한다. 아울러 식민도시의 유산을 어떻게 활용할 것인지, 문화유산도시의 전통을 어떻게 현재적 개발이나 혁신과 결합해야 하는지, 사회경제 구조가 변화하는 가운데 산업군사도시의 미래는 어떻게 전망하고 설정해야 하는지 등을 고민하는 모든 이에게 하나의 유용한 참고자료가 되기를 소망한다.

저자들을 대표해
민유기 씀

차
례

식민도시

1

문화유산도시

2

산업군사도시

3

1

식민도시

대전

이민자들이 건설한

식민도시

고윤수

모험가, 괴짜, 전도사, 탈영병, 장사꾼, 성자, 가끔 살인자, 멀리 떨어졌지만 가족에 얹혀사는 이주민, 탐험가 … 이 모든 사람들이 아프리카로 왔고 그들은 이외에도 또 다른 공통점을 갖고 있다. 그들은 진정 제국의 건설자가 아니면서도 제국을 건설했다.

— 로맹가리, 〈식민자들The Colonials〉 중에서

철도와 이주

가장 급한 일은 다음의 두 가지입니다. 하나는 부산에서 한성을 거쳐 의주까지 철도를 부설하는 일이고, 또 하나는 평양의 북쪽 의주에 이르기까지 중요한 지점에 방인邦人을 이식하는 일입니다.

일본 조슈 군벌의 총수이자 청일전쟁 당시 조선주둔 일본군 1사령관이었던 야마가타 아리토모山縣有朋가 1894년 메이지천황에게 올린 대조선정책의 골자이다. '철도의 부설'과 '자국민의 이주', 일본의 이

간명한 한반도 식민정책이 가장 성공적으로 구현된 도시가 바로 '대전'이다. 대전의 역사 자체가 철도의 부설과 일본인의 이주로 시작되기 때문이다. 대전 최초의 시지市誌,《(조선)대전발전지(朝鮮)大田發展誌》의 저자 다나카 레이스이田中麗水는 다음과 같이 대전도시사의 첫 페이지를 썼다.

> 대전이라는 곳은 삭막한 일개 한촌寒村에 지나지 않았다. 그러나 러일전쟁 당시 경부철도가 부설되면서 그즈음 내지인의 이주가 시작되었다. 메이지 37년(1904) 대전에 거주하던 내지인의 수는 180여 명이었다.

일찍이 일본이 한반도의 경부선철도를 구상했을 때, 충청도에는 대전이 아니라 '공주公州'나 '청주淸州'에 역을 둘 계획이었다. 당시 대전은 그 이름조차 유명무실한 대전천변의 너른 벌판에 지나지 않았다. 여객이든 물류든 '수요'라는 게 존재하지 않았으므로 당연히 역을 설치할 만한 곳이 아니었다. 반면 공주와 청주는 오랜 역사도시로 인구는 물론, 경제, 기존 교통망과 연계성 등, 나름 역을 설치할 만한 조건을 갖추고 있었다. 그러나 러시아와 일전을 앞두고 속성공사령을 발표한 일본은 복잡한 토지수용 절차는 물론 주민들의 저항도 걱정할 필요가 없었던, 거의 버려져 있다시피 했던 대전천변의 한 곳을 택해 역을 설치했다. 물길을 끼고 있어 낮고 평평한 대지 또한 철길을 까는 데 용이했다.

그렇게 1904년 6월 대전역이 세워지고 이듬해 경부선철도가 개통되자 대전의 새로운 발전 가능성에 착목한 눈 밝은 이들이 모여들기 시작했다. 러일전쟁 직후 한반도로 건너오는 일본인의 수는 크게 증가했는데 그 가운데서도 대전은 가히 폭발적이라 할 만했다. 이주가 시작된 1904년부터 한국이 완전한 식민지가 된 1910년까지의 5~6년 동안 대전의 일본인 수는 20배가 넘게 늘었다. 이 시기 전국 일본인 인구의 증가율이 연평균 35퍼센트였다면, 대전은 그 두 배가 넘는 76퍼센트였다.

대전에 정착한 일본인들은 1905년 자신들의 대표기구이자 자치법인인 '대전거류민회大田居留民會'를 조직했다. 거류민회가 출범되자마자 그들이 가장 먼저 한 것은 '학교'와 '신사神社'를 세우는 일이었다. 이주 초기부터 대전의 일본인들은 남녀의 성비가 비슷했다. 일확천금을 꿈꾸며 건너온 '무산무뢰자無産武賴者'나 '장사壯士'라 불렸던 정치깡패들이 아닌, 새로운 삶의 터전을 찾아 이주한 가족 단위의 일본인이 많았던 것이다. 그런 그들에게 자녀의 교육문제, 즉 학교는 처음부터 중요한 관심사였다. 긴 관점에서 보더라도 이민 1.5세대 또는 2세대의 교육환경은 재조일본인 사회의 지속과도 직결되는 문제였기 때문이다.

다음으로 그들은 대전역 뒤 '소제호蘇堤湖'라는 호수가 내려다보이는 작은 언덕에 신사를 세웠다. 부산이나 인천 같은 개항장 내 전관거류지專管居留地에 신사가 있는 것은 이상할 게 없었지만 법적으로는 아직 엄연히 '외국'이었던 한국에, 그것도 내륙 깊숙이 일본인들의 신사가 세워진 것은 흔한 일이 아니었다. 신사의 건립은 대전에 정착한 일본인들의 존재와 그 규모를 보여 주는 동시에, 그들의 결속을 공고히 해 주는 것이기도 했다. 신사 주변에는 일본풍의 공원이 조성됐는데, 이 신사와 공원은 이민의 향수를 달래고, 저마다의 사연을 안고 각지에서 모여들었으나 우리는 모두 같은 일본인이라는 모종의 연대 감을 심어 주었다. 하시야 히로시儑谷弘의 지적처럼 식민지에서의 신 사는 평범한 신앙의 공간이 아니라, 이질적인 이주민사회를 통합하고 심리적 안정감을 제공하는 장소로 기능했다.

대전면의 탄생

초기 대전으로 이주한 일본인들은 경부선철도 부설 때, 일본이 수용 한 철도부지 안에 거주하며 점차 그 영역을 넓혀 갔다. 그리고 조선 총독부의 전면적인 첫 지방관제 개편이 있었던 1914년 이들의 정착 지는 '대전면大田面'이라는 하나의 행정구역으로 공식화되었다. 그리 고 이와 함께 회덕군을 중심으로 공주와 진잠鎭岑의 일부 지역을 재조 정하여 '대전군大田郡'이라는 또 하나의 새로운 행정구역이 만들어졌 다. 참고로 병합 직후 일본은 회덕에 있던 군청을 대전역 인근으로 옮 겼는데, 이로 미루어 볼 때 1914년의 대전군 신설은 대전면을 만들며 새롭게 그 외부를 설정해 준 것으로도 볼 수 있다.

　이렇게 만들어진 대전면은 여러모로 특별했다. 일본인들의 거주 지가 동쪽의 경부선 철길과 서쪽의 대전천 사이에 끼어 있었기 때문 에 면의 모양은 좁고 길었으며, 경계 또한 자로 잰 듯 직선에 가까웠 다. 이러한 모습은 산과 내를 경계로 완만한 곡선을 띠던 전통시대의 면들과는 사뭇 달랐다. 특히 '외남면外南面'이라는 또 다른 면 안에 설정된, '면 안의 면'이라는 독특한 위상을 갖고 있었다. 쉽게 말해 대전면을 가운데 두고 외남면과 대전군이 각각 동심원을 이루고 있는 구조였다. 크기 역시 전국 다른 면들의 평균 면적의 70분의 1에 지나지 않는 그야말로 '초미니' 면이었다.

대전면의 출발이 일본인들의 정착지였던 만큼, 인구 구성에서도 일본인이 많을 수밖에 없었다. 지정 첫해 대전면의 인구는 일본인이 3435명(68.8퍼센트), 한국인이 1556명(31.2퍼센트)으로 일본인이 두 배 이상 많았으며, 중심 시가만 보면 대전은 완벽히 일본인의 공간이었다. 대전에서 태어난 재조일본인 쓰지 만타로辻萬太郎는 훗날 자신이 쓴 회고록에서 이렇게 말했다.

마을에는 일본풍의 건축물이 줄지어 서 있었으며 일본 옷을 입고 통행하는 사람도 많았다. 이 마을의 내지인들은 일본에서의 생활방식을 그대로 유지했다. 대다수가 조선어를 말하지 못했고, 조선의 역사나 풍습에 무심해도 문제 될 게 없었다.

덧붙여 그는 다음과 같이 고백했다.

종전 전의 한 시기를 제외하곤, 일찍이 나는 이 도시에 대립하는 두 민족이 살고 있다는 것을 깊이 생각해 보지 않았다. 그게 우리가 실질적으로 식민 통치자 쪽에 있었고, 그들이 통치를 받는 쪽에 있었다는 사실에 눈을 감았기 때문인지, 아니면 아예 생각을 못했던 것인지, 이 도시의 특이한 분위기 때문이었는지, 지금에 와 비로소 생각해 보게 된다.

대전 본정통本町通

대전 역전통驛前通

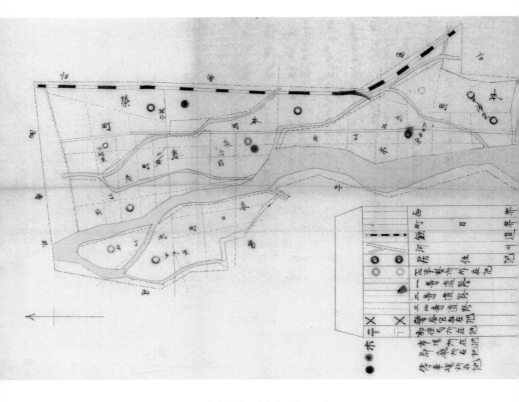

대전면 지도, 〈지지조서〉, 1916

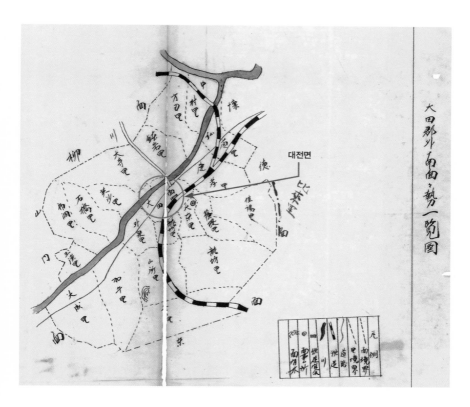

대전군 외남면 일람도, 〈지지조서〉, 1916

대전 재조일본인들의 이러한 의식은 도시 공간 곳곳에 그대로 투사되었다. 그들은 현재 대전의 도심 휴양림으로 유명한 보문산寶文山에 '대전후지大田富士'라는 이름을 붙였다. 산세가 일본의 영산 후지산富士山과 비슷하다는 이유에서였다. 그리고 대전천을 바라보면서는 교토의 가모가와강鴨川을 떠올리며 대전을 '작은 교토(小の京都)'라 애칭하기도 했다.

대마수도對馬水道를 건너와 제2의 고향을 만드신 부모님의 노력을 우러러보아라. 대륙을 향해 퍼져 나가는 임금의 위세를 우러러보아라. 우리는 행복하지 않은가!

1906년 개교한 대전소학교 교가의 첫 소절로 이 노랫말을 쓴 사람은 야마구치현山口縣에서 온 시라이시 데쓰지로白石鐵二郎였다. 대전 재조일본인들의 이 같은 개척자의식은 공주에 있던 충남도청의 대전 이전을 성공시키며 정점에 달했다. 유난히 쾌청했던 1932년 10월 14일 충남도청 대전 이청식에 참석한 다나카 레이스이는 다음과 같이 그날의 감격을 기록했다.

조선에서 일본인들만이 모여 살면서 처음으로 지명이 생겨 일본사람들만으로 건설한 도시는 대전이 유일하다. 건설되기 시작한 지 겨우 30년, 오늘처럼 대전이 발전한 것은 이례적인 것으로 참으로 '신흥 대전'이라고 할 만하다. 이번에 충남도청이 이전하여 제반 시설이 정비되면 앞으로도 거침없이 발전을 거듭하게 될 운명인 대전은 다시 한 번 모든 것을 새로 시작하는 상황에 있다.

식민국가 vs 재조일본인사회

대전 재조일본인들의 자부심은 단순한 정신승리의 차원이 아니었다. 그것은 대전이라는 도시의 탄생 배경이 철도와 일본인의 이주에 있기도 했지만, 도시를 건설하고 발전시켜 나간 주인공도 자신들이라는 확신에서 나온 것이었다.

　조선총독부라는 식민국가는 통치 기간 내내 조선을 경영하는 데 충분한 재정을 투입하지 못했다. 일제 말 전시체제기는 논외로 하더라도, 그 전의 상황 또한 크게 다르지 않았다. 식민지배가 시작된 1910년대 일본 본토는 러일전쟁의 후유증으로 재정악화가 계속되었고, 조선총독부 또한 예산의 대부분을 철도와 토지조사사업 같은 소위 수탈을 위한 초기 통치기반 구축에 쓰고 있었다. 그리고 1920년대에는 3·1운동의 영향으로 경찰과 헌병, 감옥 등 치안유지 비용이 크게 늘어났다.

　아울러 일본 군부는 일찍부터 조선을 보호국이 아닌 완전한 식민지로 만들어야 한다고 주장했는데, 그들을 가장 곤란하게 만들었던 반대 논리가 바로 '비용 문제'였다. 그 때문에 군부의 핵심 인사들이 총독으로 부임했던 조선총독부는 기본적으로 재정 지출에 소극적일 수밖에 없었다. 이런 이유로 식민지 조선의 지역 단위 개발사업들은 많은 부분 민간, 즉 재조일본인사회의 자본과 조직에 기대거나, 그들

029

의 끈질긴 진정과 로비를 통해 이루어졌다.

참고로 병합 초기 조선총독부와 재조일본인사회는 결코 우호적이지 않았다. 재조일본인을 "제국의 브로커"라 표현한 우치다 준內田じゅん에 따르면 "정착민들(재조일본인)은 자신들을 식민통치의 동반자로 여겨 주길 바랐지만, 정부(조선총독부)는 그들을 침입자로 대우했다." 취임 초부터 '일시동인─視同仁'의 구호 아래, 원주민과 정착민을 구분하지 않는 일원적 지배를 관철하려 했던 데라우치 총독의 의지는 재조일본인들과 길항할 수밖에 없었고, 결국 총독부 출범 이후 대전 거류민회와 같은 재조일본인 자치기구는 일괄 폐지되었다. 총독부의 이 같은 결정은 재조일본인사회에 큰 타격을 주었지만 그것은 외형적인 문제였을 뿐, 적어도 대전의 경우 그들의 역할과 영향력은 계속 유지되었다. 그 이유는 앞서 말한 대로 조선총독부의 통치역량 즉 재정이 취약한 데다 신생도시였던 대전은 여전히 도시 인프라가 부족해 지역민들의 개발의지가 높았기 때문이다.

거류민회가 해산된 뒤에도 대전의 재조일본인은 '학교조합'과 '공공회公共會'와 같은 기구를 통해, 불법과 편법의 경계를 오가며 과거 거류민회가 담당했던 토목과 위생, 소방 등 공공영역에서의 활동을 이어갔다. 특히 그들에게는 '대전천 정비'라는 시급한 현안이 있었다. 낮고 평평했던 하천부지는 철도를 깔기에는 좋았지만 장마 때면 어김없이 물이 범람하여, 시가지의 주택과 상점 등에 심각한 피해를 입혔다. 그러나 그에 대한 총독부의 지원은 제때 이루어지지 않았고, 있다 해도 늘 충분치 않았다. 한마디로 대전의 재조일본인에게 국가는 너무 멀리 있었고, 그들에게 닥친 현실의 문제들은 생존과 연결된 것이었으므로 그들 스스로 자신들의 문제를 해결해야만 했다.

하천 정비는 토목사업 중에서도 자본과 인력이 대규모로 투입되고, 공사가 끝난 뒤에도 지속적인 관리가 뒤따른다. 실제 대전의 굵직한 하천 정비사업들은 최소 1930년대 후반까지 계속되었다. 그런 점에서 대전천에서 발원한 대전의 도시사는 대전천을 정비하고 관리해가는 과정이었다고도 말할 수 있다. 중국 고대사회를 연구한 카를 비트포겔Karl Wittfogel은 '수력사회水力社會'라는 독특한 개념을 도입해이른바 '동양적 전제주의'의 기원과 특징을 설명했다. 대규모 치수사업을 통해 동아시아 사회에 강력한 국가권력이 등장했다는 이 이론은유럽중심주의에 대한 비판과 함께 지금은 잘 인용되지 않지만 쉽게폐기하기 힘든, 여전히 그만의 논리적 매력을 갖고 있다. 비슷한 관점에서 대전의 재조일본인사회도, 정착 초기부터 대전천 정비라는 치수사업에 지역사회 전체가 매달리면서 다른 도시의 일본인들에 비해 훨씬 더 강한 결속력과 조직력을 갖게 되었다.

이런 환경 속에서 축적된 재조일본인사회의 역량은 단순히 학교와 신사를 세우거나 하천을 정비하는 것을 넘어 좀 더 큰일을 도모해갔다. 점차 그들은 외부의 자원을 끌어와 도시의 부족한 인프라를 채우고, 대전의 정주 여건을 포괄적으로 개선하는 일에 역량을 집중했다. 대전이 근대도시로 성장하는 데 중요한 계기가 되었던 '호남선철도유치운동'(1908~1910), '일본군연대유치운동'(1911~1915), '대전중학교설치청원'(1916), '대전-금산간도로개수사업'(1916), '군시제사대전공장유치협상'(1925) 등, 거의 모든 굵직한 지역의 현안사업들은 이들재조일본인들에 의해 주도되었다.

물론 이러한 노력을 대전의 일본인들만 한 것은 아니었다. 하지만 다나카 레이스이가 다음과 같이 말한 것처럼, 한 도시의 역사가 오롯이 그러한 '분투의 결정체'였다고 자신 있게 선언할 수 있는 곳은 그리 많지 않을 것이다.

대전은 유치운동의 도시로서 당국을 놀라게 해 왔다. 앞으로 비약하려는 신흥대전이 도시시설을 만들기 위해서는 모든 사업이 신설 계획의 사업뿐이었다. 따라서 당국의 양해를 얻기 위한 운동이 필요했다. 대전의 과거 30년 역사는 시민의 운동과 분투의 결정체였다고 할 수 있다.

충남도청의 이전과
대전부 시대의 개막

잘 알려져 있듯 대전 재조일본인사회의 분투가 거둔 가장 빛나는 성취는 공주에 있던 충남도청을 대전으로 옮겨 온 것이다. 도청의 이전은 충청도의 수위도시가 공주에서 대전으로 바뀌었음을 말해 주는 상징적 사건이었다. 그리고 동시에 그것은 일제 식민통치기 전체를 통틀어 한 지역의 재조일본인 커뮤니티가 식민국가인 조선총독부와 제국의 본토 모두를 아우른, 어쩌면 거의 유일한 사건이기도 하다.

이 사건을 짧게 요약하자면 이렇다. 1920년대부터 대전의 재조일본인들은 충남도청을 대전으로 옮겨 오고자 했다. 당연히 공주의 반발이 만만치 않았다. 그러던 중 대전의 유지들이 로비 과정에서 거액의 뇌물을 건넨 사실이 이른바 '야마나시 총독의 독직사건'으로 터졌고, 그 결과 현직 총독이 사임하는 초유의 사태가 벌어졌다. 그러나 이러한 '악재'에도 대전의 일본인들은 약 1년 뒤, 충남도청을 대전으로 이전한다는 총독부의 공식 발표를 이끌어 냈다. 도청을 둘러싼 대전과 공주의 오랜 경쟁이 대전의 승리로 끝나는 순간이었다. 그러나 뜻하지 않게 일본 중의원이 관련 예산을 전액 삭감하며 도청 이전이 사실상 무산되었다. 본토에서는 이 문제를 '조선인의 도시'(공주) 대 '일본인의 도시'(대전)의 갈등 상황으로 이해했고, 광주학생운동이 수습된 지 얼마 되지 않아 또다시 민족갈등을 부추길 만한 사건을 만들고 싶지 않았던 것이다. 그러자 대전의 유지들이 곧바로 진정위원들을 도쿄로 파견했고, 귀족원이 다시 상황을 원점으로 되돌리는 대역전의 드라마를 썼다.

도청 이전 운동은 대전 지역사회 전체가 동원된 총력전이었지만, 그 핵심에는 지역의 토건 세력이 있었다. 로비자금을 총독부 고위층에 전달한 '스즈키 겐지로須須木權次郎'와 '무라오 이세마쓰村尾伊勢松'는 대전의 유명한 토건청부업자와 화물운송업자였다. 그들이 건넨 4만 5000원은 당시 큰 소 450마리 값에 해당하는 거금이었는데, 이 큰돈이 모두 두 사람의 주머니에서 나오진 않았을 것이다. 그 둘에게 '실탄'을 모아 준 것은 그들과 경제 공동체를 이루고 있던 대전의 유지들, 그중에서도 토건업자들이었을 것이다.

조선총독부의 1930년 《조선국세조사보고朝鮮國勢調査報告》에 따르면 충남에서 토건업 종사자가 가장 많았던 도시는 대전이었다. 그다음이 공주였는데 당시 공주는 대전보다 인구가 많았는데도, 그 수는

伸び行く大田市街
【1931.6 … 空中撮影】

대전 시가지 항공사진, 1931년 6월 촬영

대전역 광장에서 바라본 춘일정통(현재의 대전 중앙로), 1935년 촬영

대전의 절반에 지나지 않았다. 또 1935년판 《조선청부연감朝鮮請負年鑑》에 의하면 충남지역 전체에서 총 25개의 토건청부회사 중 14개 회사가 대전에 본사를 두고 있었다. 이처럼 대전의 토건 인구가 다른 지역에 비해 압도적으로 많았던 것은 개척도시였던 탓에 도로나 주택, 교량 등 사회 기반시설에 대한 수요가 지속적으로 있었고, 그에 필요한 인력들을 계속 끌어안고 도시가 발전해 왔기 때문이었다.

예상할 수 있듯 도청 이전은 이들 대전의 토건 세력에게 큰 이익을 가져다주었다. 스즈키 겐지로는 도청신축공사의 지명입찰에 참가해 최종 사업자로 낙찰되었다. 당시 토건청부업자들의 입찰 담합은 관례에 가까웠으므로 뇌물 스캔들로 세간을 떠들썩하게 만든 당사자가 공사를 수주한 것은 그렇게 놀라운 일도 아니었을 것이다. 무라오 이세마쓰 또한 도청 이전을 계기로 '조선운송주식회사'의 이사에서 '대전트럭주식회사'의 사장으로 변모했고, 운수업을 넘어 유통업과 금융업 등 다양한 영역으로 사업을 확장했다. 그는 몇 년 뒤 대전상공회의소의 초대 회장에 오를 만큼 도청 이전을 계기로 대전의 거물로 성장했다.

도청의 이전은 몇몇 지역 유지들의 주머니를 불려 주는 것 이상의 변화를 가져왔다. 진부한 표현이지만 도청 이전은 대전의 지도를 크게 바꿔 놓았다. 도청사가 신축된 곳은 대전역에서 서쪽으로 약 1킬로미터 떨어진 발암리鉢岩里의 한 과수원 부지였다. 과거 외남면에 속했으나 1921년 면역 확장으로 새로 대전면에 편입된 곳이었다. 그때까지만 해도 그곳은 대전시가지와는 전혀 다른 한적한 시골에 지나지 않았다. 그곳이 도청사 부지로 선정된 것은 여전히 '미개척지'로 남아 있던 대전천 서편에 대한 대대적인 개발을 의미했다. 현재 대전의 중앙로와 목척교가 그 '위용'을 갖게 된 것도, 대전역을 끼고 남북으로 이어진 기존 도심축 위에 대전역과 도청사를 잇는 동서축이 더해지면서부터다.

도청사와 함께 그 주변으로 세무서, 경찰서, 헌병대, 법원 등이 속속 들어섰고, 고위 관료들의 관사를 비롯해 이들 기관에서 일할 직원들과 그 가족을 위한 집과 상점들도 신축되었다. 1930년대 초에 불어닥친 때아닌 대전의 개발 붐은 극심한 침체기에 빠져 있던 대전의 지역경제에 단비 같은 역할을 했다. 1929년부터 1930년대 초까지 식민지 조선의 거의 모든 도시는 일본 본토의 쌀값 폭락에서 비롯된 '쇼와공황'의 여파로 심각한 위기를 맞고 있었다. 대전도 매일 수십 명씩 굶어 죽는 사람들이 나오는 비참한 상황이었다. 그러한 때에 대규모 토건사업은 훌륭한 출구전략이 되었다. 이렇게 충남도청의 이전을 통해 도시의 외연이 확장되고 지역경제 또한 위기에서 벗어나자, 1935년 드디어 대전은 읍에서 승격해 '대전부大田府'가 되었다. 대전역이 세워지고 일본인들의 이주가 시작된 지 30년 만의 일이었다.

식민도시 대전,
이민자들의 도시

1930년대의 대전은 도심의 확장과 경관의 변화 외에도 다른 많은 것이 변했다. 초기 대전의 이주민 사회는 척박한 환경과 부족한 자원으로 내부 갈등이 잦았다. 당시 이민자들은 대전역 주변의 '역전파'와 시장 부근의 '시장파'로 나뉘어 작은 이권을 두고도 서로 경쟁하며 대립했다. 하지만 지금까지 살펴본 것처럼 거친 환경에 맞서 가며 그리고 다른 도시들과 투쟁하며, 대전의 일본인들은 자신들만의 도시공동체를 만들었다. 쓰지 만타로는 그러한 변화의 모습을 다음과 같이 설명했다.

> 대전 내지인 사회는 일본 각지에서 모여든 이들로 이루어졌다. 기타큐슈北九州와 주고쿠中國 지방 출신이 중심을 이루었지만, 그 나머지는 모든 부현府縣을 망라했다. 각각 부현인회府縣人會를 조직해 친목을 도모하긴 했지만, 점차 섞여 들어 출신지와 상관없이 모두 식민지풍의 밝고 활달한 '대전인大田人'으로 변했다. 언어도 초기에는 각지 사투리가 횡행했지만, 그런 가운데 표준어의 사용이 확대되어 갔다. 풍습도 장제葬祭나 신년행사 등에 지방색이 남아 있는 것도 있었지만, 서서히 통일되어 공동의 마을축제를 즐기는 새로운 기풍이 생겨났다.

한편 이러한 대전에도 당연히 한국인들이 살았다. 대전면의 한국인 수가 처음으로 일본인을 앞지른 것은 1926년이었는데, 이는 인근 외남면과 유천면 일부가 대전면에 편입된 효과로 큰 의미를 갖기는 어렵다.

대전의 역사에서 한국인들이 유의미하게 '진출'한 것은 도청 이전을 전후한 시기였다. 1931년 대전의 한국인 인구는 1만 6064명이었는데 도청 이전이 완료된 1932년에는 그 수가 2만 5462명으로 늘어났다. 1년 사이 인구의 약 1.6배에 해당하는 9400명 정도가 증가한 것이다. 여기에 통계에 잡히지 않은 인구까지 합하면 그 수는 훨씬 많았을 것이다. 늘어난 한국인들은 대부분 도시로 일자리를 찾아온 생계형 이주자였다. 이들은 주로 구시가지 밖, 대전천 서편에 거주했다. 뒤에 그곳은 '서정西町'이라는 이름이 붙여졌는데, 대전에서 서정은 '조선인 빈민굴'로 통했다.

한편 새롭게 유입된 한국인 중에는 비교적 부유하고 학력이 높은 엘리트도 포함되어 있었다. 그들은 일본인들과 경쟁하며 선거를 통해 읍회邑會나 부회府會에 진출하거나, 상공회의소 임원 같은 공직 등을 맡으며 대전의 유지로 성장했다. 그리고 '대전 금융왕들의 모임'이라 불린 일종의 사교클럽인 '토요회土曜會'의 멤버가 되어 일본인 유지들과도 거리낌 없이 어울렸다. 분명 그들은 전직 관료나 지주로서 유지 행세를 해 왔던 그 이전 한국인 유지들과는 다른 존재들이었다. 실제 이들의 면면을 살펴보면 모두 대전 밖에서 온 외지인이었으며, 출신지도 북청, 함흥, 경성, 평택, 남원 등 다양했다. 직업도 전통적인 유지층이 아닌 상인이 가장 많았고, 의사와 사법대서司法代書 같은 근대사회의 엘리트 직군도 포함돼 있었다.

1930년대 새로운 근대도시로 성장한 대전부의 유지들은 일본인이든 한국인이든 이처럼 거의 모두 이민자·이주자이거나 그들의 후예였다. 그리고 그들은 모두 대전을 '상공업도시'로 발전시키려는 비전을 공유했다. 한마디로 그들은 대전을 '조선의 오사카'로 만들고 싶어 했다. 하지만 냉정히 말해 그러기에 대전은 특정 원료의 생산지도 아니었으며, 지역 내 자본도 빈약한 일개 소비도시에 지나지 않았다.

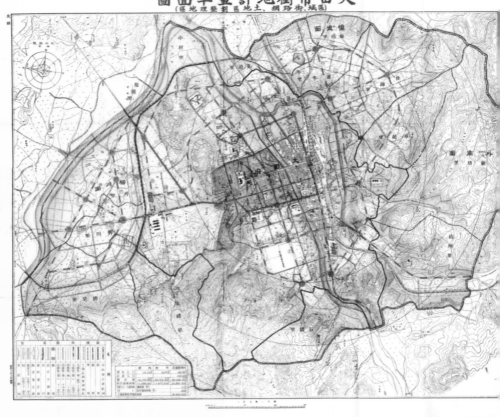

일제강점기 〈대전시가지계획〉 평면도

그래서 그들은 대안으로 '풍부한 저임금의 노동력'을 생각해 냈다.

여기에 가장 적극적으로 호응한 것은 한국인 유지들이었다. 대전 부회의 의원 김동수金東洙는 '일본인 1만 명이 증가할 때, 조선인은 10만 명까지 이주하게 할 수 있다'며, '하루빨리 조선인을 위한 중등학교와 전문학교를 세워야 한다'고 역설했다. 실제 일본인의 인구는 조금씩 늘고는 있었지만 대체로 정체국면 빠져 있었다. 도청 이전을 계기로 한국인의 수가 60퍼센트 포인트 가까이 증가했다면, 일본인은 불과 15.7퍼센트 포인트 늘어나는 데 그쳤다.

다른 도시들과 마찬가지로 대전도 1920년대 이후 도시계획의 수립과 그 시행에 몰두했는데, 가장 큰 이유는 '대대전大大田'이나 '문화도시'의 건설을 통해 대전의 인구를 계속, 그리고 안정적으로 늘리기 위해서였다. 대전의 유지들이 줄곧 의식했던 도시는 '대구'였다. 1915년 보병 제80연대의 유치전에서 패한 후, 그들은 대구를 라이벌로 여기며 일종의 콤플렉스를 가졌다. 그들이 보기에 대구는 오래전부터 경상도의 수부로서 근대도시로서의 발전 기반을 두루 갖추고 있었다. 그에 비해 대전은 하나의 신생도시에 지나지 않았다. 그런 의미에서 도시 내부를 개조하고 경관을 일신할 수 있는 근대적 도시계획은 대전의 지속가능한 발전을 가져올 수 있는 중요한 기회였다. 1937년 발표된 〈대전시가지계획〉에 따르면 대전의 유지들은 1967년까지 향후 30년간, 대전의 인구를 11만 명까지 늘릴 계획을 세우고 있었다. 이민자·이주자가 이민자·이주자를 불러들이고, 그 이민자·이주자가 또 다른 이민자·이주자를 모으는 과정이 곧 대전의 역사이자 발전의 동력이었던 것이다.

041

그렇다고 대전이 모두에게 환대의 도시는 아니었다. '모두가 명랑한 식민풍의 대전인이 되어 갔다'는 쓰지 만타로의 말은 성공한 이민 2세대의 눈에 비친 대전이었을 뿐, 소설가 염상섭은 《만세전》에서 대전의 한국인들을 "시든 배춧잎같이 주눅이 들어 침묵하거나 빌붙는 듯한 천한 웃음으로 헤헤거리는 가여운 표정의 사람들"이라고 표현했다. 염상섭이 식민지 조선 전체가 "구더기가 들끓는 무덤"이라 일갈했던 곳도 다름 아닌 대전역에서였다. 대전의 첫 천주교 신부 이종순李鍾順은 1922년 뮈텔Mutel 주교에게 보내는 편지에 이렇게 썼다.

대전으로 말하면 주교님도 아시다시피 교우들이 여러 곳에서 모여들었기 때문에 재물을 가진 사람 외에는 두목이 없습니다. 그래서 돈이 있거나 점방을 하는 사람이 두목이 됩니다.

비슷한 취지로 1931년 《동아일보》의 기사에는 대전의 지역 정서에 대해 "오합지감烏合之感"이라는 표현을 썼다.

대전은 별안간에 개척한 도시로 땅은 조선이로되 조선인의 근거가 극히 미약한 곳이다. 따라서 이곳의 시가(市井)와 주민은 동서東西의 인으로 오합지감이 없지 않은(不無) 곳이다.

'기존의 질서는 존재하지 않고 여기저기서 흘러 들어온 오합지졸의 이민자·이주자가 돈만 있으면 목소리를 높이는 부박한 도시.' 어쩌면 그것이 식민지 조선의 신생도시 대전의 지배적인 분위기였을지 모른다. 하지만 또 그 부박함에서 다양한 이민자·이주자를 받아들이는 개방성과 누구든 실력과 수완만 있으면 유지로 행세할 수 있는 근대도시의 역동성이 만들어졌는지 모른다. 그렇게 민족과 계급, 식민성과 근대성이 복잡하게 착종되어 있던 이민자·이주자 들의 도시가 바로 대전이었다.

군산

'식민의 기억'을

품은 도시

서준석

2018년 봄, 구형 새마을호가 운행을 중단한다는 소식을 듣고, 처음이
자 마지막으로 새마을호를 타 보기 위해 군산을 다녀왔다. 물론 3세
대 새마을호인 itx-새마을호가 뒤를 이어 계속 운행한다고 하지만, 어
린 시절 그저 바라만 보았던 새마을호를 한 번 타 보고 싶다는 핑계를
꺼내 들어 군산으로 봄나들이를 떠났다.

군산을 방문한 것이 처음은 아니었다. 이미 대학원 시절 학생회
답사를 준비하면서 김제와 군산을 다녀간 바 있다. 당시에도 이미 군
산 근대문화도시 조성사업이 꽤 진척되어 군산근대역사박물관이 막
개관한 참이었고, 시내의 주요 건축물들도 새롭게 단장하고 있었다.
그렇지만 두 번째 방문하는 군산은 처음 발걸음을 내디딜 당시의 분
위기와 사뭇 달랐다.

군산의 거리는 일본풍의 분위기를 더욱 물씬 풍겼다. 시에서 대대
적으로 투자해서 지은 일본식 여관이 거리의 한복판에 자리를 잡고
분위기를 주도하고 있었다. 그렇게 조성된 분위기 속에서 거리 곳곳
마다 사람들이 삼삼오오 무리를 지어 다니고 있었다. 어느덧 '근대'풍
으로 변화한 군산의 거리는 왜인지 아쉽게 느껴졌다. 2018년 현재 군

산시의 근대문화도시 조성사업은 막바지에 접어들었다. 그렇지만 군산의 모습은 단지 퇴색한 이국적 모습을 '새롭게' 꾸며낸 거리일 뿐, 멀리서 찾아와 근대 도시 군산의 오랜 세월을 읽기에는 아쉬움이 남았다. 이러한 아쉬움을 보충해 줄까 들른 박물관에서도 마음을 달래지 못했다. 번듯한 박물관의 외관과 달리 전시실의 내용을 알려 주는 설명판은 떨어질 듯한 모습으로 다시 찾아온 필자를 반겼다. 그 모습은 겉은 화려해졌지만 군산 원도심을 어떻게 보존하면서 오늘과 공존할 것인지에 대한 고민은 부족한 군산의 현실을 대변해 주고 있었다.

군산, 국제무역항을 꿈꾸었으나 식민도시로 귀결되다

금강 하류에 위치한 군산은 일찍부터 대외교류의 관문이자 조운의 중심지였다. 군산의 포구는 서울로 연결되는 곳이었기에 군사적 요충지로서 또한 전라도의 세곡을 모아 서울로 운반하는 조창으로서 그 중요성이 매우 높은 지역이었다. 또한 군산은 서울에서 여러 가지 문물이 들어오는 포구로서 유통경제가 발달했다. 군산지역의 이러한 특성 때문에 생긴 오류가 바로 1899년 군산의 개항이 일제의 식민지화를 염두에 둔 것이라는 주장이다. 서해안에 위치한 주요 항구로서의 잠재력에 주목한 것은 일본만이 아니었다. 오히려 오래전부터 군산지역에 진을 설치하고 조창으로 활용해 왔던 조선 정부가 군산의 가치를 더 잘 인식하고 있었을 것이다.

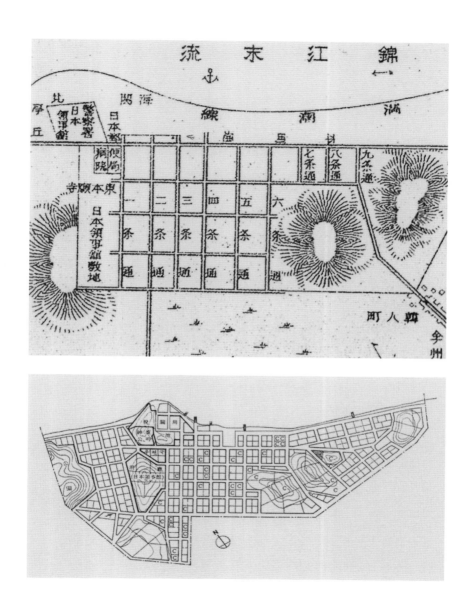

1904년 군산항도, 《사진으로 보는 군산 100년》, 군산시, 2004
1911년 군산 각국 조계도, 《사진으로 보는 군산 100년》, 군산시, 2004

1899년 군산의 개항은 군산지역의 경제적 잠재력과 가능성에 주목한 대한제국의 자주적 결정이었다. 대한제국 정부는 군산을 개항장으로 만드는 동시에 근대문물을 선도적으로 받아들이는 거점지역으로 만들어 가고자 한 것으로 생각된다. 이는 대한제국 정부가 군산진이 있던 구역을 조계지로 설정하고 격자형의 가로망을 따라 새롭게 도시를 만들려고 했던 점, 군산지역에서 뿌리를 내리고 성장해 온 객주들을 중심으로 상회사를 설립해 외국 상인들과 경쟁하려고 했던 점, 향교가 있던 자리에 공립소학교를 설치해 근대교육을 실시하려고 했던 점 등에서 유추할 수 있다. 지역 유지세력 또한 진명의숙이나 금호학교 등의 사립학교를 설립하고 근대교육을 실시해 적극적으로 근대문물을 받아들여 익히고자 했다. 이처럼 대한제국 정부는 군산지역의 경제적 가치를 인식하고 있었으며 스스로 개항하여 근대문물을 선도적으로 받아들이는 도시로 만들려고 했다. 조금 비약하자면, 대한제국 정부는 군산지역을 20세기 초 국제무역항으로 성장시키겠다는 비전을 갖고 있었는지도 모른다.

하지만 대한제국 정부의 기대와 달리, 군산지역은 개항 초부터 일본제국주의의 식민경제체제 속에서 기능하는 식민지 거점도시로서 형성되어 갔다. 앞서 살핀 것처럼, 대한제국 정부는 군산을 개항하고 감리서, 경무서, 재판소, 체신사, 전신사 등을 설치하는 한편 격자형의 공동조계지를 설정해 여러 국가가 이용할 수 있게 했다. 실제로 군산에 설정된 조계지를 장악해 갔던 이들은 일본인이었다.

일본은 개항 직후인 1899년 5월에 바로 내외 통상무역 및 거류민의 보호를 목적으로 군산진이 있던 수덕산 중턱에 목포영사관 군산

1910년대 군산 영화동 부근, 《사진으로 보는 군산 100년》, 군산시, 2004

1920년대 군산 거리,
《사진으로 보는 군산 100년》,
군산시, 2004

분관을 설치했으며, 그 옆의 산자락에는 군산신사와 공원을 조성하며 일본인 위주의 시가지를 형성하기 시작했다. 이후 1905년 러일전쟁에서 일본이 승리하면서 일본인들의 조선 진출이 활발해졌고, 그 흐름 속에서 군산을 거점으로 일본인 지주들이 전라북도의 평야지대로 진출했다. 이미 1903년부터 일본인 지주들은 전라북도의 전답을 매수하기 시작했지만, 러일전쟁 이후 본격화되어 1909년에는 전라북도 평야의 3분의 1, 즉 2만 정보에 달하는 전답을 차지했다. 일본인들의 매수지는 익산, 임피, 옥구, 김제 등 군산 인근의 4개 군에 집중되어 있었고, 이 지역의 전답에서 생산된 미곡은 대부분 군산항을 통해서 일본 등지로 매각되었다. 이처럼 개항 초기부터 군산은 일본인 지주들의 진출 거점이자 조선의 미곡을 일본으로 중개하는 항구로서 위치해 있었다.

이러한 가운데 군산에는 일찍부터 조선은행(1902), 18은행 군산지점(1907), 미곡검사소(1907) 등의 금융기관과 세관(1906), 우체국(1901), 경찰서 등 각종 행정기구가 들어섰다. 그리고 국내 최초의 신작로인 전주와 군산을 잇는 전군도로가 1908년에 건설되었고, 1912년에 전북 이리와 군산을 연결하는 철도가 부설되면서 매우 급속하게 도시화가 이루어졌다. 1913년 군산은 경성, 부산, 목포, 대구 등과 함께 '부府'로 행정구역이 개편되어 일제강점 초기의 조선에서 주요 12개 도시 중 하나로 자리 잡았다.

일제강점기 군산시가지는 조계지를 중심으로 주변 지역으로 확장되어 가는 양상을 보였다. 이는 일본인들의 주거지역이 점차로 확대되는 양상과 일치하는데, 구체적으로 조계지와 항만이 있는 군산 북부지역을 중심으로 서남쪽으로 뻗어가다가 동부 군산역 부근에 부도심이 생겨나 시가지가 확장되었다. 특히 일본인 부호들은 영화 〈타짜〉에서 평경장의 집으로 잘 알려진 히로쓰가옥이 있는 신흥동과 신창동 등 군산 남부에 주거지를 형성했다. 이 지역은 현재 군산시에서 전개하고 있는 '근대문화도시'의 핵심지역이기도 하다.

군산시가지의 또 다른 특징은 민족별 거주지 분화 양상이 매우 뚜렷했다는 점이다. 즉 일본인들이 새로 설정된 조계지를 중심으로 근대적 도시를 만들고 외연을 확장해 나갔던 것과 달리, 조선인들은 근대도시의 바깥에 거주지를 마련했다. 또한 조선인 가운데서도 계층에 따라 거주구역이 조금씩 달라서 기존부터 부를 축적해 온 군산의 객주들과 개항 이후 부를 쌓은 조선인들은 일본인 시가지와 비교적 가까운 죽성로와 영정(현재의 영동)에 자리 잡았다. 그리고 도로를 닦거나 부두의 하역작업을 하는 조선인 노동자는 개복동이나 둔율동 일대의 달동네에서 토막을 짓고 거주하였다. 조선인 거주지의 모습은 채만식의 소설 《탁류》에서 잘 드러난다. 소설에 비친 그 당시의 모습을 인용하면 다음과 같다.

예서부터가 조선 사람들이 모여 사는 곳이다. 지금은 개복동과 연접된 구복동을 한데 버무려가지고, 산상정山上町이니 개운정開運町이니 하는 하이칼라 이름을 지었지만, 예나 시방이나 동네의 모양다리는 그냥 그대중이고 조금도 개운開運은 되질 않았다. 그저 복판에 포도장치도 안 한 십오 칸짜리 토막 길이 있고, 길 좌우로 연달아 평지가 있는 둥 마는 둥 하다가 그대로 사뭇 언덕비탈이다.

그러나 언덕비탈의 언덕은 눈으로는 보이지를 않는다. 급하게 경사진 언덕비탈에 게딱지 같은 초가집이며, 낡은 생철집 오막살이들이 손바닥만 한 빈틈도 남기지 않고 콩나물 길 듯 다닥다닥 주어박혀, 언덕이거니 짐작이나 할 뿐인 것이다.

- 채만식, 《탁류》, 문학사상사, 1999, 22쪽

위의 인용문에서 보듯 하층 조선인들은 도로도 제대로 놓이지 않은 열악한 거주환경에 놓여 있었다. 특히 이 지역에 거주하는 사람들은 농촌에서 유입된 사람들로, 제대로 된 일자리를 구하지 못하고 일용직이나 행상과 같은 비공식 부문에 종사하며 하루하루 근근이 버티던 사람들이었다. 이렇게 비공식 부문에 종사하는 인구의 비중은 상대적으로 꽤 높은 편이었다. 이러한 현상이 나타난 이유는 군산의 도시화가 산업의 발전을 바탕으로 이루어진 것이 아니었던 데에 있다. 군산의 제조업은 일본인들이 경영하는 정미소와 양조공장을 중심으로 발달했으며, 그 밖에 철공소와 농기구 제작, 고무공장 등이 있었으나 비교적 영세한 상황이었다. 따라서 군산으로 유입된 유휴인력을 노동력으로 흡수하기에는 턱없이 부족했다.

특기할 만한 것은 조선인들이 거주지를 형성했던 군산 동부지역에는 유독 파출소가 많았다는 점이다. 조선인 거주지인 동남부지역에는 세 곳의 파출소가 있었는데, 모두 조선인들의 동향을 살피고 감시하기에 좋은 지점에 자리하고 있었다.

이와 같이 군산은 일제 식민체제 아래에서 전라북도 평야지대에서 생산된 미곡을 일본으로 반출하는 거점으로서 성장했다. 이를 바탕으로 이루어진 군산의 도시화는 전북의 평야에서 생산한 미곡으로 부를 축적한 일본인들이 주도했다. 아울러 식민지시기의 군산은 민족적·경제적 조건의 우열에 따라 시가지가 확장·분화해 가는 양상이 나타나고 있었다.

해방, 식민체제의 붕괴와 군산의 재도약

1945년 8월 조선은 일본제국주의의 식민지배에서 해방되었다. 식민지민으로서 설움을 견뎌 내야 했던 조선인들에게 해방은 말로 표현할수 없을 만큼 벅찬 감동의 순간이었겠지만, 일본제국의 식민경제 아래에서 성장한 '군산'의 입장에서 볼 때 해방은 그다지 반가운 소식만은 아니었다.

일본의 패망으로 식민지 블록경제가 해체되었고, 그로써 일본뿐만 아니라 북한, 만주, 중국 등지와 교역이 거의 중단되면서 군산의 지역경제는 정체와 쇠퇴의 길을 걸었다. 그동안 도시 성장의 기반이 되었던 쌀을 수이출輸移出하는 항구로서의 기능이 식민지 경제체제의 해체로 배제되었고, 군산의 경제기반을 장악하고 있던 일본인 지주와 자본들이 대대적으로 철수해 버렸기 때문이다. 군산은 인근 농경지 중심의 전북지역에 비해 그나마 일부의 공업시설이 있었고 정부수립 이후 공장이 재가동되면서 다소 나은 상황이었으나, 한국전쟁을 치르면서 다시 크게 위축되었다. 게다가 군산에 있는 공업시설들도 대부

1950년대(위)와 1960년대(아래) 군산 시가지, 《사진으로 보는 군산 100년》, 군산시, 2004

분 영세하고 기술 수준도 낮아 식민지시기의 번영을 되찾기에는 역부족이었다.

경제개발이 본격화된 1960~1970년대에도 군산의 지역경제는 침체를 벗어나지 못했다. 군산지역은 일제 식민경제체제 아래에서 이미 고도밀집도시로 성장해 1965년에는 인구생태적 집적순위가 전국 3위에 이를 정도로 규모가 컸다. 그러나 1962년부터 본격적으로 경제개발계획이 시작되자 군산의 위상은 급격히 떨어지기 시작했다. 잘 알려져 있듯이 1960~1970년대의 경제개발은 경부고속도로와 경부선이 지나는 지역을 중심으로 전개되었기 때문이다. 따라서 군산시를 비롯한 전북의 지역경제는 지속해서 상대적인 저발전을 거듭할 수밖에 없었다.

군산의 지역경제는 1980년대 중반 이후 정부가 중국 등 아시아지역과 교류를 활성화하는 교두보로 서해안지역을 주목한 이후에야 새로운 전환기를 맞이할 수 있었다. 정부는 1980년대 중반에 들어 국가 차원의 산업구조정책과 서해안개발사업계획을 발표하면서 군산과 그 주변 지역을 서해안 개발의 거점도시로 개발하기로 결정했다.

1987년 정부가 새만금간척사업계획을 발표하면서 군산지역은 서해안의 거점도시로 다시금 성장하는 계기를 맞이했다. 1988년에는 군산국가공단 조성사업이 착공되었고, 이어서 1991년 새만금방조제사업이 착공되었으며, 1993년 군장국가공단이 착공되면서 군산의 해안 간척을 통한 산업공단 건설이 본격화되었다. 또한 2008년에는 새만금과 군산 등지가 경제자유구역으로 지정되어 개발이 활성화되었다. 정부의 적극적 지원 속에서 군산에 조성된 산업단지에는 현대중공업, GM, 두산 등 자동차 및 기계 부품산업계열의 기업이 입주했고, 이들 기업에 근무하는 노동자들과 그 가족이 거주할 배후도시로서 군산시는 새롭게 발전하고 있다.

'식민의 기억'을 간직한 군산 원도심

해방 이후 군산시가 오랜 침체를 겪다가 새만금간척사업과 산업단지의 조성으로 새로운 전환점을 맞이한 것과 달리, 군산의 옛 시가지는 그러한 흐름에 반해 아무런 개발도 이루어지지 못한 채 식민도시로서의 모습을 그대로 간직해 오고 있었다. 그런데 어쩌면 무계획 속에 방치되었기 때문에 그 옛 시가지가 지금 군산시로 사람들의 발길을 이끌어 군산시를 새로운 관광지로 주목받게 하는 것이 아닌가 한다.

오늘날 군산시는 크게 세 개의 영역으로 구분할 수 있다. 곧 군산시의 주요 시설이 자리하고 있고 주민의 일상생활이 이루어지는 시가지와, 서해안 개발의 일환으로 건설된 새만금 간척지와 군산산업공단 및 그 배후의 거주구역, 그리고 옛 시가지를 둘러싼 옥구, 임피 등의 농업지대이다. 이 중 군산으로 관광을 온 사람들이 흔히 찾는 곳은 군산 시가지다.

오늘날의 군산 시가지는 개항기 조선 정부가 군산의 문호를 열고, 외국인들이 들어와 거주할 수 있게 설정한 격자형의 조계지에서 시작되어 꾸준히 확장되었다. 특히 일제강점기 미곡 수이출항으로서 군산

1978년 군산 시가지, 《사진으로 보는 군산 100년》, 군산시, 2004

에 일본인 지주들이 들어와 살면서 시가지의 영역은 크게 넓어졌다. 넓어진 시가지는 일본인의 영역으로, 그들의 생활공간을 꾸준히 유지하기 위해 도로를 깨끗이 닦고 상하수도 등 도시기반시설을 잘 갖추어 놓았다. 일본인의 영역 너머에는 조선인 거주지가 있었다. 그런데 조선인 거주지에는 아무런 도시기반시설이 갖추어지지 않아 그 환경이 매우 열악했다. 이 지역에는 조계지를 설정하면서 밀려난 주민이나 농촌에서 유리되어 도시로 유입한 인구가 지은 토막들이 몰려 형성되어 있었다. 그나마도 일본인이 지속해서 영역을 넓혀 가면서 조선인의 거주지는 꾸준히 밀려났고, 그렇게 확장된 시가지가 오늘날 군산의 원도심을 형성했다.

해방 이후에도 군산시가지는 꾸준히 확장되었다. 재미있는 것은 군산의 원도심은 거의 훼손되지 않은 채 원형을 유지할 수 있었다는 점이다. 새로이 들어서는 고층 아파트나 현대적인 건축물은 주로 확장된 신시가지에 들어섰고, 군산의 원도심은 일제강점기에 형성된 도로망과 시설을 거의 그대로 간직하고 있다. 게다가 일본인 지주들이 거주했던 집도 그대로 남아 있어 오늘날 군산의 주요 명소로 이름을 날리게 되었다. 물론 일제강점기에 형성되거나 성장한 도시들에서도 일본인 가옥의 흔적을 발견할 수 있다. 그럼에도 유독 군산이 주목되는 것은, 다른 도시에서는 일본인 가옥들이나 당대의 시설이 도시 재개발 과정에서 상당수 훼철이 되어 대체로 몇몇 건물들만이 점점으로 남아 있는 반면, 군산의 경우 조성 당시부터 일본인의 입김이 서려 있었고, 그렇게 형성된 시가지 위에 건설된 일본인 거주구역이 큰 틀에서 거의 훼손되지 않았기 때문이다.

059

군산의 원도심이 이렇듯 오랜 시간 그 형태를 꾸준히 유지할 수 있었던 것은 해방 이후 군산의 도시계획에서 이 지역이 재개발의 대상이 아니라 화재에서 보호해야 할 대상이었기 때문이다. 그것은 오늘날 우리가 바라보는 것처럼 '근대문화유산'으로서 보호하려는 시각은 아니었다. 오히려 이미 조성된 시가지를 부수고 새롭게 재개발하는 것보다 그동안 조계지에 밀려 자연발생적으로 형성된 고지대의 조선인 주거지역을 정비하는 것이 시급했던 데에서 기인한다. 그리고 1970년대에는 국가주도의 개발정책 속에서 군산 외항과 해안 간석지를 중심으로 산업공단이 건설되는 등 군산의 도시공간을 크게 확장하는 방향으로 개발이 이루어졌다. 이처럼 해방 이후의 군산의 도시개발은 기존의 시가지 중심에 대한 재개발보다 그 바깥에 있는 열악한 거주환경을 개선하고, 공간을 대대적으로 확장하는 방향으로 이루어졌다. 그 속에서 군산의 원도심은 역설적이게도 그 형태를 그대로 간직할 수 있었던 것이다.

군산의 원도심이 새롭게 주목받기 시작한 것은 1990년대 중후반 이후부터였다. 1995년 김영삼 정권이 '역사바로세우기'의 일환으로 조선총독부를 철거하자, 이를 계기로 일제강점기 건축물에 대한 관심이 전국적으로 크게 일어나 철거 찬반 논쟁이 가열되기도 했다. 군산에서도 일제강점기 건축물에 대한 철거 찬반 논쟁이 거세게 일었다. 특히 군산시청을 비롯해 은행, 관공서 등 시내에서도 규모가 큰 건축물에 대한 논쟁이 크게 일어나, 이들 건축물이 일제의 잔재이므로 철거해야 한다는 입장과 어두운 기억의 역사도 보존해야 한다는 입장이 팽팽하게 맞섰다. 이러한 가운데 군산시청이 철거되기도 하였다.

그러나 지방자치제도가 실시되자 지역경제 활성화를 위한 관광지 개발과 관광객 유치가 지방자치단체의 주요 시책으로 제기되면서 군산의 원도심을 바라보는 입장에도 변화가 나타났다. 즉 일제의 잔재라고 하여 무작정 철거할 것이 아니라, 어두운 역사의 단면을 보존해 '교육의 장소'이자 '관광상품'으로 개발하는 것도 괜찮다는 주장이 채택된 것이다. 이러한 기조 아래 군산시는 2008년 정부의 '근대산업유산 창작벨트화사업'에 공모해 국비를 확보하고 2009년부터 '근대문화도시조성사업'을 시작했다. 이 사업은 모두 군산의 원도심에 남아 있는 일제 건축물을 복원하고 정비하는 데 초점을 맞춘 것이다. 그뿐만 아니라 '고우당古友堂'이라는 이름의 일본식 여관을 대규모로 짓는 등 일본풍의 거리로 원도심을 적극적으로 다시 개조하고 있다.

이러한 군산시의 시도는 매우 성공적인 것으로 평가받는다. 2013년에는 대한민국 경관대상을 수상했고, 2014년에는 유엔-해비타트·아시아경관디자인학회·후쿠오카아시아도시연구소에서 주관한 아시아 도시경관 대상을 수상했다. 관광객 수도 크게 늘어났다. 그 한 예로 군산근대역사박물관 입장객 수가 2013년 22만 4027명, 2014년 41만 8396명, 2015년 81만 5337명, 2016년 102만 6845명, 2017년 87만 4870명, 2018년 81만 27명으로, 상당히 많은 사람이 군산의 원도심을 찾고 있음을 확인할 수 있다.

이 같은 군산 원도심의 성공은 한편으로 아쉬운 감이 적지 않다. 이는 군산시에서 원도심을 활용하는 방식이 매우 모순적이고 강박적인 데에서 기인하는 듯하다. 앞서 살핀 것처럼, 군산시는 원도심을 이국적인 일본인거리로 조성하는 데 주력하고 있다. 일본인 여관을 대

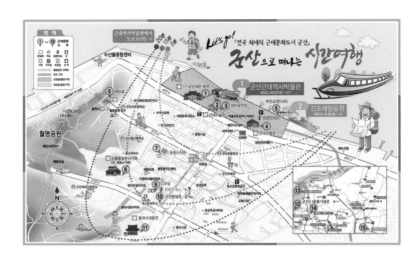

군산 여행지도 ⓒ군산시

규모로 짓고, 층고 제한을 두는 것은 그러한 기조를 잘 보여 준다. 그
런데 군산 원도심의 일본인거리 조성 작업에서 정작 식민지의 또 다
른 한 주체인 조선인의 삶은 찾기 힘들다. 즉 군산시의 근대문화도시
조성사업은 식민지 수탈의 역사를 품고 있는 건축물에 대한 아무런
성찰 없이 그저 관광상품으로만 이용하려 하는 얄팍한 발상이라는 비
판에 쉽게 직면할 수밖에 없다. 이러한 비판여론을 무마하고자 나타
난 것이 거리 곳곳에서 문득문득 느낄 수 있는 강박적인 표어들이다.
시가지를 거닐다 보면 역사를 강조하는 현수막이나 심지어는 식민 체
험을 소재로 한 게임방이 등장하기도 한다. 이는 식민지 잔재를 상품
화한다고 비판하는 데 대해 아주 도식적이고도 '손쉽게' 방어하려는
꼼수에 지나지 않아 눈살을 찌푸리게 한다. 단순한 관광상품화를 위

한 것이 아니라면 무턱대고 일본인 여관을 짓기에 앞서, 공간에 역사를 재현하는 것에 대한 좀 더 진지한 성찰이 필요하지 않을까?

군산, '식민의 기억'을 품은 도시

남만주철도의 본진

이연경

대련은 어떤 곳인가요? 아무래도 거긴 중국 같은 곳일까요? 여긴 말만 중국이지, 조선이나 마찬가지예요. 하긴 이젠 여기도 일본 땅이 됐지만…

야마토호텔, 니혼바시도서관, 요코하마마사카나은행, 조선은행 … 대련대광장에 서면 거기도 일본이나 마찬가지죠. 물론 러시아거리에 가면 다른 풍경을 볼 수는 있지만…

김연수의 소설 〈밤은 노래한다〉의 한 대목이다. 다롄에 있는 남만주철도주식회사(이하 만철) 본사에서 측량기사로 일하던 김해연에게 룽징龍井의 여인, 정희가 다롄은 어떤 곳이냐 묻는 장면이다. 룽징은 조선이나 별반 다른 게 없다는 정희에게 김해연은 다롄은 일본과 마찬가지라고 설명한다. 김해연이 묘사하듯이 야마토호텔, 니혼바시도서관, 요코하마마사카나은행, 조선은행 등의 건물로 둘러싸인 다롄대광장과 이와는 또 다른 풍경의 러시아거리는 1930년대 다롄의 주요 도시 풍경이었고, 그 속에는 일본인과 중국인뿐 아니라 김해연과 같은 조선인도 다수 포함되어 있었다. 김해연을 보며 떠오른 이는 실제로 1930년대 다롄의 만철 본사에서 일했던 건축가 이천승이었다. 1932년 경성고등공업학교 건축과를 졸업하고 다롄으로 건너가 다롄역의 설계와 감독에 참여했고, 해방 이후에는 한국으로 돌아와 김정수와 함께 '종합건축연구소'를 창설하고 우남회관 등의 건축과 서울 마스터플랜 등의 도시계획을 입안하며 한국의 건축계를 이끌었던 그에게 '다롄'은 어떤 곳이었을까?

국제도시 다롄의 시작

중국 동북의 남쪽 끝, 랴오둥 반도의 항구도시 다롄은 인구 669만, 면적 1만 3237제곱킬로미터로 랴오닝성에서 두 번째로 큰 도시이다. 청나라 시절 작은 어촌에 지나지 않았던 다롄은 1898년 러시아가 관둥저우關東州를 조차한 후 다롄에 항구를 건설하면서 도시로 성장하기 시작했다. 당시에는 러시아어로 달니Дальний, Dal'nii(먼 곳)라는 이름으로 불렸다. 달니는 러시아가 그토록 원하던 부동항不凍港이자 하얼빈에서 이어지는 시베리아철도의 지선이 연결되는 종착점이었다. 러시아는 1898년 이후 달니에 대한 도시계획을 본격적으로 진행했으며, 하얼빈까지 이어지는 철도부설을 시작했다. 그런데 1904년 러일전쟁의 발발로 러시아의 도시건설은 중단될 수 밖에 없었고, 러일전쟁 이후 달니는 일본에 점유되었다.

　1905년 이후 일본은 달니라는 러시아식 지명과 발음이 비슷한 다롄이라는 이름으로 바꾸었고, 러시아의 도시계획에 더해 다롄을 근대

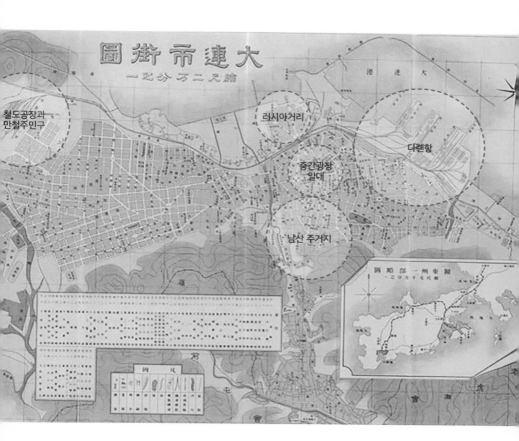

〈다롄시가도〉(1928)에서 살펴본 다롄의 주요 공간들

도시화하기 시작했다. 러시아인이 사용하던 공간은 일본인이 차지했고, 동청철도의 지선이었던 만주철도는 일본 만철의 소유가 되었다. 일본의 점령 이후 관둥저우의 중심은 뤼순旅順에서 다롄으로 옮겨 갔고, 다롄은 관둥저우의 중심이자 만철의 중심으로 발전했다. 다롄은 러시아와 철도로 이어지고, 중국의 상하이 및 일본의 시모노세키와 해로로 이어져 곧 육로와 해로의 접속점이 되었다. 1945년 이후에도 다롄은 소련의 점령 아래에 있다가 1951년이 되어서야 중화인민공화국에 반환되었다.

다롄의 역사가 이와 같기에 다롄의 곳곳에는 러시아와 일본, 심지어 소련의 흔적이 남아 있다. 시간의 흐름에 따라 만들어진 다롄의 도시공간을 러시아거리와 다롄항, 중산中山광장, 남산 부근의 일본인 거주지, 그리고 서측의 철도 부속지들로 나누어 살펴보고자 한다.

다아리니의 유럽,
러시아거리

관둥저우 조차권과 동청철도 남부선의 부설권을 획득한 러시아는 1899년부터 다롄을 군항도시로 만들기 위한 계획을 본격적으로 시작했다. 블라디보스토크항을 설계했던, 동청철도회사 기사장 사하로프가 설계한 '다아리니'계획은 부두의 건설과 광장을 중심으로 한 10개의 방사상도로가 배치되는 안으로, 유럽시가지, 중국시가지, 행정시가지의 3개 지역으로 나누어졌다. 유럽시가지는 행정지구와 상업지구, 그리고 관료저택지구로 나누어졌는데, 현재의 러시아거리는 유럽 시가지 중에서도 행정지구에 속하는 곳이다.

다롄항에서 다롄역까지 이어지는 러시아거리는 현재도 러시아풍 건축물들이 가로를 따라 줄지어 있다. 항구와 맞닿은 곳에는 원형 광장이 있고 그 중앙에 다아리니시정청으로 사용했던 건물이 위치하고 있다. 이 광장에서 대각선 방향으로 뻗어 나가는 거리를 따라 러시아인들의 시가지가 만들어졌고, 그 끝에는 옛 러시아선박회사 건물인 다롄예술전람관이 위치한다. 다롄예술전람관을 지나 성리교勝利橋(옛 니혼바시다리)를 건너면, 러시아의 다아리니계획에서 상업지구의 중심이자 10개의 방사상도로가 펼쳐지는 원형 광장인 중산광장(옛 대광장)으로 연결된다. 이처럼 아시아의 파리를 꿈꾸며 건설됐다는 이 도시는 유독 원형 광장이 많은데, 광장과 그 광장들이 연결되는 방사상도로들이 다롄의 특징이라 할 수 있다. 러시아식 바로크 도시계획을 일본제국이 실행해 현재에 이르는 다롄의 풍경은 이 원형 광장들에서 시작하는지도 모르겠다.

러시아거리는 2017년 당시 한참 관광지로의 재탄생을 꿈꾸며 리노베이션 중이었는데, 노출된 목구조에 뾰족한 지붕들, 그리고 붉은색과 노란색 등 강렬한 색채의 건물들로 이루어진 거리의 모습은 19세기 말에 건설된 장소라기보다는 테마파크로 재탄생한 인상을 주었다. 한편 러시아거리의 동측 블록에는 동청철도가 건설한 건축물들이 남아 있다. 그중 철도직원 기숙사였던 다산랴오大山寮는 현재 다롄대학부속중산의원으로 사용되고 있다. 이 주변에는 오래된 옛 집도 많아 관광지가 되어 버린 러시아거리보다 오히려 더 생생히 이 지역의

069

옛 다아리니시정청 건물과 그 앞의 원형 광장

풍광을 보여 주는 듯하다.

다롄의 중심, 중산광장

러시아거리에서 남동쪽으로 곧게 뻗은 도로를 따라 가면 중산광장을 만날 수 있다. 아침에는 운동하는 사람으로 가득하고, 밤에는 춤추는 사람으로 가득 찬 장소. 해가 떠 있을 때에는 일제 점령기 즉 관동총독부 시기 지어진 고전주의 양식의 건물들이 그 위용을 뽐내고, 해가 지고 나면 그 뒤편의 마천루들의 입면이 미디어파사드처럼 변하며 광장을 둘러싼 건축물들의 배경이 되는 이 광장은 100여 년이 지난 지금도 다롄의 중심이자 다롄의 정체성을 잘 보여 주는 공간이다.

1898년 러시아가 점령한 이후 계획된 중산광장의 첫 이름은 러시아 황제 니콜라이의 이름을 딴 니콜라이광장Николаевская площадь이었다. 그러나 1905년 일본이 점령한 이후 이 광장은 바로 서측의 우호광장보다 크다는 의미로 대광장大廣場이라 불리다 1945년 이후 현재와 같은 중산광장이라는 이름으로 불리기 시작했다.

중산광장은 러시아가 처음 계획했지만, 실제로 현재의 모습이 갖추어진 것은 일본 점령기 당시였다. 1908년에 독일풍의 민정서 건축을 시작으로, 1910년 쓰마키 요리나카가 설계한 요코하마정금은행, 1914년 건축된 만철이 소유했던 야마토호텔(현재의 다롄빈관), 나카무라 요시헤이中村與資平가 1920년 건축한 조선은행 다롄지점, 중산광장을 둘러싼 신고전주의 건축물들에 비해 외관이 다소 현대적이었던

다롄 대광장 ⓒ이연경

조선은행 다롄지점(1920)
관동체신국(1918)

ⓒ이연경

요코하마정금은행(1910)
다롄문화구락부(1951)

ⓒ이연경

중국은행(1910)
동양척식주식회사 다롄지점(1936)

ⓒ이연경

다롄시역소(1920)
다롄민정서(1908)

ⓒ이연경

1936년에 건축된 동양척식회사 다롄지점, 그리고 소련 점령 시절 건축된 다롄문화구락부가 차례로 들어서서 현재도 원형의 중산광장을 둘러싸고 있다. 중산광장을 둘러싼 건축물 중 단 하나, 영국공사관으로 사용되던 건물만 철거되었을 정도로 중산광장은 20세기 중반의 모습을 여전히 간직하고 있다. 각 건물을 꼭지점으로 총 10개의 대로가 방사형으로 뻗어 나가며 중산광장과 다롄의 각 지점을 이어 준다.

다롄빈관에서 중산광장을 내려다보면 다롄의 1910년대의 풍경부터 2017년의 풍경까지 약 100여 년의 풍경이 중첩되어 있는 모습을 발견할 수 있다. 1910년 지어진 요코하마정금은행의 뒤로는 푸른색 유리 커튼월로 된 고층 건물이 마치 거울처럼 그 배경을 만들어 주고 있으며, 관동체신국 건물과 다롄문화구락부 뒤로도 높게 솟은 고층 건물이 늘어서 있다. 이처럼 중산광장을 둘러싼 첫 번째 켜에는 20세기 초중반의 시간이, 그리고 그 뒤의 켜에는 20세기 후반 이후의 시간이 쌓여, 양식주의 석조 또는 목조 건축물들과 그 후면의 커튼월 고층 건물이 이루는 대조적인 도시 경관을 구성한다.

중산광장을 둘러싼 대부분의 건물들이 형태는 그대로이나 기능은 바뀐 것과 달리, 1914년 지어진 야마토호텔은 건축 당시와 크게 다르지 않은 모습으로 현재도 호텔로 운영되고 있다. 철을 휘어 만든 아르누보 스타일의 입구를 지나면, 커다란 샹들리에가 걸려 있는 로비가 나오고, 오래된 계단을 올라가면 야마토大和라는 이름의 카페가 자리하고 있다. 1920~1930년대 분위기가 물씬 풍기는 이 카페의 벽면에는 이곳을 방문했던 유명인사들의 사진들이 걸려 있어, 이 호텔이 지난날 가졌던 위상을 확인해 볼 수 있다. 카페의 테라스에서는 중산광장 전체를 조망할 수 있는데, 밤이 되면 화려한 조명으로 둘러싸인 중산광장에 모여 춤추는 이들을 구경할 수도 있다. 그런데 그때 그 시절의 '모던'함을 그대로 구현 중인 이 카페에 앉아 있으면, 한편으로는 묘한 기분도 든다. 만철이 운영하던 시절의 이름인 '야마토'를 그대로 사용하고 있다는 것에서, 일본에 관한 감정이라면 우리 못지 않게 좋지 않은 중국 땅에서 이를 묵인 또는 용인하고 있다는 점이 낯설게만 느껴진다. 특히나 이 카페에 쌓인 시간의 연속성을 곳곳에서 강조하는 것을 보자니, 이곳을 둘러싼 거대한 역사의 흐름은 사라져 버리고 카페 내부에 찰나들만 남겨진 듯한 기분도 든다.

　다롄 시가가 전부 연결되는 중산광장은 예나 지금이나 다롄 구도심의 중심이다. 광장을 둘러싼 로터리로는 온종일 많은 차가 빠른 속도로 지나가고, 이곳을 통해 러시아거리, 다롄항, 인민광장 등 다롄의 주요 장소들이 연결된다.

남만주철도주식회사 본사와
다롄항

중산광장의 서측에는 다롄이라는 도시의 핵심 요소인 철도와 항구를 대표하는 공간들이 위치한다. 중산광장에서 루쉰로를 따라 이동하다 보면 거대한 신전 파사드를 가진 신고전주의 양식의 석조 건물을 만나는데, 이 엄청난 위용을 자랑하는 건물은 바로 만철 본사 건물이다. 현재도 철도회사가 사용하는 이 건물은 쌍둥이 같은 두 개의 건물이

다롄, 남만주철도의 본진

양측에 있고, 그 가운데에 중정과 일자형 건물이 배치돼 전체적으로 ㄷ자 형태를 만들고 있다. 사실 쌍둥이 같은 양 옆의 두 건물 중 서측의 건물은 1908년 러시아가 학교로 사용하려고 지은 건물이었으나 일본이 이곳을 차지하며 만철 본사로 사용했다. 이어서 이 건물과 거의 유사한 규모와 형태의 건물을 동측에 하나 더 지어 현재의 모습이 되었다. 동측 건물과 서측 건물은 언뜻 비슷하게 보이지만, 자세히 보면 입구나 창호 등 디테일들이 달라 비슷한 규모임에도 느껴지는 무게감도 다르다. 서측 건물의 2층에는 만철 본사였을 당시부터 지금까지 이어져 오는 다롄과 만주철도의 역사를 설명하는 전시관이 있다. 한편 만철 본사 건물 주변에는 여전히 만철도서관과 만철이 운영하던 학교 등이 남아 있어 만철의 본진이었던 다롄의 분위기를 전해 준다. 핑크빛으로 채색된 도서관 건물에도 신전 파사드와 거대한 이오니아식 기둥이 있어 무게감 있게 대로변을 점유하고 있다.

중산광장에서 렌민로를 따라 북서쪽으로 걷다 보면 다롄항을 만난다. 여전히 무역도시로서 기능하는 다롄에서 다롄항은 중국 동북 도시의 남쪽에서 가장 중요한 항구로 일본과 한국 등으로 수많은 선박이 드나드는 곳이다. 다롄항은 러시아거리의 서측, 중산광장의 북서측에 위치하며, 철도가 항만까지 이어져 육로에서 해로로 이어지는 교통의 결절점이다. 다롄항 건설도 만철사업의 일환으로 추진되었는데, 만철은 기존의 러시아 다아리니계획과 유사한 방식으로, 1908년부터 10년에 걸친 시간 동안 다롄부두 앞에 방파제를 건설하고 1913~1926년에는 4대 부두의 개보수 사업을 추진했다. 또한 부두 부근에는 많은 창고와 잔교, 노천 야적장, 저탄장 등이 건설되었다.

다롄항 부두의 모든 일을 총괄하는 만주부두사무소(현 다롄항공부판공루)는 항구쪽에서 보면 가장 먼저 눈에 들어오는 건물로, 만주의 현관이라 불렸다. 만주부두사무소 건물은 1916년부터 10년에 걸쳐 연면적 1만 2336제곱미터에 이르는 대규모로 지어졌는데, 러스티케이션 처리를 한 석재로 마감해 강렬한 방벽과 같이 느껴지는 저층부의 모습은 르네상스 시대 이탈리아 도시의 팔라초palazzo를 떠오르게 한다. 둥글게 처리한 모서리의 입구에는 도리스식 기둥이 쌍을 이루며 열주랑列柱廊을 형성해 입구로서의 상징성을 강조한다. 만주부두사무소 서측의 항만교를 지나면 역시나 원형 광장인 항만광장이 나온다. 항만광장의 정면에 교역소(현 다롄은행)로 사용한 건물이 있고 그 옆의 건물도 항만과 관련해 사용한 건물이 자리해 있어, 항만광장은 항만에서 접근해 처음 만나는 도심 광장이라 할 수 있다. 이 길을 쭉 따라가면 중산광장과 만난다.

남산 아래
일본인 거주지

러시아거리를 지나 중산광장을 가로질러 야마토호텔을 지나 쭉 걸어가면 러시아가 다아리니계획을 했을 당시, 유럽시가지 중 관료저택지구로 계획된 남산 아래 구릉지를 만난다. 중산광장과 마찬가지로 이 지역도 실제로 주거지로 개발된 것은 일본 점령 이후인데, 일본인은 남산 아래 신사와 사찰을 만들고 그들의 생활 중심지를 건설했다. 그

077

남만주철도주식회사 본사 ⓒ이연경

리고 남산 아래 일본인 거주지와 중산광장 사이에는 다롄대학 부속
중산의원이 위치하고 있다.

다롄대학 부속 중산의원은 원래는 1907년 만철의 부속 병원으로
지어졌다. 만철병원은 초기에 철도를 공사하거나 운영하면서 발생한
부상 환자들을 치료하기 위한 목적으로 설립된 특수의료시설이었지
만, 일제가 점령한 후에는 만철이 운영하던 주요 도시의 철도역에서
근무하던 철도노동자의 복지를 위한 의료시설이 되었다. 특히 다롄과
같이 만철이 차지하는 비중이 큰 도시에서는 철도노동자뿐 아니라 그
지역의 일본인 전체를 대상으로 하는 의료기관의 역할을 했다. 만철
병원은 1925년 현재의 건물을 신축한 이후 아시아 최대 규모의 병원
이 되었는데, 일제강점기 병원 및 관공서 건축에서 자주 사용된 스크
래치 타일이 붙어 있는 외관에, 확장에 유리한 평거형(손가락처럼 건물이

계속 튀어 나와 있는 구조)의 평면을 가지고 있었다. 1945년 이후에도 이어서 철도를 운영하던 회사의 병원으로 사용되었으나 2005년부터는 다롄대학 부속병원으로 사용 중이다.

만철병원을 지나 언덕을 계속 오르면 일본 점령 이후 주거지로 개발된 남산 언덕 일대의 일본인 거주지로 갈 수 있다. 남산 언덕 위에 자리 잡은 일본인은 산 위에 동본원사, 서본원사, 신사 등을 건립해 종교적 중심으로 삼았고, 산 위에 배수지를 만들고 물을 끌어 남산 아래 주거지까지 공급했다. 일렬로 늘어선 블록에는 만철의 부속 주택들을 비롯해 단독주택들과 연립주택들이 자리 잡았으며, 그중 일부는 지금까지 남아 그 흔적을 보여 주고 있다. 동본원사였던 건물은 경극 극장으로 사용되고 있으며 3~4층 규모의 연립주택이 있던 곳들에는 여전히 비슷한 규모, 비슷한 유형의 연립주택군들이 들어서 있다.

일본 점령기에 중앙공원이었던 곳은 현재 라오둥勞動공원이라는 이름으로 여전히 다롄 구도심의 중앙공원으로 활용되고 있다. 이 공원의 맨 위에는 텔레비전 타워가 있어 다롄 시내를 한눈에 조망할 수 있다. 텔레비전 타워로 오르는 케이블카는 남산도로 위를 그냥 지나는, 아찔한 경험도 제공한다.

남산 위에 신사와 사찰들을 만들고 계곡물을 상수원으로 사용하며 그 아래에 공원과 주거지를 만든 방식은 놀랍게도 서울의 남산 일본인 거주지를 떠오르게 한다. 남산의 북쪽 언덕에 위치해 집들이 자연스레 북향을 하고 있는 모습과, 거주지에서 북쪽으로 뻗어 가다 보면 만나는 방사형 광장인 중산광장 또한 1912년 경성시구계획에서 시도했으나 결국 실현하지는 못했던 황금정광장과 놀랍게도 닮아 있

남산 텔레비전 타워에서 내려다보이는 다롄 시가지

어 당시 일본의 식민지 도시계획들의 유사점들을 찾아볼 수 있다.

철도 부속지와
노동자 주택

1906년 다롄의 인구는 불과 1만 8900명이었으나 10년 후인 1915년 7만 7000명으로 증가했고, 1925년에는 19만 8000명에 이르렀다. 인구의 증가에 따라 1919년 다롄의 시가확장계획이 이루어졌고, 러시아거리와 중산광장 일대에서 시작한 다롄은 점차 서쪽으로 그 영역을 확대해 갔다. 중산광장을 중심으로 한 다롄의 동측 일대는 이미 포화상태에 이르렀고, 서쪽으로 확장된 지역에는 신시가지가 건설되었다. 만철 철도공장 주변에는 만철 주민구, 즉 노동자 사택 단지가 집합적으로 건축되었는데, 그 상당수가 지금도 남아 그때의 분위기를 전해준다. 철도는 사실 많은 일자리를 창출하는 도시기반시설이기에 철도 부설뿐 아니라 운영에도 수많은 인력이 필요했고, 이들을 수용하기 위한 주택의 수요와 공급이 있는 것도 당연한 일이었다.

집합적으로 건설된 노동자 주택단지는 노동자의 계급에 따라 주택의 유형과 규모가 달라지는 것이 보통이다. 만철 주민구도 단독주택인 1호주택, 2개의 집이 벽을 사이에 두고 대칭적으로 배치되는 2호주택, 그리고 많은 수의 집이 연속되는 연립주택 등으로 분류되는데, 고급관리들은 전체 주택단지의 북측에 배치된 1호주택이나 2호주택에 거주했다. 그러나 1945년 이후 1호주택이나 2호주택도 공간

다양한 시기에 건립된 철도노동자 주택단지 내의 연립주택 ⓒ이연경

을 분할해 네 가구가 사는 등 당시의 고급관리 주택과는 상당히 변형된 모습을 보인다. 이보다 남측에는 2~3층 규모의 집합주택이 늘어서 있었는데, 이 중 벽돌로 되어 있는 몇 개 동은 일제 점령기 당시의 건물로 확인된다. 흥미로운 점은 철도노동자 주택단지 전체를 철거해 대규모로 재개발을 하지 않고 부분부분 한 동씩 새로 지었기에, 한 단지 내에서도 규모와 형태가 비슷한 집합주택이 각기 건축연대가 다르다는 점이다. 철도공장과 맞닿은 주택단지의 서북쪽 끝에는 이 주택단지의 중심시설이었을 철도구락부 건물이 여전히 남아 있다.

지난 120여 년의 시간 동안 러시아와 일본, 소련과 중국이라는 다양한 세력의 지배를 받으며 다롄은 그 시간의 켜를 다양하게 쌓아 왔다. 러시아거리와 중산광장, 다롄항 일대의 작은 항구도시였던 다롄은 서측과 남북측으로 영역을 확장했으며, 조선산업과 금융업 등을 기반으로 중국 동북도시의 경제 중심지로 발전해 나가고 있다. 대광장과 대규모 쇼핑몰, 그리고 고층 건물이 가득 찬 다롄의 모습은 국제금융도시로서의 화려한 외양을 보여 주지만, 그럼에도 다롄에는 여전히 20세기 중반의 건물과 장소가 남아 있고, 그 당시의 분위기 또한 남아 다롄에 쌓인 시간의 켜를 보여 주고 있다.

하얼빈

국적과 인종의

진열장

박준형

경성에 울린 하얼빈 교향악

시절의 선물로서 하얼빈교향악단의 공연같이 거리에 자자한 파문을 일
으킨 것은 없었다. 신문의 선전이 야단스럽고 골목골목에는 포스터가
찬란하게 나부꼈다. … 공연이 성황을 이룬 것이 반드시 향상의 예증은
아닐는지 몰라도 첫날밤 공연의 성황은 사실 특기할 만한 초유의 것이
었다. 수천의 음악의 팬들이 회장 안에 그득히 모여들어 거리의 교양의
정도를 그 외래의 단체에게 보였음은 통쾌한 일이었다.

– 이효석, 《벽공무한》, 교보문고, 2011

1939년 3월 26일 오후 6시, 경성일보사 초빙으로 현재 서울특별
시의회 건물로 사용되고 있는 부민관에서 러시아인 60여 명으로 구
성된 하얼빈교향악단의 연주회가 성대하게 열렸다. 이날 밤 하얼빈교
향악단은 베토벤의 〈에그몬트 서곡〉과 5번 교향곡 〈운명〉을 시작으
로, 유명 작곡가들의 다양한 곡을 선보였다. 당시 신문에서 하얼빈교
향악단을 만주국이 자랑하는 최고의 예술문화라고 소개한 까닭에 본

085

하얼빈교향악단의 연주 모습,
《매일신보》1939년 3월 23일

미쓰코시백화점(현 신세계백화점 본점 건물)
본관 정면에 내걸린 현수막,
《경성일보》1939년 3월 23일

격적인 심포니 연주를 경험한 바 없는 경성 시내는 크게 들썩였다.

경성에서 일어난 이 작은 소란은 〈메밀꽃 필 무렵〉의 작가로 유명한 이효석에게 소설의 모티브를 제공한 것으로 보인다. 이효석은 이듬해 1월부터 7월까지 《매일신보》에 '창공'이라는 제목으로 소설을 연재했는데(1941년에 단행본으로 간행할 때 '벽공무한碧空無限'으로 제목 변경), 그것의 첫 장면이 바로 하얼빈교향악단 초청을 위해 주인공 천일마가 만주행 열차에 몸을 싣는 것으로 시작되기 때문이다.

소설 《벽공무한》은 천일마가 하얼빈에서 만난 백계 러시아 여인 나아자와 서로 사랑을 확인한 후, 함께 경성으로 돌아와 결혼 살림을 준비하기까지의 이야기이다. "국경이 없다는 것이 얼마나 아름다운 생각"인지를 말하고, 피부색에 상관없이 "사람은 다 같이 일반"으로 보인다는 이 연인의 인터내셔널 러브스토리는 끝없이 펼쳐진 푸른 하늘이란 뜻의 소설 제목, '벽공무한'과는 더할 나위 없이 어울리는 소재이다.

그러나 소설 속에는 이 연인 외에도 그들의 주변에서 우연적인 '운명'에 농간당하며 웃고 우는 다양한 인물이 등장한다. 그중에는 사랑을 위해 국경을 넘어 상하이로 도주한 연인도 있었는데, 공연한 짓을 한 것이 아닐까 반성하는 와중에 이국땅과 고향 사이의 경계는 오히려 높아만 갔다. 그렇기에 '벽공무한'은 오로지 천일마와 나아자, 이 두 사람에게만 허용된 하늘처럼 보이기도 한다.

'푸른 하늘에도 경계가 있을까?'

이 간단한 질문과 함께, 끝없는 하늘과 땅이 만나는 곳, 하얼빈으로 떠나 보자.

이등국민의 이등열차 탑승기

신경행 열차 개찰 시작

와르르 몰리는 사람 속에 섞여 개찰구를 향해들 섰을 때 삼등 대합실의
혼잡한 경우에 비기면 호젓하기 짝없는 편이었다. 계급적인 영달과 사
치의 만족이 반드시 일마의 원하는 바는 아니었으나 삼등실과는 다른
그 일이등 대합실의 실감이 오늘은 별스러이 마음을 파고든다. … 좌석
의 푸른 주단이 깨끗하고 허리걸이에 흰 보를 씌운 것만이 차실의 특색
이 아니라 손님들의 모양이며 태도도 삼등차실과는 다르게 보인다. 군
인이며 관리며 장사치며 여인들이며 멀끔하고 깨끗한 품들이 사회의
윗층에 서 있다는 자랑을 제 스스로들 보이고 있는 셈일까.

2017년 7월 29일, 다롄에서 오전 9시 11분에 출발하는 고속열차
에 탑승했다. 약 1000킬로미터의 거리를 5시간 내에 주파하는 중국
고속열차의 위력이란 참으로 놀라울 따름이다. 그러나 그 위력은 우
선 까다로운 검색을 거쳐 어렵사리 역사에 들어선 후에야, 아니 또
탑승객들이 길게 늘어선 개찰구를 통과하고 나서야 비로소 경험할
수 있다.

정해진 좌석에 앉아 차표를 보니 이등석이라고 쓰여 있다. 여기에
서 이등석이라 함은 특실과 구분되는 일반석을 말하는 것인데, 일찍
이 KTX의 특실조차 경험해 본 적 없는 인생으로서 특실의 쾌적함을
운운할 수는 없겠으나, 좌석과 좌석 사이를 자유로이 오가는 아이들
의 재잘거림, 끊임없이 울리는 위챗의 알림벨, 태블릿 PC에서 흘러나

오는 드라마 소리에 묻혀 몇 시간을 가다 보면, 그 쾌적함이 점차 절실해져만 가는 것 또한 어쩔 수 없는 도리이다.

같은 이등석이지만 천일마의 이등석은 특별했다. 당시의 일반석은 삼등석이었으니 이등석은 지금의 비즈니스석쯤에 해당할 것이다. 경성과 하얼빈 사이를 수없이 오갔던 그였으나, 이등석은 그에게도 처음이었다. 그의 눈에 이등석은 고급스러운 인테리어보다 말끔하게 차려입은 승객들에 의해 유달라 보였다. 객차의 등급은 본래 서비스와 요금의 차이로 인한 것이지 신분의 구분을 목적으로 한 것이 아니었다. 그러나 상류층 인사가 3등석을 이용할 경우 자기 계급에 대한 배반으로 간주될 정도로, 그것은 계급의 차이와 쉽게 동일시되었다. 따라서 열차는 민족차별 위에 성립한 식민지 공간을 표현하기에 좋은 비유 대상이 되었다. 예컨대 1914년 '부제府制' 실시를 앞두고서 어느 재조일본인은 "경제 기타 사회 각 방면의 우수자는 뜻한 대로 상급에 타면 되지만, 이런 자격이 없는 열패자는 모두 하급의 차실에 가지 않으면 안 된다"고 함으로써, 장차 조선인들이 도시지역인 '부'에서 축출될 것이라고 장담했다.

그런데 일찍이 세계는 열차의 객차와 같이 분할되어 있었다. 15세기 대항해시대 이래로 '문명'을 자처하며 세계를 석권해 갔던 서구인들은 세계와 인종을 유럽·아시아·아프리카 또는 백인·황인·흑인으로 분류하고, 그에 '문명', '반문명', '야만'이라는 등급을 부여했다. 1868년 메이지유신 이후 그러한 '문명' 추종에 힘을 쏟았던 일본은 1894년에 불평등조약 개정에 성공함으로써 서구 열강과 어깨를 나란히 하게 되었다. 1902년에 창간된 일본의 《국제법잡지》는 그를 기념

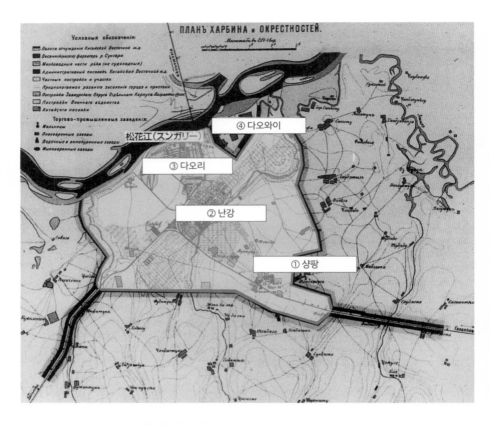

하얼빈의 철도부속지(검은색 굵은 선 안쪽 파란색 부분)
西澤泰彦, 《圖說〈滿洲〉都市物語》, ふくろうの本, 2006, 22쪽 그림 재인용

이나 하려는 듯이 국제법은 이제 유럽국제법이 아니라 진정한 의미의 인터내셔널이 되었다고 선포했다. 그러나 이때 '문명'은 오직 '야만'이라는 외부를 통해서만 증명될 수 있다는 사실은 은폐되었으며, '문명'과 '야만'의 경계에선 여전히 양자택일이 강요될 뿐이었다.

유럽과 비유럽 간의 이 같은 비대칭적 관계를 배경으로, 19세기 후반 동아시아 각국에는 '조계租界'라는 특수 공간이 설정되었다. 조계의 본래 취지는 무역을 원하는 외국인에게 일정 구역 내에서 거류할 수 있도록 그 편의를 제공한다는 데 있었지만, '문명국'은 자국민이 '야만국' 법률에 구속되기를 원치 않았다. 그리하여 조약을 통해 자국민 재판은 자국 영사가 담당케 했으며, 이어서 치안과 세금징수 등 조계 내 행정 전반에 걸쳐 배타적인 권한들을 획득해 갔다. 결과적으로 조계는 '나라 안의 나라'라고 하는 치외법권 지대로 확립되었고, 그러한 조계의 경계 위로는 '문명'과 '야만', 또는 도시와 시골의 경계가 중첩되었다.

하얼빈은 바로 그러한 비대칭적 공간분할에 의해 탄생한 도시였다. 1896년 청국정부와 맺은 비밀조약을 통해 동청철도 부설권을 획득한 러시아는 하얼빈 일대에 광대한 '철도부속지'를 설정했다. 철도부속지는 철도의 건설 및 경영을 위해 철도회사에 인도된 토지를 말하는데, 러시아는 여러 위법 행위를 통해 '조계'와 다름없는 치외법권 지대를 형성했다. 하얼빈은 분명 "국적과 인종의 진열장"이라고 불릴 만한 혼종적 도시였으나, 그것은 철도부속지만이 아니라 그 경계 바깥의 중국인 시가지도 함께 품은 형태였다. 천일마가 카바레에서 춤추는 "수다한 국적의 수다한 사람들"을 보면서 "잡동사니의 분위기에서 오는 일종의 부조화"를 느낀 것은 사람들의 얼굴과 체격의 차이에서만 기인하는 문제는 아니었을 것이다. 그에 앞서 사람들의 비대칭적 관계들이 진정한 소통을 방해하고 있던 것은 아닐까.

어느새 하얼빈서역에 도착했음을 알리는 방송이 흘러나온다.

다오리구

하얼빈서역에서 곧장 호텔로 향했다. 예약한 곳은 천일마가 머물렀던 모데른модерн호텔(현 馬疾爾賓館. 모데른은 모던이란 뜻의 러시아어). 1906년에 시공해 1913년에 준공된 모데른호텔은 하얼빈의 상업중심지인 다오리구道里區 중앙대가中央大街 한가운데에 위치해 있다. 중앙대가는 본래 하얼빈 건설 때 중국인 노동자들이 쑹화강松花江에서 샹팡香坊의 구시가나 난강南崗의 신시가로 건축자재를 운반하던 길이다. 그런 연유로 초창기에 '키타이스카야', 곧 러시아어로 '중국길'이라는 이름이 붙여졌지만, 후에 하얼빈 제일의 번화가라는 의미에서 현재의 이름을 사용하게 되었다. 모데른호텔은 이 도로 양편에 늘어선 유럽풍의 건물 중에서도 하얼빈 제일의 품격을 자랑했으며, 그 명성에 걸맞게 유명 인사들의 발길도 끊이지 않았다.

러시아인이 건설한 하얼빈에 러시아인이 많은 것은 당연한 일일 것이다. 그런데 난강지역에는 주로 동청철도에서 높은 급료를 받는 철도 종사자들이 거주했던 데 반해, 이곳 중앙대가에는 무역 등을 통해 자산을 모은 유복한 상인들이 자리를 잡았다. 한편 러시아혁명 이후에는 백

모데른호텔 ⓒ박준형

계 러시아인이 대량으로 하얼빈에 유입되었다. 백계 러시아인 중 돈이 많은 이들은 서유럽으로 건너갔지만, 여유가 없는 자들은 시베리아 횡단을 선택해야만 했다. 하얼빈의 백계 러시아인들이 모여든 곳은 다오리의 서남부 나하로프카라는 곳이다. 가난한 자가 많았던 이곳엔 빈민굴이 형성되었고, 그 때문에 사람들은 그곳을 범죄 소굴로 여겼다.

그런데 백계 러시아인들의 고난은 쉽게 끝나지 않았다. 1922년 말 시베리아에서 적군의 승리가 확실시됨에 따라 돌아갈 곳을 잃은 백군과 지방 관료, 그리고 그들의 가족 중에는 배를 타고 상하이까지 피난한 이들도 있었다. 상하이 조계의 외국인들은 같은 백인임에도 그들의 수용을 꺼렸다. 그것은 뜻밖에도 난민들이 같은 백인이라는 이유에서였다. 가난한 백계 러시아인들은 중국인들과 일자리 경쟁을 할 수밖에 없었는데, 그렇게 되면 백인의 명예를 훼손하고 나아가 백인 중심의 지배질서까지 흔들 것이라 예상했던 것이다. 삶의 절벽에 선 여성들의 처지는 더욱 어려웠다. 댄서에서 호스티스, 창부에 이르기까지 하얀 피부의 여성들이 제공하는 '서비스'는 상하이의 '신기'한 풍속이 되었다. 결국 백계 러시아 여성들의 비참한 상황은 백인의 체면이 걸린 문제로서 국제연맹이 나서 대책을 세우기도 했다. '백인다움'이 백인을 차별하고 또 구제도 하게 만드는 이 모순적 상황은 경계가 만들어 내는 이율배반의 한 사례일 뿐이다.

난강구

다오리구 동남쪽으로는 신시가인 난강구가 위치한다. 하얼빈의 종교·문화·행정의 중심지인 이곳엔 동청철도 본사로 쓰였던 하얼빈철로국이 있다. 천일마가 하얼빈교향악단 초청을 위해 가장 먼저 찾아야 했던 곳도 바로 이곳이다. 하얼빈공업대학 앞의 교화광장에서 난강구를 동서로 가로지르는 서대직가西大直街를 따라 하얼빈역과 마주하는 홍보광장紅博廣場까지 걷다 보면, 하얼빈철로국 외에도 철도와 관련된 다양한 건물을 만날 수 있다. 1911년에 준공되어 일찍이 철도구락부로 사용된 하얼빈철로박물관을 비롯해, 철로국 부국장 관저로 쓰이다가 이후 동성특별구 행정장관, 남만주철도주식회사 참사 등으로 주인을 바꿔 온 난강박물관이 있으며, 그리고 그 주변에는 철도회사 소속 러시아인 직공들의 주택건물군이 크게 자리를 잡고 있다.

러시아가 동청철도(청조 멸망 이후에는 중동철도라 함)를 단독 관리하는 체제는 1917년의 10월혁명으로 종결되었다. 이후 중동철도의 주권을 둘러싸고 베이징정부와 봉천군벌, 일본, 미국, 프랑스, 소련 등이 각축을 벌였는데, 러시아혁명 후 하얼빈에서 일어난 소요를 계기로 중동철도 회수에 나섰던 베이징정부는 회수한 이권을 유지하기 위해 중동철도의 국제관리를 주장하던 미국이나 일본이 아닌 소련과 손을 잡았다. 소련 입장에서도 중국과 제휴를 맺음으로써 중동철도가 반혁명파의 기지가 되는 일은 막아야 하는 사정이 있었다. 그리하여 1924년에 국교를 회복한 중소 양국은 중동철도를 경영하는 데 권리가 대등하다는 약속을 조약으로 체결했다. 그러나 철도를 둘러싼 분쟁이 이어지는 속에서 양국의 관계는 오히려 악화되어 1929년에는 결국 단교에 이르렀다. 1931년에 만주사변을 일으킨 일본은 이듬해 괴뢰국인 만주국을 건립했는데, 오랜 협상 끝에 중동철도의 경영권은 1935년 소련에서 만주국으로 이양되었다.

홍보광장을 지나 반대쪽으로 동대직가東大直街를 따라 하얼빈유락원까지 계속해서 가다 보면, 천일마 커플이 거닐었던 소설 속 무대들이 차례로 등장한다.

추림백화점은 외국인 경영의 하얼빈서도 으뜸가는 가게였다. 점원이 전부 외국인인 데다가, 특히 금발 벽안의 여점원들의 응대는 그것만으로도 눈을 끌었다. 반드시 한 가지 나라 말만이 쓰이는 것이 아니요, 로서아어도 들리고 영어도 들려서 이 구석 저 구석에서 언어의 혼란을 일으켜 흡사 국제백화점인 감이 있었다. 층층으로 진열된 물품에는 구라

하얼빈, 국적과 인종의 진열장

파적인 은은한 윤택과 탐탁한 맛이 드러나 보인다. 하루아침에 이루어진 것이 아니요, 천여 년을 두고 쌓아 내려온 굳건한 전통의 빛이 그 어디인지 흐르고 있다. 구라파 문명의 조그만 진열장인 셈이었다.

다오리구의 중앙대가만은 못하지만 "국적과 인종의 진열장"과 같았던 하얼빈의 여느 거리처럼 난강구의 거리도 국제적인 면모를 뽐냈다. 천일마는 그러한 하얼빈의 거리를 "올 곳에 왔다"고 느낄 정도로 "구라파 취미"를 갖고 있었다. 그런 까닭에 추림백화점의 진열품을 보고서는 "구라파적인 은은한 윤택"을 느끼고, 또 그 안에서 구라파 문명의 "굳건한 전통"을 발견할 수도 있었지만, 그럼에도 그의 이상형은 '동양적 취미'를 완전히 벗어나지는 못했던 듯하다. "나아자의 얼굴은 아무리 봐두 동양의 것이거든. 동양의 특징을 가진 순 서양의 얼굴이야. 눈이며 눈썹이며 코며가 온순한 조선의 것이란 말야. 피부가 희구 머리카락이 노랄 뿐이지"라고 하는 친구의 말이 그를 증명해준다. 그런데 소설 속에서는 전혀 언급되지 않았지만, 친구의 말처럼 동양의 특징에 서양의 얼굴을 지닌 곳이 있었다.

다오와이구

다오와이구는 본래 푸쟈뎬傅家甸이라 불리던 곳이다. 이곳은 일찍이 산둥성 덕평현 사람인 푸바오산傅寶善과 그의 형이 큰 가게를 연 곳이었기 때문에 처음에는 푸傅 씨 가게가 있는 곳이라는 의미에서 '푸쟈

덴傅家店'이라 불렸던 것이다. 그러나 이후 양楊·한韓·류劉·신辛 씨가 정착해 '쓰쟈쯔四家子'라는 마을을 형성하자, 청국정부는 1905년에 푸쟈덴을 중심으로 쓰쟈쯔를 합병하고, 1908년에는 그 이름도 '점店'이 너무 협소하다 하여 '전甸'으로 대신했다. '다오와이'라는 호칭과 관련해서는 다음과 같은 이야기가 전해진다. 옌嚴 씨 성의 어느 마차부가 중동철도를 따라가다가 한 가지 사실, 즉 중국인은 모두 그 '오른쪽(外手)'에 살고 있음을 깨달아 이를 다른 동료들에게 알렸는데, 그 후로 '길 오른쪽'이란 의미의 다오와이道外가 널리 쓰이기 시작했다는 것이다. '다오와이'는 1956년에 정식 명칭이 되었다.

1910년 이후 중국의 수공업자들과 상공업자들이 다오와이지역의 징위가靖宇街, 더우다오가斗道街 주변으로 모여들었다. 그렇지만 다오리구나 난강구와 달리 다오와이구에는 제대로 된 도시계획이 수립된 적이 없었다. 주요 도로들은 자연발생적으로 형성되었고, 그 도로 주변의 상공업 건물들을 제외하면 대부분 빈민이 거주하는 협소한 주택들뿐이었다. 계획적인 도시개발이 이루어지고 있던 철도 부속지 안쪽과 달리 그 바깥에서는 개발 없는 도시화가 진전되고 있었던 것이다.

그런데 바로 이와 같은 곳에서 '중화 바로크'라고 하는 언뜻 이해하기 어려운 새로운 건축양식이 탄생했다. 이 건물들은 양식적 고민 위에서 지어지지 않았다. 새로운 건물을 짓는 데 참고가 된 것은 다오리구나 난강구에 세워진 유럽풍의, 특히나 고전 양식의 건물들이었다. 그런데 정작 건물을 지어야 할 중국인 기술자들은 서양건축에 대한 지식이 부족했다. 그 때문에 대체로 중국식 건축구조는 유지한 채 외양의 모방만이 이루어졌고, 그러한 모방의 반복 속에서 발생한 오

097

중화 바로크 양식의 건물이 모여 있는 라오다오와이

옛 사진은 俞濱洋主編,《哈爾濱印·象》上, 中國建築工業出版社, 2005에서 재인용,

현재 사진은 박준형 촬영

해가 결과적으로 '중화 바로크'라고 하는 하나의 양식을 낳은 셈이다. 현재의 하얼빈시처럼 그 속에서 '중국적인 것'이나 '주체성'을 재발견해 낼 수도 있겠지만, 어떤 양식으로도 설명할 수 없는 무국적성이야말로 '중화 바로크'의 매력이다. 천일마가 나아자에게 느낀 매력 또한 '구라파 취미'나 '동양적 취미'가 아닌, 그 어떤 말로도 설명할 수 없는, 그저 아름다움이 아니었을까.

벽공무한, 반공유한反共有限

> 겨울날로서는 드물게 푸른 하늘을 내다 보면서 부부는 창에 의지해서 행복의 포화상태에 있었다. 지금 그들에게 더 필요한 것이 또 무엇일 것인가.
> "가이없는 푸른 하늘…"
> 행복도 무한하고 불행도 무한한… 무한한 인생같이도 가이없는 창공을 바라보며 나아자는 자기 한 몸이 푸르게 물드는 듯도 한 착각을 느꼈다.

소설 《벽공무한》은 위와 같이 마무리된다. 천일마와 나아자는 결혼이라는 신생활의 건설 과정에서 찾아드는 행복감에, 행복으로 가득 찬 끝없는 하늘 속에 뛰어들어 그대로 파랗게 물들려는 것처럼 보인다. 국적과 인종의 다양함과 그 사이를 가로지르는 경계들마저 모두 파랗게 물들여 버릴 듯한 이들만의 파란 하늘.
그러나 이효석이 소설 속에서 지워 버린 사실은 또 다른 경계를 말하고 있다. 1939년 하얼빈교향악단의 경성 방문은 단순히 경성 시민에게 음악의 아름다움을 전파하기 위한 것이 아니었다. 당시 하얼빈교향악단은 '일만방공친선예술사절日滿防共親善藝術使節'로 불렸고, 연주단원들은 '반공 러시아인'으로 규정됐으며, 연주회는 만주국과 관동군의 알선으로 1개월 넘게 순회공연이 이루어지고 있었다. 하얼빈교향악단의 이동 경로는 결국 제국(과 그 지배영역)의 경계 내부를 반공이라는 한 가지 색깔로 물들여 갔음을 말해 준다. 누군가 그 색깔을 물어본다면, 천일마 커플이 보았던 하늘처럼 그 또한 국적과 인종의 차이 정도는 개의치 않는 파란색이었다고 답할 수 있을지 모른다. 그러나 반공이 그린 하늘은 무한하지 않았다. 연주회 광고 기사가 실린 같은 날짜의 신문 헤드라인이 "진흙탕과 우림을 무릅쓰고 수수하반修水河畔의 적을 섬멸"이었다는 사실이 말해 주듯이, 또 그를 위한 731부대의 존재가 증명하듯이, 하늘의 경계와 그 바깥은 잔혹한 세상이었다.

천일마는 일련의 사건을 겪은 끝에 하얼빈을 '무서운 곳'이라 했지만, 석양이 내리는 쑹화강 변은 그저 아름답기만 하다. 이제 하얼빈이라는 시공간적 일탈의 장소에서 일상이라는 또 다른 하늘 아래로 복귀해야 하는 때, 바로 그러한 때 마음속에 불현듯 드는 울적함은 붉게 물들어 가는 쑹화강과 함께 흘려보내고 만다.

나하

전쟁의 상처가 남은

계획도시

박현

오키나와는 관광지의 이미지가 강한 곳이지만, 미군기지나 지비치리 가마チビチリガマ(오키나와전쟁 당시 일본인 85명이 자결한 동굴) 등 전쟁의 상처가 남아 있는 곳이기도 하다. 오키나와의 중심도시인 나하에 전쟁과 관련된 유적이 많이 남아 있지 않지만, 2차 세계대전 당시 미군의 공습으로 시가지가 파괴되었다가 재건된 도시라는 점에서 나하는 눈여겨 볼 만한 곳이다.

특기할 만한 점은 나하의 위상이 재건 과정에서 변화되었다는 것이다. 나하는 류큐왕국 시기 수도 슈리의 문호 역할을 하는 항구였다. 그런데 2차 세계대전 이후 나하는 슈리 및 주변 지역을 병합하면서 오키나와의 수도와 같은 위상을 가졌지만, 슈리는 나하에 병합되면서 기존의 위상을 잃어버렸다. 2차 세계대전을 전후로 변화된 나하의 모습을 좀 더 자세히 살펴보자.

류큐왕국에서 오키나와현으로

오키나와지역은 예전에 류큐왕국이 지배했다. 오키나와가 일본 역사에 본격적으로 등장하는 시기는 12세기로, 당시 오키나와에서는 아지按司라는 이름의 호족들이 세력을 다투었다. 14세기 중반이 되면서 오키나와 섬에는 난잔南山·주잔中山·호쿠잔北山 등 3국이 성립됐다(산잔시대三山時代). 이때 주잔이 명나라에 사신을 보내면서 진공무역進貢貿易이 시작되었고(1372), 50년도 되지 않는 산잔시대 동안 3국은 70회가 넘는 진공선을 보내기도 했다. 오키나와 일대의 가장 유력한 경제수단이 중국을 비롯한 일본·조선 등과 한 중개무역이었던 만큼 진공무역이 차지하는 중요성을 알 수 있다.

류큐왕국이 탄생한 시기는 15세기 초로, 쇼하시尙巴志가 주잔을 시작으로 호쿠잔·난잔을 차례로 점령하면서 통일왕조를 건립했다. 쇼하시는 주잔의 성이 있었던 우라소에浦添가 아닌 현재의 슈리성首里城을 증축·확장해 왕성으로 삼았다. 슈리성이 언제 축성되었는지는 명확하지 않지만, 적어도 류큐왕국의 왕도가 되면서 전반적인 보수와 주변 정비가 진행된 것으로 보인다.

한편 나하 일대는 슈리의 문호 역할을 하는 항구로서 기능하고 있었다. 류큐왕국이 무역을 경제적 기반으로 삼고 있었기에 나하 일대를 중심으로 하는 세력은 류큐왕국의 경제적 중심이었다고 봐도 과언은 아닐 것이다.

류큐왕국에 큰 변화가 일어난 시기는 1609년으로, 사쓰마번의 침략으로 류큐왕국이 일본의 막번체제幕藩體制로 편입된 것이다. 사쓰마번이 류큐왕국을 침략한 것은 류큐왕국의 대명 무역 등을 통한 경제적 이권을 빼앗기 위해서이기도 했지만, 류큐왕국을 통해 명나라와 관계를 회복하려 했으나 류큐왕국이 이에 따르지 않았기 때문이기도 했다. 이때 류큐왕국은 실질적으로 사쓰마번에 점령되었고 류큐왕국의 통치자 쇼 씨는 시마즈 씨의 가신으로 지위가 전락했지만, 사쓰마번은 류큐왕국과 중국의 무역을 유지하기 위해 겉으로는 류큐왕국을 유지하는 전략을 취했다. 중국과 한 진공무역은 류큐왕국에 경제적으로 이익을 가져다주었지만, 사쓰마번은 진공무역에서 발생하는 이익을 취하거나 오키나와의 특산물 중 하나인 설탕 등을 매우 싼 가격에 사들이는 방식으로 이득을 취했다.

일본은 메이지유신 이후 류큐왕국을 형식적이지만 독립국으로 두는 것보다 자국으로 편입하고자 했다. 이를 위해 1872년 류큐왕국을 류큐번으로, 류큐국왕을 류큐번왕으로 격하하는 조처를 취했다. 또한 태풍을 만나 조난된 미야코지마宮古島 주민들이 타이완 원주민들에게 살해되자 일본은 청에 타이완 원주민을 처벌해 달라고 요청했고, 청이 이를 받아들이지 않자 타이완으로 출병했다(1874). 이후 일본의 출병이 정당한 행위였음을 청이 인정하게 하면서, 류큐가 일본 영토의 일부라는 점 또한 인정하게 했다. 그리고 1879년 내무대승內務大丞 마쓰다 미치유키松田道之를 류큐왕국으로 파견해 류큐번을 폐지하고 오키나와현을 설치했다(폐번치현).

폐번치현 이후 일본 메이지 정부는 류큐를 아홉 개 행정구行政區로 나누고 각 행정구에 새로운 행정기구를 설치했으며, 기존에 있던 행정기구들은 그대로 남겨 각 행정구역소의 감독 아래에 두었다. 나

105

뉘진 행정구역은 슈리·나하·시마지리島尻·나카가미中頭·구니가미
國頭·이에지마伊江島·구메지마久米島·미야코·야에야마八重山 등으로,
이때 슈리성의 무역항이었던 나하가 슈리와 동등한 하나의 구區가 되
었다. 여기에 새로운 현청縣廳을 슈리성의 한 전각에 둘 것인지 나하
에 새로운 청사를 지을 것인지의 두 가지 선택지 중 후자가 선택되면
서, 행정의 중심지가 슈리에서 나하로 이동하게 되었다. 물론 그렇다
고 해서 슈리성 일대가 나하에 흡수된 것은 아니었지만, 슈리와 나하
의 관계가 역전된 것은 사실이었다.

지방자치의 지연과
도시계획

나하와 슈리는 일본의 다른 지방도시들보다 〈도시계획법〉의 적용이
매우 늦은 편이었다. 일본의 〈도시계획법〉이 1919년 제정된 이후부
터 지방도시에 서서히 적용되었다면, 나하와 슈리에는 〈도시계획법〉
이 1933년이 되어서야 적용되었다.

　나하와 슈리에 〈도시계획법〉 적용이 지연遲延된 이유는 무엇이었
을까. 일본의 지방도시들은 국가 차원의 도시계획이 시작되기 전부
터 자치사무로서 도시개조를 하는 경우가 많았다는 점을 상기해 보
면, 〈도시계획법〉 적용이 지연되었다는 것은 곧 자치사무로서의 도
시개조 경험 또한 늦어졌다고 볼 수 있을 것이다. 나하와 슈리에서
지방자치 시행이 늦어진 원인은 오키나와현이 설치되면서 기존 류

류왕국의 제도나 관행 등이 없어지지 않고 계승되었다는 점에서 찾아볼 수 있지 않을까.

오키나와의 근대를 시기별로 구분해 보면, 폐번치현 이후 1896년 구제區制가 실시될 때까지의 시기를 구습온존기舊習溫存期(구습답습기라고도 부른다)로 본다. 말 그대로 류큐왕국 당시의 제도를 그대로 따랐다는 뜻으로, 이는 곧 류큐왕국 시기의 지배층이나 자산가들이 기존에 가지고 있던 세력이나 영향력을 잃지 않고 유지할 수 있었던 것이라고 할 수 있다.

물론 그들의 능력만으로 기득권을 지킨 것은 아니었다. 일본 정부가 오키나와를 폐번치현할 당시 구습을 그대로 유지해야 했던 의도를 살펴볼 필요가 있다. 일본 정부는 오키나와의 주력 상품인 설탕을 지속적이고 안정적으로 생산하고자 했다. 이를 위해 기존의 통치구조와 인적 구성을 바꾸지 않고 유지했던 것이다.

그런데 기존의 제도를 유지했다는 것은, 사쓰마번의 침략 이후 설탕을 전매하는 방식으로 이득을 취하는 제도 또한 유지되었다는 의미이기도 하다. 하지만 기존의 제도는 기술 개량, 세금제도 개선 등의 문제가 있었기에 농민들의 불만이 커졌다. 농민들은 설탕뿐만 아니라 토지분할이나 말단행정기구 등에 대해서도 불만을 품고 있었기에, 결국 농민 사이에서 구습폐지운동이 일어나거나 농민들이 자체적으로 대표를 뽑아 상경해 의회에 청원하기도 했다.

나하와 슈리에서 지방자치가 본격적으로 시작된 것은 1921년 시제市制가 실시되면서였다. 이 시기까지 지방자치 차원에서의 도시개조가 본격적으로 진행되지는 않았지만, 예비적인 차원의 사건은 찾아

107

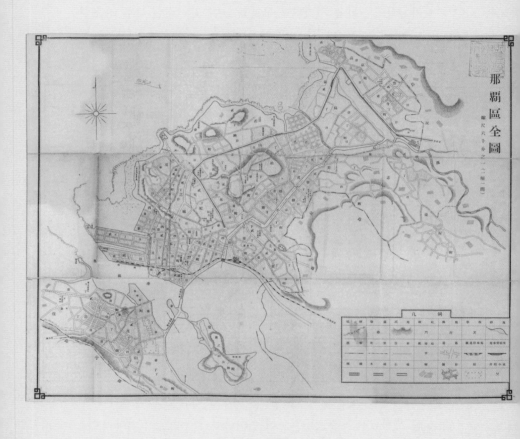

나하구 전도, 1915, 오키나와 현립도서관 소장

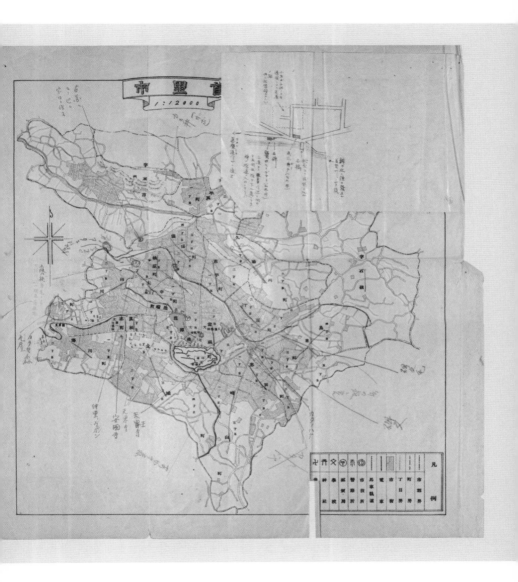

슈리 시가도, 1925, 오키나와 현립도서관 소장

볼 수 있다. 대표적으로 1910년 제기된 '공유수면매립문제'를 들 수 있다. 나하항에 매립항을 만들기 위해 1907년부터 예산이 계상되어 공사를 진행하고 있었다. 오키나와현은 항구 매립과 더불어 항구와 만나는 주요 간선도로의 개수 또한 진행했다. 그런데 한편으로 나하구는 나하항에서 쓰보가와壺川에 걸친 내해內海 공유지를 매립해 공유시설용지를 확보하고 나머지 토지는 불하해 구의 재원으로 삼는 사업을 구영區營으로 진행하려 한다는 출원서出願書를 오키나와현에 제출했다. 하지만 오키나와현은 나하구가 진행하는 매립사업에 필요한 계획만 예산에 편입했다. 이 사실이 알려지면서 나하구와 구회의원은 구민대회를 열어 오키나와현과 지사知事를 비판했다. 이 문제는 내무성이 나하구의 주장을 받아들이지 않고 현의 사업만을 허가하는 것으로 마무리되었지만, 지방자치 차원에서의 도시개조에 대한 일종의 맹아를 엿볼 수 있는 사건이었다.

'대오키나와 건설'과
슈리·나하의 합병

1933년 슈리와 나하에 〈도시계획법〉이 적용되었지만 두 도시에서 진행된 도시계획사업은 하수도사업밖에 없으며, 구상되었던 도시계획사업으로는 시촌합병市村合併으로 대표되는 '대나하시大那覇市 건설'계획이 있었다. 이는 1932년 당시 나하시장의 언급이 잡지 기사로 나온 것으로 구체적인 내용은 확인되지 않는다. 본격적인 논의는 1939년

5월 풍치지구 지정에 대한 지도를 하려고 오키나와현을 방문한 내무성 계획국 기사 기타무라 도쿠타로北村德太郎의 말이 계기가 된 것으로 보인다. 기타무라는 오키나와 방문 당시, 슈리와 나하의 도시계획이 각각 계획되어 있는데 두 도시를 일괄해 계획을 수립하는 것이 좋겠다는 의견을 제시했다. 같은 해 7월에는 슈리시장이 나하시장을 방문해 슈리와 나하의 합병을 제안하기도 했다. '대나하시 건설'계획은 1941년 '대오키나와大沖繩 건설'로 이름이 바뀌어 공표되었다. 주된 내용은 나하와 슈리, 그리고 그 인접한 마을인 오로쿠小祿·도미구스쿠豊見城·마와시眞和志를 합병하는 것이었다.

'대오키나와 건설'계획은 계획안만 봤을 때는 도시계획사업으로서 일반적인 방침에 그치고 있으며, 용도지역 외의 지역 지정을 당면의 목표로 두었다. 또한 실제로 용도지역 지정을 시도한 흔적도 없으며, 나하에서 오키나와현이나 내무성으로 계획안이 상신이 되지 않은 것으로 보인다. 다시 말해, 실행되지 않고 계획으로만 존재했던 것이다.

이 계획의 특징은 나하와 슈리의 도시계획구역이 각각 지정되어 있었다는 것이다. 인접한 두 지역의 도시계획을 굳이 따로 설정한 것은 〈도시계획법〉에 규정된 도시계획구역의 정의와도 맞지 않는다. '대오키나와 건설'계획을 구상한 기타무라가 이를 지적하지 않고 방치한 이유 또한 명확하지 않다. 그 이유를 추측하기 위해 '대오키나와 건설'의 핵심인 시촌합병을 좀 더 살펴보자. 일반적으로 도시계획에서 설정된 구역이 여러 도시에 걸쳐서 지정되지만, 그것이 행정구역과 완전히 같지는 않다. 즉 어떤 지역은 일부만 구역 설정의 대상이 될 수도 있는 것이다. 그렇다면 '대오키나와 건설'계획에서 구역 설정을 곧 시촌합병으로 받아들인 것에 의문이 생긴다.

1910년에 일어난 '공유수면매립문제'에서도 알 수 있듯이, 오키나와에서도 지자체 차원의 도시개조는 진행되고 있었다. 따라서 〈도시계획법〉 적용 이후에도 지자체별로 도시개조에 대한 의지는 있었을 것으로 생각된다. 하지만 오키나와현 도시계획위원회의 활동도 미약했고, 내무성의 감독과 내무대신·각의의 인가를 받아야 하는 도시계획은 나하나 슈리의 위정자에게는 겪어 보지 못한 번거로움이었을 것이다. 그래서 도시계획 구역 설정과는 관계없는 지자체의 합병을 도시계획이라 생각하고, 이에 시역 확장을 지방자치의 우선 목표로 삼았던 것은 아니었을까. 게다가 오키나와현은 도시계획을 진행할 전문가도 부족했고 도시계획 이전부터 국고보조를 받는 오키나와 진흥사업이 있었기 때문에, 국고보조도 없는 도시계획사업에 대한 관심은 많지 않았을지도 모른다.

결국 나하가 도시계획에 관심을 가지기 시작한 것은 미군의 공습으로 시가지가 파괴된 이후였다. 오키나와 현지 신문은 계획만 세울 것이 아니라 실행으로 옮겨야 한다며 기존의 도시계획을 비판했고, 공습받을 당시부터 부흥계획復興計劃을 세우고 있었던 내무성 국토국 계획과는 계획의 주안점을 토지구획정리를 통한 도로용지의 무상 취득에 두었다. 하지만 오키나와의 부흥은 미군에 의해 진행되었고, 이때 비로소 나하·슈리·마와시·오로쿠가 합병되어 나하시가 되었다.

2차 세계대전 이후 나하시와
그 일대의 모습

나하시와 나하 일대는 미군의 공습과 미군 상륙 후 일본군과 미군의 대치로 도시 대부분이 파괴되었다. 1945년 3월 약 1500척의 미군 함대가 오키나와 섬 주변에 집결해 포격 및 폭격을 퍼부었다. 4월 1일에는 미군이 오키나와 섬 동해안 요미탄讀谷촌으로 상륙해, 부대를 둘로 나눠 한쪽은 북상하고 한쪽은 남하했다. 일본군은 주력부대를 기노완宜野湾 가카즈嘉数 고지에서 우라소에 마에다前田 고지에 이르는 곳을 중심으로 한 중남부 구릉지에 진지를 구축하고 남하하는 미군과 대치했다. 가카즈 고지에서 슈리까지의 약 10킬로미터가 오키나와전쟁의 주요 전장이었다. 미군은 이 10킬로미터를 돌파하는 데 약 50일 정도가 걸릴 정도였다.

2차 세계대전 이후 나하시와 나하 일대의 모습은 어떠했을까. 전쟁 전 6만 5000여 명이 살고 있었고 관청·은행·상점이 집중되어 있던 나하시는 재와 먼지만이 남았다. 미군이 나하시 전체를 군용기지로서 점령했고, 점령 초기 민간인이 들어갈 수 있는 구역은 도기陶器를 제작하던 쓰보야壺屋 일대 정도였다. 1945년 10월 23일에야 미군정부는 민간인이 기존의 거주지로 이동할 수 있게 했으며, 나하의 경우 1945년 11월 쓰보야로 이주 허가가 내려졌다. 쓰보야 마을에는 집과 가마가 남아 있었기에 도기 장인이 모여 그릇 등의 도기 생산을 시작하는 한편, 집을 수리하거나 새로 지어 주택 확보에 주력했다. 이후 쓰보야 마을이 미군에 강력히 요청해 나하 최초의 행정기관(쓰보야

구역소區役所)이 설립되었고, 쓰보야 마을은 1946년 4월 4일 나하시로 승격했다.

　슈리의 경우 슈리 주민은 각지의 수용소로 흩어져 있었다. 그중 신문기자였던 나카요시仲吉가 승전국이 당사자의 동의가 없는 한 영토를 변경하지 않는다는 정보를 얻어 미군에 오키나와 반환과 슈리시의 개방을 강하게 호소했다. 이 교섭이 주효해 12월 14일 44명의 선발대가 슈리에 들어갔다. 선발대는 미군의 협조를 얻어 미군 부대 폐기물자인 건축자재를 활용해 주택을 정비했다. 이후 학교 건립, 농작물 종種 배포, 식량 생산 등의 재건 과정이 어느 정도 진행되자 문화 활동을 개시했다. 왕궁이 있었던 고도의 긍지를 되찾자는 것이 핵심이었다.

　마와시는 전역에 미군이 주둔하고 있어 지역이 개방되지 않아, 피난민들은 오키나와전쟁에서 가장 많은 피를 흘렸던 마부니摩文仁촌 고메스米須와 이토스糸洲에 텐트를 펴고 정착했다. 1946년 1월 23일에는 본격적인 이동이 개시되면서 각지의 수용소에 흩어져 있던 주민이 돌아와 계획적인 부흥이 시작되었다. 그런데 마와시로 돌아와 보니 연고를 알 수 없는 사람들의 유해와 시체가 흩어져 있었다. 이에 무덤을 만들고 '진혼'이라고 새긴 탑을 세웠고, 이후에도 히메유리 탑(전쟁에 종군했던 오키나와현립 제일고등여학교와 오키나와사범학교 여자부 학생들을 기리는 위령비로, 1946년 4월 7일 건립되었다)을 세우는 등 마와시는 사자를 위로하고 평화를 기원하는 것을 자랑스럽게 여겼다.

　오로쿠에는 일본군 비행장과 해군 사령부가 있어 미군의 공격이 격렬했던 곳이었기 때문에 다른 곳으로 피난 갔던 사람이 많았다. 오

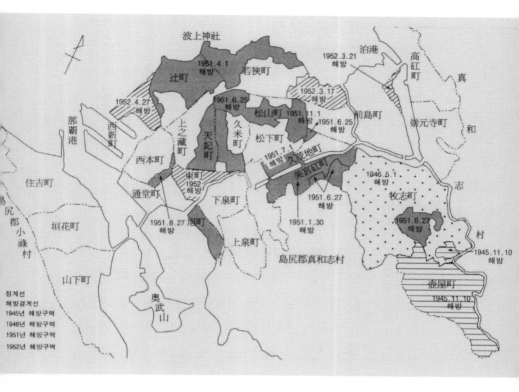

나하시 구거주지의 반환 추이도(1945~1592)

김백영, 〈오키나와 도시공간의 문화적 혼종성〉,《경계의 섬, 오키나와》, 논형, 2008, 287쪽

로쿠촌은 미군이 대부분 점령했고 1946년 2월 일부 지역만이 개방되어 주민들이 귀환했다. 좁은 땅에 인구가 집중되면서 큰 부락이 형성되었고, 4월 10일 전후 오로쿠촌이 다시 탄생했다. 오로쿠촌은 미군의 공격이 심했던 만큼 경작지도 없고 주민들이 생활하는 토지도 적어서 경제적으로 많은 부분을 미군에 의지할 수밖에 없었다.

대나하시의 탄생

나하의 도시계획은 시정촌市町村 합병, 군용지 개방, 도시계획 등과 관련되어 있었다. 먼저 시정촌 합병의 경우 나하의 도시계획에서 처음부터 고려된 사항이었다. 합병 과정을 살펴보면, 합병은 '1시 2촌(나하시, 마와시촌, 미나토촌)'의 합병부터 시작됐다. 미나토촌이 대부분 마와시촌 구역에 속해 있었기 때문에 마와시촌은 이 합병을 거부하면서 합병이 실현되지 않았지만, 미나토촌은 미군에 의해 강제로 나하시에 합병되었다.

다음으로는 '2시 2촌(나하시, 슈리시, 마와시촌, 오로쿠촌)'의 합병이 진행되었다. 주요 쟁점은 나하시와 마와시촌의 경계 설정이었는데, 마와시촌이 옛 미나토촌 구역의 반환을 주장했던 것이다. 1954년 들어 오로쿠촌과 슈리시는 나하시와 합병하는 데 합의했지만, 마와시촌은 나하시에 흡수합병되는 계획에 반대하고 대등합병을 주장하면서 합병은 무산되었다. 이에 마와시촌을 제외한 슈리시와 오로쿠촌만 나하시로 편입되었다. 이후 1957년 마와시촌이 나하시로 편입되었다.

군용지 개방의 경우 2차 세계대전 이후 미군이 오키나와 전역을 직접 지배하면서 거주에 제한을 두었다가 1945년 10월부터 기존의 거주지로 귀환할 수 있게 단계적으로 허가했는데, 나하시는 1945년 11월 쓰보야와 마키시牧志의 개방을 시작으로 1952년 11월 일부 군용지를 제외한 나하시 전 지역이 개방되었다.

도시계획의 경우 나하시에서는 기지 개방이 시작되기 전부터 '수도'를 목표로 한 도시계획의 필요성이 제기되었다. 미군 정부는 1946년 11월 1일 오키나와 민정부民政府에 나하 부흥의 설계도를 제시했다. 미군 정부의 의도는 '나하를 오키나와의 수도로서 근대적으로 정비해 동양 제일의 근대도시로서의 면목을 일신하게 해야 한다는 것'이었다. 그리고 1947년 10월 7일자로 특별포고 22호(〈공공의 용도로 제공하는 토지의 취득〉) 및 지령 44호를 공포했다. 이는 공공의 목적을 위한 토지수용을 규정하고 그 권한을 민정부에 부여하기 위함이었다.

오키나와 민정부는 미군 정부의 지시를 따라 도시계획에 착수했다. 1949년 11월 8일 민정부 공무교통부工務交通部는 오키나와의 건축·도로·항만·철도·전기·수도 부문에 대한 조사위원을 임명해 실지로 조사한 후 부흥계획안을 제출하게 했다. 당시 민정부는 나하시의 도시계획은 민정부가 수립하고 실시하는 것으로 믿고 있었고, 나하시도 민정부가 주체라는 생각으로 나하시는 측면에서 도시계획 실현을 위해 협력하는 자세를 취했다. 이에 민정부는 도시계획을 추진하기 위한 도시계획과 및 도시계획위원회 설치를 미군 정부에 요청했지만, 미군 정부는 도시계획과와 위원회의 설치가 자치체의 권한을 침해하므로 불가하다고 답변했고, 이에 나하시 도시계획 입안의 권한

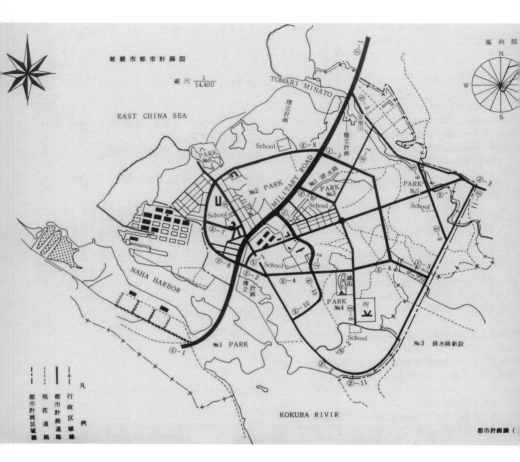

나하시도시계획도(1952년 도시계획과 작성)
나하시 기획부 시사편집실 편,《나하시사那覇市史》자료편 제3권 1, 1987, 410쪽

을 나하시로 옮겼다.

이에 나하시는 도시계획위원회를 설치해 도시계획 마스터플랜을 검토했고, 1950년 3월 27일 임시의회에 도시계획의 대강을 자문했다. 1951년 4월 13일에는 나하시장이 군정장관과 회견하고 주요 수뇌부에게 도시계획을 설명한 뒤 검토되어 군정장관의 인가를 받았다. 이후 도시계획을 실제로 진행하기 위해 와세다대학교 교수 이시카와 히데아키石川榮耀를 불러 구체적인 지도를 받았다.

나하의 도시계획은 1953년 8월 〈도시계획법〉이 성립되고 점차 본격적으로 진행되었다. 같은 해 9월에는 '지정도시'로서 인가를 받았으며, 1954년 6월에는 토지 이용계획, 교통계획, 생활환경시설, 토지구획정리사업 등이 포함된 '도시계획'이 인가되었다. 1956년 2월에는 입법원에서 제정된 〈수도건설법〉이 공포되었다. 이는 단순히 나하시의 도시계획에 대한 것뿐만 아니라 수도로서의 기능을 충분히 발휘하도록 계획하고 건설하는 것을 목표로 했다.

참고로 현재 오키나와의 명소 중 한 곳인 국제거리 또한 이 시기에 만들어졌다. '국제'라는 말은 현재의 거리뿐만 아니라 여러 거리에 붙어 있던 이름으로, 지금의 국제거리는 원래 '마키시가도牧志街道', '마키시대로牧志通り'로 불렸다. 1948년 1월 21일 이 거리 가운데에 '어니 파일Ernie Pile 국제극장'이 만들어졌고, 극장이 유명해지고 주변에 상가가 들어서면서 거리가 번창했다. 이에 당시 크게 번성하던 어니 파일 국제극장을 따서 '국제거리'라고 불렀다. 국제거리는 1949년 당시 취재차 오키나와를 방문한 미국인 신문기자에게 '기적의 1마일'이라는 별칭으로 불리기도 했는데, 이는 전쟁으로 극심한 피해를 입

나하

은 거리를 훌륭하게 발전·부흥시켰다는 뜻에서 붙인 것이었다.

나하는 슈리의 항구도시였으나 2차 세계대전 이후 미군에 의해 재건되었다. 그러나 나하 대부분이 군용지로 수용되었다가 산발적으로 민간에 개방되면서 일부 지역에 인구가 집중되고 주택 건설 등 또한 비계획적으로 진행되면서 난민주거지화되었다. 이후 슈리를 포함한 주변 지역과 합병, 도시계획 등을 통해 점차 오키나와의 중심도시가 되었다. 1970년대 이후에는 리조트 건설을 비롯한 관광산업이 성장하면서 나하는 국제거리를 중심으로 한 유명한 관광도시가 되었다.

이렇듯 '나하'라는 도시는 전근대부터 현재까지 다양한 성격을 띤 도시였고, 따라서 다양한 기억이 겹겹이 쌓인 공간이 되었다. 지금의 나하가 관광지로서 인기 있는 것은 이러한 이유 때문일지도 모른다. 따라서 나하를 방문한다면, 다층적으로 쌓인 기억을 더듬으면서 돌아다녀 보는 것이 나하의 매력을 가장 잘 느낄 수 있는 방법이 아닐까 생각한다.

페낭·말라카·싱가포르

해협식민지의

역사

박준형

'조용한 아침의 나라'와
'황금반도'

한국을 다녀간 외국인들이 남긴 여행서 중 이사벨라 버드 비숍Isabella Bird Bishop(1831~1904) 여사의 《조선과 그 이웃나라들Korea and Her Neighbors》(1897)은 가장 대표적인 저술이라 할 수 있다. 비숍 여사는 생애 대부분을 대영제국의 황금기인 빅토리아여왕 시대와 함께했다. 왕립지리학회 최초의 여성 멤버이기도 했던 그녀는 평생에 걸쳐 세계 각지를 여행했는데, 비숍 여사가 한국을 찾은 것은 1894년 1월부터 1897년 3월까지 네 차례의 여행을 통해서였다. 이 시기 한국은 그야 말로 격동의 시대였다. 1894년 초 고부에서 시작된 농민들의 봉기는 급기야 전주성을 점령하기에 이르렀고, 이를 계기로 청일 양국이 군 사적 개입을 시도함에 따라 한반도는 외국 군대들이 횡행하는 전쟁터 가 되고 말았다. 해를 넘긴 전쟁은 결국 일본의 승리로 귀결되었으나, 삼국간섭을 겪은 일본은 세력의 만회를 꾀한 끝에 왕비 시해라는 만 행을 저질렀다. 1896년 초 고종은 러시아공사관으로 이어했다. 그리고 1년 뒤 경운궁(현재의 덕수궁)으로 환궁한 고종은 1897년 10월 황제의 지위에 오르며 대한제국을 선포한다.

비숍 여사는 이 기간에 서울과 같은 주요 도시는 물론 금강산의 자연을 둘러보기도 했으며, 심지어는 국경 너머 시베리아의 조선인들을 찾아가기도 했다. '조용한 아침의 나라'에 대한 그녀의 첫인상은 "여행해 본 나라 중에서 가장 흥미 없는 나라"라고 할 정도로 좋지 못했다. 그러나 위와 같은 시대의 격동, 그리고 그러한 격동도 이겨 낼 것 같은 시베리아 조선인들이 보여 준 가능성은 끝내 그녀를 한국에 푹 빠져들게 만들었다. 주한영국총영사로 재직했던 힐리어Walter C. Hilier가 그녀의 저서를 '진보' 속에 사라지고 말 것들에 대한 소중한 기록이라고 평한 것은 지금 볼 때 참으로 적절한 말이었다.

비숍 여사가 한국 여행에 앞서 출간한 책으로는《미국에 온 영국 여인Englishwoman in America》(1856),《하와이군도The Hawaiian Archi-pelago》(1875),《일본 미답의 길Unbeaten Tracks in Japan》(1880) 등이 있다.《황금반도와 그쪽으로 가는 길The Golden Chersonese and the way thither》(1883)도 그중 하나였는데, 이 책은 일본 여행 후 영국으로 돌아가는 길에 급작스럽게 행로를 변경해 이루어진 즉흥 여행의 결과였다. '황금반도'란 동남아시아의 말레이반도를 가리킨다. 그녀의 '황금반도' 탐험은 그 남쪽 끝의 싱가포르에서 시작되었다.

동남아시아와 동북아시아는 '아시아'라는 하나의 권역으로 묶여 있다. 그러나 최근 경제지들에서 동남아시아를 '기회의 땅'이라 명명하고 있는 사실에서도 알 수 있듯이, 이 지역에 대한 낯섦은 단순히 '동남'과 '동북'이라고 하는 문자적 차이를 넘어서는 것으로 보인다.

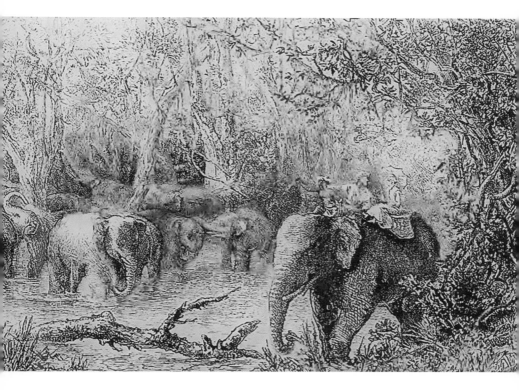

코끼리를 탄 비숍 여사의 모습을 그린《황금반도》의 삽화

동남아시아를 하나의 지역으로 보려는 경향 자체가 사실은 2차 세계 대전 당시 군사적 고려에서 태동되었음을 떠올린다면, 그러한 낯섦도 이해 못할 바는 아니다. 하지만 그 때문에 이 지역 인구가 전 세계 인구의 9퍼센트를 차지한다는 사실마저도 뜻밖의 당혹감을 불러일으키는 것은 아닐까.

　‘황금반도’는 한국과 달리 그 자체로서 이미 비숍 여사를 매료했

125

다. 그런데 그녀가 '황금반도'를 여행하던 시기는 영국의 식민지 전략이 '거점 지배'에서 '영역 지배'로 이행하는 또 다른 격동의 시대였다. 이러한 '격동'들의 체험이야말로 '동남'과 '동북' 아시아가 공유하는 지반일 것이다. 만약 그 위에서 '조용한 아침의 나라'와 '황금반도'가 서로의 경험을 말할 수 있다면, 생각지 못했던 역사적 가능성들과도 대면하게 될 것이다.

해협식민지의 전사前史

'황금반도'의 격동의 역사를 말하기에 앞서 그 격동을 야기한 기원 중 하나인 영국의 동인도회사에 대한 이야기부터 시작해 보자. 영국 동인도회사는 1600년에 설립되었다. 설립 근거는 엘리자베스 여왕이 수여한 특허장에 있었는데, 아프리카 희망봉과 남아메리카 혼곶 사이의 무역 독점권을 인정한다는 내용이었다. 영국의 동인도회사는 네덜란드의 동인도회사에 비해 설립 시기는 앞섰지만 능력에서는 크게 뒤처져 있었다. 자본금은 18배, 1610년까지 띄운 무역선의 숫자만도 3.5배의 차이가 났다. 영국이 동남아시아의 향신료 무역에 뛰어들었을 때는 이미 네덜란드가 포르투갈을 대신해 향신료의 산지인 말루쿠 제도는 물론 집산지인 말라카(현재 믈라카)도 점령한 상태였다. 결국 네덜란드와 벌인 경쟁에서 밀린 영국은 발길을 돌려 인도에서 면포를 수입하면서 활로를 모색했다.

그것은 분명 처음부터 의도한 바는 아니었다. 그러나 영국은 인도

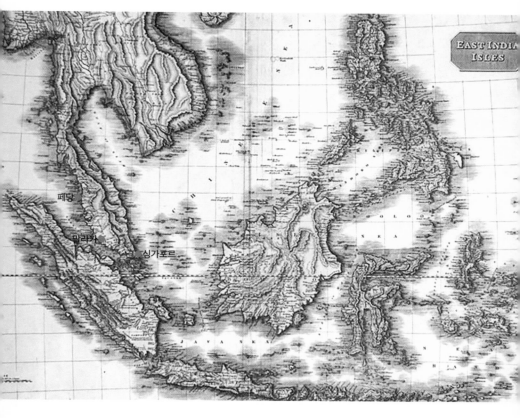

영국의 해협식민지(1811년 제작 지도 위에 작성)
Cheah Boon Kheng, *Early Modern History 1800~1940*, Archipelago Press, 2001에서
재인용

를 아시아무역의 거점으로 구축해 갔다. 마술리파탐과 수랏을 시작으로 마드라스, 봄베이에 상관을 설치했고, 17세기 말에는 벵골 지방으로 진출해 캘커타에서 요새 및 상관 건설권도 획득했다. 18세기에 들어 영국은 확실히 섬유제품 무역에서 경쟁국들보다 우위에 섰다. 영국의 18세기 전반은 번영과 안정의 시기였다. 그러나 18세기 후반에는 프랑스가 지원하는 벵골 태수와 전쟁을 치러야 했고(플라시전투, 1764), 또 그 전쟁의 승리로 벵골 등지의 징세권을 새로 획득했음에도 군사 및 행정에서 막대한 비용이 증가해 도리어 본국 정부의 구제를 바라는 처지가 되었다. 이러한 과정을 거쳐 영국의 동인도회사는 상사商社에서 영토를 지배하는 통치자로, 그리고 벵골 지방의 지배자에서 전 인도의 지배자로 변신해 갔다.

이와 때를 같이 하여 동남아시아의 거점 확보도 재차 시도되었다. 이는 인도 동해안 지역의 불안한 방비 상황과 광동을 오가는 무역선들의 기항지 요구 등을 배경으로 하는 것이었는데, 이때 건설된 거점이 바로 말레이반도의 페낭이다.

해협식민지 ① : 페낭

조지타운은 아시아계의 도시다. 중국인, 버마인, 자바인, 아랍인, 말레이인, 시크교도, 마드라스인, 클링인, 출리아, 파시교도 등 아시아계 인파가 거리를 가득 메운다. 이들은 정크선이나 증기선, 다양한 아랍 선박을 타고 여전히 페낭으로 몰려든다. 아시아계 이주자들은 아무에게도 종속되지 않고, 궁핍에 빠지지도 않으며, 저마다 고유의 의상과 관습과 종교를 유지한 채 페낭에서 질서를 지키며 경제적으로 번영하고 있다. 홍해에서 중국해까지, 메카에서 광저우까지 아시아의 모든 지역에서 잡다한 유색 인종들이 이곳으로 몰려드는 까닭이 궁금하다면, 클링 선원 한 명이 짧은 영어로 내게 한 말이 답이 될 것이다. "영국 여왕 좋아. 노동자들 돈 벌고, 재산 안전해."

– 이사벨라 L. 버드 비숍, 유병선 옮김,

《이사벨라 버드 비숍의 황금반도》, 경북대학교출판부, 2017

영국 동인도회사의 컨트리 트레이더Country Trader(동인도회사에서 아시아 역내 무역의 허가를 받은 사무역私貿易 상인)였던 프란시스 라이트Francis Light는 1771년에 말레이반도 중서부에 위치한 케다의 술탄을 상대로 항만 양도 교섭을 벌였다. 당시 부기스인들의 공격으로 고심하고 있던 술탄은 항만 양도의 대가로 군사적 지원을 요구했으나, 동인도회사가 그를 거절함에 따라 교섭도 결렬되었다. 그 사이 이웃나라 시암(현재의 태국)은 버마(현재의 미얀마)의 공격을 받아 아유타야왕조가 멸망한 후 톤부리왕조를 거쳐 랏따나꼬신왕조가 들어서 있었다(1782). 케다의 술탄은 버마와 시암의 새 왕조에게서 동시에 군사적 지원을 요청받았다. 이에 외국 간 전쟁에 말려들 것을 우려한 술탄은 페낭 할양을 조건으로 재차 동인도회사에 보호를 요청했으며, 결국 페낭은 1786년에 정식으로 영국에 할양되었다.

프란시스 라이트는 페낭섬 동북쪽에 별 모양의 요새를 건설했다. 말레이시아에서 가장 크고 오래된 이 요새는 라이트 일행이 상륙 후

콘월리스 요새 ⓒ박준형

처음 정착한 지점을 말해 주기도 한다. 요새의 이름은 벵갈 총독의 이름을 따서 콘윌리스Charles Earl Cornwallis Ⅱ로 붙여졌으며, 몇 차례의 수축修築을 거듭하면서 식민 통치의 심장부 역할을 했다. 요새 남쪽의 킹 에드워드광장 한가운데에는 빅토리아 여왕 즉위 60주년을 기념하는 시계탑이 세워졌고, 그 주변에는 해협식민지 관청들이 들어섰다. 시가지로 조성된 조지타운의 도로 패턴(즉 동쪽의 비치 스트리트, 북쪽의 라이트 스트리트, 남쪽의 출리아 스트리트, 서쪽의 피트 스트리트) 또한 라이트에 의한 것이었다. 나아가 그는 조지타운 내 도로들을 다양한 커뮤니티에 할당했는데, 이에 따라 말레이인들은 출리아 스트리트 남쪽에 자리를 잡았고, 유라시아인들은 비숍·처치 스트리트, 중국인들은 차이나·마켓 스트리트, 그리고 유럽인들은 북쪽의 해안 지구를 차지했다.

영국이 점령한 페낭은 점차 교역의 중심지가 되어 갔다. 그러나 정작 영국 동인도회사는 페낭에 대한 관심이 줄어만 갔다. 가장 큰 이유는 페낭이 해군기지 건설에 부적합하다고 판명되었기 때문이다. 더구나 무역 거점으로 기능하기 어렵다는 사실도 점차 명확해졌다. 낮은 관세와 느슨한 규제는 충분히 매력적이었지만, 동남아시아 도서부 전체를 포괄하기에는 그 위치가 너무 서쪽에 치우쳐 있었다. 이와 같은 이유들로 페낭의 교역량은 1810년대까지 증가한 후 감소 추세에 들어갔다.

해협식민지 ② : 말라카

배 위에서 본 말라카의 첫인상은 아주 흥미로웠다. 동아시아에서 가장 오래된 유럽인 도시의 하나인 말라카는 포르투갈인에 의해 건설되어 네덜란드인의 손에 넘어갔다가 지금은 영국의 관할 아래 있지만 실질적 지배자는 중국인이다.

18세기 말 프랑스혁명이 일어나고 그 뒤를 이은 나폴레옹전쟁의 여파는 지구 반대편에 위치한 동남아시아에도 미쳤다. 프랑스혁명군이 네덜란드를 점령하자, 네덜란드는 해외식민지를 대對프랑스동맹국인 영국에 인도했다. 영국은 1795년에 네덜란드가 프랑스의 동맹국으로서 영국에 선전포고를 한 직후 해외식민지를 접수하는 데 나섰다. 이어서 프랑스 지배 아래에 있던 자바에 대한 해상봉쇄를 전개해 1811년에는 자바를 탈취하는 데 성공했다.

유럽인이 당도하기 이전의 말라카에는 본래 수마트라 팔렘방 출신의 힌두 왕자인 파라메스와라Parameswara가 세운 술탄 국가가 있었다. 파라메스와라는 마자파힛왕조의 팔렘방 정복을 피해 싱가포르, 무아르, 조호르 등지를 전전하다가, 1402년에 말라카에 정착한 후 파사이 출신의 공주를 맞이해 이슬람교로 개종했다. 포르투갈이 말라카를 정복한 것은 이로부터 100여 년의 시간이 경과한 1511년의 일이다. 포르투갈은 말라카강 하구의 세인트 폴 언덕에 요새를 축조해 거점을 지키고자 했다. 그러나 요새는 1641년에 네덜란드에 의해 무너졌다. 그리고 백수십 년 뒤 말라카는 또다시 그 주인을 네덜란드에서

말라카 지배의 중심지 네덜란드광장 ⓒ박준형

영국으로 바꿨다.

영국이 자바를 점령하기 직전에 토마스 스탠포드 래플즈Thomas Stanford Raffles라는 인물이 말라카에 상륙했다. 영국 동인도회사 소속으로 자바 점령을 공작하기 위함이었는데, 동남아시아에 영국의 '신제국'을 건설하기 위한 그의 구상은 이 과정에서 만들어졌다. 이 구상의 내용을 요약하면 다음과 같다. 즉 자바 점령을 통해 페낭에서 자바 및 말루쿠제도를 거쳐 오스트레일리아에 이르는 해역에서 군사적 우위를 점하고, 그와 함께 유력한 토착 왕국의 항시港市를 무역 거점으로 육성한다. 그리고 각 국왕은 과거 이 지역에 존재했던 정치체제와 같이 영국의 동인도 총독을 대왕으로 받든다. 이를 통해 동남아시아에서 이른바 '영국의 평화'를 실현한다는 계획이었다.

결과적으로 래플즈의 구상은 실현되지 못했다. 영국은 나폴레옹 전쟁이 끝난 후 프랑스를 견제하기 위해 네덜란드와 협조하는 것을 중시해 1816년과 1818년에 각각 자바와 말라카를 네덜란드에 반환했기 때문이다. 이후 영국의 '신제국'은 말라카해협에서 오스트레일리아에 이르는 라인이 아니라, 싱가포르를 경유해서 홍콩과 상하이 쪽으로 향하는 라인을 형성했다. 이러한 방향 전환과도 맞물려 토착 왕국의 항시들을 육성하는 대신, 바로 래플즈 그 자신이 싱가포르를 '건설'했다.

더구나 '신제국'에서 영국의 파트너가 된 것은 래플즈가 경계를 마다하지 않던 중국이었다. 말라카를 점령한 포르투갈이 말라카강을 사이에 두고 요새 건너편에 새로운 거주지를 조성할 때, 술탄 측을 지원한 이슬람계 주민들은 모두 추방된 데 반해, 중국인들은 상업을 하는 데 유리한 강 하안을 차지할 수 있었다. 이후 네덜란드가 새로운 지배자로서 등장했을 때에도 중국인들은 다시 그 파트너로 초청을 받았다. 래플즈는 본래 이처럼 원주민을 억압하고 중국인을 지원해 온 기존 정책에 비판적이었다. 중국인은 토착세력이 아닌 까닭에 벌어들인 돈을 본국에 송금해 버릴 뿐만 아니라 자신들만의 사회를 형성해 토착세력을 구축驅逐해 버리므로 상업적으로나 정치적으로도 경계해야 한다는 이유에서였다. 그러나 '신제국'의 자유무역항들은 관세수입을 대신해 여전히 중국인들의 징세청부수입에 의존할 수밖에 없었다. 다시 말해서 '신제국'은 자유무역주의를 표방하고 있었으나, 실제로는 화교네트워크에 의한 독점과 공생관계에 있었다. 래플즈가 건설한 싱가포르가 동남아시아의 화교센터가 되었다는 사실은 그러한 역설의 한 결과이기도 하다.

해협식민지 ③ : 싱가포르

싱가포르는 영국 해협식민지의 수도이자 총독 관저가 있는 곳이다. 상업적으로는 물론이고 군사적으로도 중요해 수비대와 방어시설을 갖추고 군함들도 수시로 순시한다. 중국계가 절대 다수를 차지하는 시끌벅적한 다인종 이민자 사회에 '영국의 북소리'가 질서를 부여한다.

영국의 자바 및 말라카 반환에 크게 반대했던 래플즈는 결국 말라카를 대신할 수 있는 새로운 거점을 모색할 수밖에 없었다. 말레이어

135

는 물론 말레이 문학과 역사에도 조예가 깊었던 그는 17세기 초 조호르 왕국에서 편찬한 책에 등장하는 고대도시 '싱가푸르'에 주목했다. 그리고 그가 싱가포르에 상륙한 것은 말라카 반환 이듬해인 1819년이었다.

래플즈는 싱가포르를 '건설'하는 데 민족 간 분리계획을 도입했다. 그는 6개의 주요 민족 집단(즉 유럽인, 중국인, 말레이인, 인도인, 아랍인, 부기스인)에 따라 지구를 구획했다. 가장 좋은 토지는 관청 및 광장 지구에 할당했다. 그다음으로 좋은 토지는 유럽인 지구에, 그다음은 기본적으로 불신함에도 중국인 지구에 할당했다. 게다가 중국인 지구의 경우에는 중국인 간의 충돌을 미연에 방지하기 위해 성省별로 다시 분할했다. 아랍인, 말레이인, 부기스인 지구는 유럽인 지구 동쪽 편에 각각 배치했으며, 인도인 지구는 유럽인 지구와 중국인 지구를 가로지르는 싱가폴강 상류에 조성했다.

1824년에 체결된 일련의 조약들은 영국의 싱가포르 영유를 공식화해 주었다. 게다가 영국과 네덜란드는 각각의 거점이던 수마트라의 붕쿨루와 말레이반도의 말라카를 교환함으로써, 말라카해협의 동쪽과 서쪽을 각각 영국과 네덜란드의 세력권으로 상호 인정했다. 1826년에 영국의 동인도회사는 싱가포르, 말라카, 페낭을 통합해 '해협식민지'라는 행정단위를 발족했다. 싱가포르가 말라카해협의 중심지로서 중요성이 더해짐에 따라, 해협식민지 발족 당시 페낭에 설치되어 있던 총독부는 1832년에 싱가포르로 이전되었다. 1858년의 영국 동인도회사 폐지와 함께 인도가 본국 인도성Indian Office의 관할이 되면서 해협식민지도 인도성 소관이 되었다가, 1867년에 식민지성Colonial

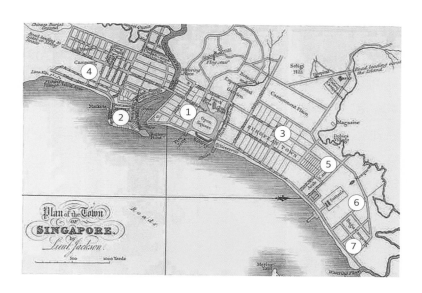

싱가포르 도시계획도(1822년 제작)

Cheah Boon Kheng, *Early Modern History 1800~1940*, Archipelago Press, 2001에서 재인용. 지도에는 민족별 거주지구가 표시되어 있다(① 관청 및 광장 지구, ② 상업지구, ③ 유럽인 지구, ④ 중국인 지구, ⑤ 아랍인 지구, ⑥ 술탄 및 말레이인 지구 ⑦ 부기스인 지구).

Office으로 이관되어 그 직할령Crown Colony이 되었다.

영국은 본래 영토적 지배보다는 무역 거점의 확보에 주력했다. 그러나 1861년부터 1874년까지 3차례에 걸친 '라룻전쟁'은 영국의 정책을 전환하게 했다. 주석광산개발권을 둘러싼 중국인 파벌 간의 분쟁에서 시작된 이 전쟁은 페락의 술탄 계승 문제와도 결합되어 내전의 양상을 띠었다. 이를 계기로 영국은 불간섭에서 적극 간섭으로 정책을 전환했고, 결국 1874년 〈팡코르조약〉을 통해 대타협을 성사시켰다. 다만 이와 함께 페락에는 영국인 이사관Resident이 주재했고, 페락의 술탄에게 말레이인의 종교와 관습 이외의 모든 사항에 대해 이 사관의 조언을 따르게 함으로써 페락은 사실상 영국의 보호령이 되었다. 이후 슬랑오르, 네게리 셈빌란, 파항에도 같은 내용의 조약을 체결하게 했는데, 1896년에는 이 국가들을 연방화하고 슬랑오르의 수도인 쿠알라룸푸르에 연방정부를 설치했다. 1907년 이래로 조호르, 케다, 페를리스, 켈란탄, 트렝가누 등도 영국의 보호국이 되었지만 연방에 포함되지는 못했다. 이 시기에 만들어진 경계는 다른 동남아시아 국가들과 마찬가지로 현재의 반도 말레이시아 및 싱가포르의 국경을 이루고 있다.

'황금반도'가 '조용한 아침의 나라'에게

앞서 언급한 바와 같이 싱가포르는 민족적 카테고리를 바탕으로 성립된 사회였으나, 사실 민족적 카테고리의 경계는 애매하기만 했다. 예컨대 '말레이인'은 도래한 지 얼마 되지 않은 이민자일지라도 모두 '원주민'으로 간주되었던 것이다. 그럼에도 식민지 행정에서 민족 분류는 통치 권력의 힘을 배경으로 하나의 현실이 되어 갔다. 각 민족에게는 민족다움이 요구되었고, 그 실현을 통해 경계의 애매함은 소거되어야만 했다. 이러한 과정을 거쳐 네덜란드나 영국의 파트너로서 징세청부를 지배해 온 '중국인' 후예들은 다른 중국인 '동포'들에게서 말레이어밖에 할 줄 모르는 추락한 '중국인'이라는 비난을 받기도 했다고 한다.

　이처럼 생활문화나 언어가 말레이화하고 영국화한 '중국인'을 가리켜 '페라나칸Peranakan'이라고 부른다. 그런데 이에 대한 최근 연구에서는 중국과 거주국 중 어느 한쪽의 정체성을 강요하는 전제들을 거부하고, 한 개인의 정체성 형성과 그의 행동에 작용하는 중층적이고 복합적인 요인들에 주목하고 있다. 그리고 이러한 관점이 국가와 개인 간의 권리 및 의무와 관련해 새로운 가능성을 제시할 것으로 기대되었는데, 페낭은 바로 기존의 시각을 상대화할 수 있는 소재들의 보고인 셈이다.

　페낭은 물론 그를 포함한 '황금반도'는 한국 및 한국인의 정체성을 상대화할 수 있는 다양한 경험들의 보고가 될 수 있다. 2차 세계대전 이후 동남아시아 각국의 치열했던 독립투쟁의 역사는 일본의 패전을 곧 한국의 독립으로 간주하는 인식에 의문을 던진다. 또한 다민족사회·다문화사회를 실현해 온 원리들은 난민을 둘러싼 한국사회의 최근 논쟁에 새로운 사고틀을 제공해 줄 것이다.

　비숍 여사는 마지막 기착지인 페낭을 떠나며 다음과 같이 말했다. "나는 열대의 꿈에서 깨어나고 있고, '황금반도'는 추억이 된다." 그러나 열대는 결국 영국을 비롯한 여러 제국의 꿈을 깨우고 말았다. '황금반도'는 누군가의 추억이 아니라 현실 속에서 여전히 빛나고 있다.

페라나칸의 다문화적 생활 모습을 보여 주는 피낭 페라나칸 맨션
ⓒ박준형

달랏

고원 휴양도시의

식민도시 기원과 유산

민유기

베트남 남부의 대도시 호찌민시(예전 사이공)에서 북동쪽으로 약 300 킬로미터, 남중부 해안의 휴양도시 냐짱Nha Trang에서 남서쪽으로 약 135킬로미터 떨어진 달랏Đà Lạt은 럼비엔Lâm Viên고원에 자리한 럼동Lâm Đông성의 성도省都이다. 2020년 기준으로 인구는 42만 5000여 명인데, 2018년에 550만여 명의 관광객이 방문한 관광도시이다. 대체로 베트남을 찾아오는 외국인 관광객은 열대와 아열대의 해안 휴양지, 주요 대도시, 역사문화유산 도시 및 유적지를 찾기에 해발 1500미터 고도의 달랏을 찾는 대부분은 내국인이다. 덥고 습한 기후에서 살아가는 베트남인들은 과거 식민 시기의 유럽인들처럼 서늘하고 건조한 산악도시에서 휴가를 즐기는 걸 선호하고 있다. 프랑스 식민 시기의 건축 유산과 서구식 도시문화를 표상하는 여러 장소들이 감성과 낭만을 불러일으키기에 대표적 신혼여행지로 각광을 받기도 한다.

달랏은 2013년에 도시 탄생 120주년 행사를 치렀다. 1893년에 프랑스령 인도차이나의 휴양도시로 계획되었기에 베트남의 다른 주요 도시와 비교해 역사는 짧지만, 식민 시기에 작은 파리라 칭해질 정도로 번성했고, 해방 이후에도 식민도시의 유산을 활용하며 도시 기능

달랏, 고원 휴양도시의 식민도시 기원과 유산

이 확대되었다. 인도차이나전쟁과 베트남전쟁으로 20세기 중반에는 도시가 정체되었으나, 1975년에 전쟁이 끝난 이후, 특히 1986년부터 도이머이Đổi mới 개방정책이 추진되며 관광도시 및 휴양도시로 다시 발전하고 있다. 이 글에서는 달랏의 기원부터 오늘날까지의 변화를 통해 식민도시의 유산과 기억을 고찰하고자 한다.

달랏의 식민도시 기원

달랏은 식민도시의 한 유형인 고원 휴양도시Hill Station로 탄생했다. 이러한 유형의 도시는 영국에 의해 19세기 초에 처음 등장했다. 인도를 식민화하는 과정에서 영국인은 열대와 아열대 기후에 적응하는 데 어려움을 겪었다. 이에 영국인들은 인도의 혹독한 더위를 피해 여름철을 서늘한 고지대에서 지내기 위해, 그리고 요양원Sanatorium을 세워 풍토병 환자를 치료하기 위해 고원 휴양도시를 건설했다. 영국이 히말라야의 산악지역을 장악한 1810년대 중반에 건설된 심라Shimla가 대표적이다. 2205미터 고도의 히말라야 산기슭에 만들어진 이 도시는 연평균 17도, 여름철 평균 22도의 온화한 기온을 유지했다. 도시 이름이 힌두교 신화에 등장하는 칼리 여신의 화신 가운데 하나인 시야말라 데비Shyamala Devi에서 유래한 심라는 1864년에 영국령 인도의 여름 수도로 선언되었다. 1772년부터 영국령 인도의 수도였던 캘커타Calcutta(현재 콜카타Kolkata), 그 뒤를 이어 1912년부터 수도가 된 뉴델리의 주요 업무는 영국 식민 시기 여름철마다 심라에서 이루어졌다.

19세기 중반부터 인도차이나를 조금씩 장악하기 시작한 프랑스는 1883년과 1884년 1차, 2차 〈후에조약〉으로 베트남을 보호국으로 만들었고, 1887년에 베트남, 라오스, 캄보디아를 연방으로 묶은 프랑스령 인도차이나를 형성했다. 프랑스인들도 영국인들이 인도에서 그랬던 것처럼 인도차이나의 기후에 애를 먹었고 고원 휴양도시를 만들 필요성을 절감했다. 달랏이 바로 프랑스령 인도차이나에 조성된 대표적 고원 휴양도시이다. 프랑스어로 고원 휴양도시는 영어 Hill station을 그대로 옮긴 station de montagne, 또는 고도高度도시라는 뜻의 ville d'altitude로 표현된다.

소수 산악 원주민들인 코호K'Ho족, 마Ma족, 므농M'nông족이 거주하던 럼비엔고원은 식민 시기 이전에는 베트남인에게도 낯선 곳이었다. 이 고원은 1893년에 의사 알렉상드르 예르생Alexandre Yersin의 탐사로 세상에 널리 알려졌다. 스위스 제네바 인근 태생인 프랑스인 예르생은 해운회사의 의사로 고용되어 1890년에 인도차이나에 왔고, 오귀스트 파비Auguste Pavie의 인도차이나 탐험 활동에 참여했다. 파비는 1894년에 라오스의 초대 총독이 되기 전까지 인도차이나 각지를 탐사한 인물이다. 예르생은 1894년 프랑스 정부와 파스퇴르연구소의 요청으로 감염병 조사를 위해 홍콩으로 건너갔다. 그곳에서 그는 림프절 페스트의 병원균인 페스트균을 발견했고, 이 균이 인간뿐 아니라 설치류 동물에도 존재함을 밝혀 페스트 전파 원인을 규명하는 데 공헌해 세계적 명성을 얻었다. 예르생이 홍콩으로 떠나기 1년 전에 참여한 파비의 탐사는 남중부 베트남 산악 지대에 군인과 관리, 식

145

민 정착자들을 위한 요양원 건립 장소를 물색하는 것을 목적으로 삼았다.

럼비엔고원의 온화한 기후와 원경에 우뚝 솟은 산들은 예르생에게 스위스를 떠올리게 했다. 탐사를 마친 그는 인도차이나 총독에게 럼비엔고원에 요양원을 만들 것을 제안했지만 별다른 호응을 얻지 못했다. 이 제안은 4년 뒤인 1897년에 새로 총독에 부임한 폴 두메Paul Doumer에 의해 받아들여졌다. 이내 고원에서 단키아Dankia라는 지명을 지닌 코호족 마을 근처에 기상관측소와 시범 농장 및 군 초소가 세워졌고, 사이공에서 고원으로 연결되는 도로 건설비용이 승인되었다. 1899년 단키아를 방문한 두메 총독은 초소 군인들의 제안으로 그곳에서 남동쪽으로 13킬로미터 떨어진 현재의 달랏 위치를 방문해 지형을 파악한 후 의사들의 자문을 거쳐 요양원 터로 선택했다.

선택된 곳은 단키아보다 고도가 5미터 높았고 공기 순환이 잘 이루어졌으며 고원을 내려다보는 멋진 전망과 아름다운 소나무 숲이 있었다. 총독의 방문 이후 알프스의 전통 목조 가옥인 샬레가 몇 채 지어지자 공식 지명이 필요해졌다. 달랏이란 명칭은 라틴어로 '어떤 이에게는 즐거움을, 어떤 이에게는 신선함을'을 의미하는 Dat Aliis Laetitiam Aliis Temperiem에서 앞 철자만 따 축약한 것으로 공식적으로 알려졌다. 그런데 이는 고원 거주 원주민 언어로 물을 의미하는 다da와 코호족의 한 분파인 랏Lat족을 결합해 원주민들이 다랏으로 부르던 것에서 영향을 받은 것이었다. 1899년 두메 총독은 현재 럼동성과 남쪽으로 경계를 맞대고 있는 동나이Đồng Nai성을 지방 행정단위로 신설하며 달랏을 성의 하위 행정단위로 설정했는데, 이것이 달랏과 관련한 최초의 법률적 행정적 기록이다.

　총독은 1901년 1월 본국의 식민지 장관에게 훌륭한 곳에 위치하며 건강에 좋은 기후를 즐길 수 있는 달랏이 요양원 터로 최종 선택되었다고 보고했다. 그는 보고를 통해 달랏이 식민 이주자에게 휴식과 위안의 장소가 될 뿐만 아니라 주요 행정 중심지이자 군부대가 체력과 전투 능력을 유지하고 훈련할 수 있는 주요 군사기지로도 활용될 수 있을 것이라 강조했다. 그러나 달랏의 도시 건설은 식민당국의 눈앞의 시급한 관심사가 아니었다. 식민당국은 프랑스령 인도차이나의 수도를 사이공에서 하노이로 옮긴 1902년에, 하노이에서 열릴 세계무역박람회 전시관으로 사용될 그랑팔레Grand Palais 건설에 집중했다. 사이공에서 출발한 남북 철도를 하노이역을 지나 중국의 윈난성으로 이어지게 해 줄, 하노이를 관통하는 홍강Hông Hà, 紅河 철로 교량을 건설하는 것도 중요했다.

　게다가 두메는 5년 동안 수행해 온 인도차이나 총독직을 그만두고 국내 정계에 복귀하고자 1902년에 귀국했다. 두메의 뒤를 이어 부임한 총독은 달랏을 도시로 건설하고자 하는 구상에 큰 관심을 보이지 않았다. 달랏의 접근성이 좋지 않았기 때문이다. 식민당국은 달랏보다 사이공에서 가까운 달랏 남쪽의 다님Đa Nhim강 계곡과 지린Di Linh고원 일대를 탐사했으나 휴양도시를 세울 만한 적당한 장소를 발견하지 못했다. 1906년 1월 인도차이나 국방위원회는 럼비엔고원의 달랏을 군 휴양소의 최종 부지로 결정했다. 이어 총독의 명령으로 호텔, 별장, 창고가 건설되기 시작했다.

　20세기 초부터 조금씩 프랑스인이 럼비엔고원을 관광하기 시작하자, 관광객의 수요를 충족하기 위해 1907년에 작은 독채 빌라 단지가 달랏의 첫 번째 호텔로 문을 열었다. 최초의 달랏 거주민 대표인 폴 샹푸드리Paul Champoudry는 1906년에 도시계획안을 마련했다. 그는 고원의 북쪽 부분을 군사 구역으로 남쪽 부분을 민간 구역으로 구분하고, 민간 구역에서는 유럽인 구역과 원주민 구역의 분리를 구상했다. 유럽인 지역에는 휴양 및 공공시설과 거주지가 들어설 것이었다. 이 도시계획은 두메 총독이 예견했던 요양, 군사, 행정 기능의 클러스터를 구현하기 위한 것이었다.

유럽식 휴양도시로의 발전

럼비엔고원은 숲, 계곡, 폭포, 기암괴석 등의 아름다운 자연경관을 지녀 등산하거나 산책하기 좋았고, 야생동물도 많아 부유한 프랑스인 식민 정착자나 베트남의 엘리트에게 사냥 장소로도 주목받았다. 달랏은 적당한 고도가 제공하는 좋은 기후, 깨끗한 물과 신선한 공기, 끊임없는 산바람, 농작물이 잘 자라는 비옥한 토양을 갖추었다. 덕분에 여름철에 임시로 머무르며 건강을 회복하는 요양지만이 아니라 정착해 거주하기 좋은 곳이라고 프랑스인들에게 알려지기 시작했다. 관광객뿐 아니라 정주 인구가 늘어나자, 1911년 식민당국은 달랏에서 남쪽으로 120킬로미터 정도 거리에 있는 해안 도시이자 빈투엉Bình Thuận성의 성도 판티엣Phan Thiết에 이르는 도로를 확장하는 데에 착수했다. 1914년에 완성된 이 도로는 판티엣에서 달랏까지 차로 하루

안에 도착하게 해 주었다. 1차 세계대전이 발발하자 여름마다 유럽으로 돌아가던 정착자들은 달랏에서의 휴가를 선호하게 되었다.

늘어나는 관광객을 상대하는 일자리가 증가하자 달랏에 정착하는 프랑스인과 베트남인도 많아졌다. 1915년부터 베트남 남부철도회사의 자회사인 럼비엔자동차대여회사는 달랏에서 고원 곳곳으로 운송을 포함해 등산과 사냥을 안내하는 서비스를 시작했다. 1915년 새로 총독에 부임한 에른스트 루므Ernest Roume는 1916년 지방 행정조직 개편 법령으로 달랏시와 럼동성을 창설했다. 아울러 달랏 도시 정비 지원을 확대해 많은 소규모 빌라와 대형 호텔을 건설할 수 있게 했다. 1917년에 공사가 시작된 아르데코 양식의 대형 팰리스호텔은 1922년에 문을 열었고 이후 몇 차례 개보수를 거쳐 현재에도 운영 중이다. 사이공에서 달랏에 이르는 도로망도 개선되어 자동차로 두 도시 간 이동이 하루 내에 가능해졌다.

1차 세계대전 기간에 '작은 프랑스'로 불리며 성장한 달랏의 발전은 양차 세계대전 사이에도 계속되었다. 둘레가 약 7킬로미터인 거대 인공호수로 오늘날 도시 경관을 대표하는 쑤언흐엉Xuân Hương호수는 1919년에 조성되었다. 1890년대 예르생이나 두메가 탐사할 당시 작은 개울물 웅덩이였던 곳에 수자원 관리를 위한 댐을 건설하며 호수가 만들어진 것이다. 호수는 양차 세계대전 사이에 더욱 확장되어 현재의 모습이 되었다. 호숫가에는 전망 좋고 호수로 접근이 쉬운 호텔과 개인 별장들이 들어서 유럽식 호수 휴양도시 이미지가 생겨났다. 근대도시의 기반 설비도 차츰 늘었다. 1919년에 발전소가 세워져 전기 공급이, 1920년에는 물 정수 시설이 마련되어 상수 공급이 시작

달랏 팰리스호텔

되었다. 1938년에 달랏 기차역이 완공된 후로는 베트남 전역에서 관광객이 몰려들었다. 기차역은 베트남전쟁 시기 철도 운영이 중단되어 방치되다가 1990년대 주변을 오가는 관광열차가 운영되면서 재사용되고 있다. 1933년에는 도시 외곽에 간이 공항이 만들어졌고 이후 확장되어 현재도 사용 중이다.

그리스의 고대도시 테살로니키와 아테네, 베트남 하노이의 근대 도시계획을 맡아 명성을 얻은 프랑스 건축가 에른스트 에브라르Ernest Hébrard는 인도차이나 총독의 요청으로 1923년에 달랏 도시 정비계획안을 제출했다. 그는 정치 및 행정 기능에 초점을 맞춘 개발을 우선시했고 부차적으로 여가 및 요양 기능을 포함했다. 이 계획안은 유럽인 주거 구역과 베트남인 주거 구역, 프랑스령 인도차이나의 여름 수도로 기능할 도심 행정구역 등 도시 공간을 기능적으로 구분했다. 아울러 주변 경관 보호와 도시 미화에 관심을 보였다. '숲속에 건설된 도시이자 도시에 조성된 숲'을 강조한 그의 구상은 시대를 앞선 것이었다. 1920년대 그의 계획안은 너무 많은 재원을 요한다는 점과 휴양도시에 관심이 적다는 점을 비판받아 제대로 실현되지 못했다. 그러나 도시와 주변 자연의 경관적 조화를 강조한 그의 구상은 달랏이 20세기 말에 생태도시 지향성을 갖는 데 기여했다.

1930년에 출간된 짧은 삽화 안내서는 달랏에 관한 여러 정보를 담고 있어 당시의 관광객들에게 크게 유용했는데, 오늘날 식민 시기의 달랏 연구자에게는 사료적 가치가 있다. 안내서는 달랏에 관한 일반 정보로 연간 온도, 기압, 습도, 바람과 강우량, 주택과 호텔, 음식, 교육, 병원, 종교시설, 사이공과 판티엣에서 오는 방법을 안내한다. 이어 달랏과 인근의 주요 산책로와 등산로, 드라이브, 승마, 캠핑, 사냥, 테니스, 골프, 수영, 조정, 축구 활동을 소개하고, 사이공-달랏 기차 시간표와 인구 및 주택 건설 그래프도 담고 있다. 안내서는 관광객뿐 아니라 이곳에 정착하기를 원하는 프랑스인을 염두에 두고 제작되었다. 안내서는 달랏을 영국령 인도의 고원 휴양 도시 심라와 다르질링Darjeeling, 미국령 필리핀의 바기오Baguio

달랏 안내서 표지, 1930

의 기후 조건과 비교하며, 달랏이 동남아시아에서 고원 휴양도시로 가장 좋은 환경 조건을 지녔음을 강조하기도 한다.

관광업이 발전하면서 달랏의 인구는 꾸준히 늘었다. 1925년 2400여 명이던 인구는 10년 뒤인 1935년에 5500여 명으로 두 배 이상, 5년 뒤 1940년에 1만 3000여 명으로 다시 두 배 이상, 4년 뒤 1944년에 2만 5500여 명으로 다시 두 배 정도 증가했다. 도시 발전과 서구식 공공건축의 증가는 상호 영향을 미쳤다. 호텔과 기차역을 제외한 공공건축물로는 예르생의 이름을 딴 고등학교, 총독 관저, 인도차이나 지리정보 사무국, 달랏대성당, 달랏 파스퇴르연구소 등이 세워졌다. 식민 시기에 형식적 국왕 자리를 유지한 바오다이Bảo Đại의 왕궁과 별궁도 서구식 건축양식을 따라 1930년대에 지어졌다. 베트남 왕

달랏 파스퇴르연구소
달랏대성당

실도 여름철에 후에를 떠나 달랏에 머물렀기 때문이다.

1941년에 달랏을 방문한 프랑스의 한 언론인은 좋은 위치와 기후, 발전 잠재성, 꽃과 소나무 숲, 신선한 채소를 재배할 수 있는 토양, 사냥터, 교육기관 등이 있는 달랏이 극동에서 다른 어느 곳과도 비교할 수 없는 특권적이고 독특한 장소라는 글을 남겼다. 하노이나 사이공 같은 대도시의 복잡함과 분주함을 벗어나 달랏에 정착한 프랑스인은 도시의 고유한 특성이 계속해 유지되기를 원했다. 총독은 도시의 무분별한 팽창을 막기 위해서 마련된 질서 있고 조화로운 도시 미화 및 개발안을 1943년에 승인했다. 개발안은 근교 농업을 촉진하고, 청소년을 위한 교육 및 스포츠 시설이 들어설 교외 개발을 포함했으나 전쟁의 여파로 실현되지는 못했다.

해방 이후 달랏의 식민 유산 활용

비시 정부 시기에 인도차이나 주둔 프랑스군은 나치 독일의 동맹인 일본과 좋은 관계를 유지하며 인도차이나에 진출한 일본군과 마찰을 일으키지 않았다. 그러나 1944년 6월 연합군의 노르망디상륙작전이 성공하자 일본은 인도차이나의 프랑스군이 드골 임시정부와 연계해 미군에 협조할 것을 두려워했다. 일본은 1945년 3월 메이고작전明號作戰을 펼쳐 프랑스군을 무장해제하고 형식적으로 왕위를 유지하던 바오다이를 꼭두각시로 내세워 괴뢰국인 베트남제국을 선포했다. 미국, 영국, 중국은 1945년 7월 포츠담회담에서 일본이 패망하면 북베트남에 중국군이, 남베트남에 영국군이 주둔해 일본군의 무장을 해제하기로 합의했다. 그런데 1945년 8월 16일에서 18일까지 하노이에서 베트남 통일전선 조직인 베트남독립동맹회가 주도한 대규모 봉기가 일어나 베트남제국이 무너졌고, 9월 2일에는 하노이에서 베트남민주공화국이 독립을 선언했다. 프랑스는 남베트남을 재장악해 영국군을 철수하게 한 후 1954년까지 식민 지배를 이어갔다.

고원에 고립된 달랏은 1945년 혼란의 소용돌이에서 비켜나 있으면서 평온함을 유지했다. 일이 없어진 관광업 종사자들이 도시를 떠나 인구가 5000여 명 정도로 줄어들었다가, 관광이 재개되자 1952년에 2만 5000여 명으로 회복되었다. 프랑스는 1954년 봄 디엔비엔푸 Điện Biên Phủ 전투에서 패배한 후, 〈제네바조약〉으로 북위 17도를 기준으로 남북 베트남의 분단 및 독립을 허용했다. 남베트남은 처음 바오다이를 국가원수로 하는 입헌군주제를 택했는데, 수상 응오딘지엠 Ngô Đình Diệm이 미국의 지원을 바탕으로 공화국을 선포하고 대통령에 취임했다.

베트남이 분단되자 북베트남에서 탄압을 받은 가톨릭 신자를 포함한 20만여 명이 남베트남으로 내려왔다. 이들 중 1만 4000여 명의 가톨릭 신자가 달랏에 정착했다. 남북 갈등으로 인한 테러 등 대도시의 정치적 사회적 혼란을 피하려는 남베트남인 1만 6000여 명도 1960년대 중반에 달랏으로 이주했다. 1952년 2만 5000여 명이던 인구는 1956년 6만여 명, 1965년 7만 3000여 명, 1970년 9만여 명으로 늘었다. 베트남전쟁 기간에 관광업은 큰 타격을 입었지만, 식민 시기

155

달랏 ⓒ베트남관광청

거주민의 자급자족적 채소 재배에서 비롯된 고랭지농업과 임업에 종사하는 사람이 늘어났다. 베트남전쟁 기간 달랏은 연평균 6000톤의 채소와 과일 그리고 비슷한 규모의 소나무 목재를 생산했다.

독립 이후 남베트남 정부는 달랏이 교육도시로 발전하도록 노력했다. 대도시와 달리 소규모 휴양도시는 교육과 연구에 몰두할 수 있는 분위기를 제공했고, 식민 시기의 교육기관과 연구기관 시설들도 활용할 수 있었다. 1957년에 달랏대학교가 설립된 이후 사관학교, 국가기록원 지청, 국립도서관, 다양한 연구실험실 등이 생겨났다. 1960년대 중반 달랏의 24개 고등학교와 전문학교는 베트남 전역에서 온 학생들을 교육했다. 교육도시로의 변화는 자연스럽게 카페와 식당, 서점, 영화관과 공연장 등 서구적 도시문화 공간의 증가로 이어졌다. 전쟁 기간에도 달랏을 찾은 남베트남의 친서방 엘리트나 예술가는 이 도시를 정치적 사회적 혼란과 동떨어진 피안의 세계이자 유럽의 자유로운 삶의 방식이 작동하는 '꿈의 도시'로 인식했다.

북베트남에 의해 1975년에 베트남이 통일되고 2년 뒤에 열린 1회 공산당 시당위원 대회 참가자들은 달랏을 '생산적 노동 도시, 문화와 관광, 휴식의 중심지'로 만들자고 결의했다. 이후 채소와 꽃, 약용식물 생산량이 증가했다. 1979년 2회 공산당 시당위원 대회에서는 달랏의 장기적 전망을 '문화, 과학기술, 관광 및 휴양도시'로 규정했다. 1983년 달랏시는 베트남의 대표적 관광 및 휴양 중심지를 지향하며 도시의 모든 활동을 '아름답고 부유한 사회주의 도시' 건설에 집중할 것이라고 천명했다. 통일부터 개방정책 도입에 이르는 기간에 달랏에서는 뜨개질과 자수 공예품 생산이 발달했고, 소련과 동유럽에서 수요가 증가한 수출용 난초 재배와 같은 화훼산업이 번창했다. 관광산업도 다시 완만하게 성장했다. 외국인 관광객은 대부분 소련과 동유럽에서 왔고, 내국인 관광객은 공산당원 관료와 그 가족이었다.

도이머이는 달랏에 새로운 도약의 기회를 제공했다. 달랏은 베트남의 빠른 경제성장으로 늘어난 여행과 관광의 주요 목적지가 되었다. 1991년 22만여 명, 이듬해 26만여 명이 달랏을 방문했는데, 대다수는 삶에 여유가 생긴 베트남인이었다. 스위스의 호수도시와 같은 풍경에 서구식 호텔과 공공건축물, 프랑스식 음식문화를 지닌 도시와 주변의 자연경관 명소들은 신혼부부와 젊은이들을 유인했다. 2005년에 관광객은 100만 명을 넘어섰고 2018년에는 650만여 명에 이르렀다. 1970년 9만여 명이던 인구는 1990년 12만여 명, 2010년 21만여 명으로 증가했다.

1993년 도시건설 100주년을 맞은 달랏은 도시의 미래를 베트남의 정체성을 지닌 현대적 친환경 생태도시로 설정했다. 2005년에 럼동성 인민위원회가 주최한 꽃 축제가 달랏에서 열렸고, 이후 2012년까지 세 차례 더 개최되어 큰 성공을 거두었다. 이 축제는 달랏의 대표 축제로 2013년부터 2년마다 정기적으로 개최되고 있다. 관광안내 책자나 홍보물을 통해 '작은 파리', '꿈의 도시', '사랑의 도시', 호수에서 피어오르는 안개 덕분에 '안개 도시', '1000개 꽃의 도시', '영원한 봄의 도시'라는 달랏의 별칭도 많이 알려졌다. 이들 별칭은 자연환경은 물론 식민도시의 역사문화유산에 대한 기억과 활용에서 생겨났다. 2013년 120주년에 마련된 달랏의 발전 계획 '지평 2030 및 비전 2050'은 2050년까지 달랏이 약 100만 명의 대도시이면서 숲속 도시이자 숲을 가진 도시, 건축 및 경관 유산 도시, 꽃 축제 도시, 문화예술 도시로 발전하는 것을 목표로 삼았다.

식민 지배에서 벗어난 후 달랏에 건립된 국가기록원 지청에는 베트남의 마지막 왕조였던 응우옌왕조의 목판 기록물이 3만여 점 보관되어 있다. 이 목판은 2009년에 유네스코 세계 기록유산으로 등재되었다. 2000년대부터 달랏 인근 원주민 마을을 방문해 그들의 생활방식과 문화를 경험하고 공예품 제작이나 전통음식 만들기에 참여하는 체험 관광 프로그램이 늘어나고 있다. 베트남 고유의 역사문화유산 활용이 증가하는 것은, 상업적 동기에서 식민도시의 역사문화유산과 기억을 적극적으로 활용해 온 달랏이 식민도시로서의 정체성을 약화하고 다층적 정체성을 지닌 도시로 발전하는 데 도움을 줄 것이다.

달랏, 고원 휴양도시의 식민도시 기원과 유산

2

문화유산도시

평양

다채로운 공간을 가진

도시

박현

일제강점기 평양은 서울, 인천, 부산 등과 더불어 주요 도시 중 하나로 손꼽혔다. 평양은 고구려의 수도, 고려시대 서경 등 일제강점기 이전부터 한반도 북부의 정치·경제 중심지였고, 일제강점기에는 모란봉·을밀대 등의 관광지와 기생학교로도 유명했으며, 종교적 측면에서도 '평양대부흥운동'으로 대표되는 주목할 부분이 있는 등 평양은 실로 다채로운 성격을 띠는 도시였다.

평양이라는 도시 공간이 주목받은 이유 중 하나는 지리적 측면에 있다. 평양은 대동강과 보통강 사이에 있고, 대동강을 통해 진남포라는 양항良港으로 접근하기도 쉬우며, 중국과 가깝고 경의선이 부설되어 있는 등 대륙으로 향하는 주요 거점이자 무역을 위한 최적의 조건을 갖춘 도시였다. 이러한 평양의 지리적 이점에 주목한 일본은 개항이후 평양의 개시開市를 위해 많은 노력을 기울였다.

평양 개시의 논리와
개시장 설정

평양 개시에 대한 논의는 늦어도 1886년에 시작되었다. 스즈키 미쓰요시鈴木充美 재인천영사가 평양이 대청무역의 중요 지점임에도 조사가 제대로 되지 않았다며 평양을 시찰한 것이 시초였다. 스즈키는 시찰 후 평양 개시의 이점이 적지 않다면서 그 근거를 몇 가지 들었는데, 물산이 풍부해 외국 무역의 자산으로 삼을 수 있고, 이를 통한 토민土民의 이익 증가는 생산의 장려로 이어지며, 운반비가 감소해 외국산 물품의 수요가 증가하고, 청상淸商이 독점하던 의주무역이 평양무역으로 귀결된다는 것이었다. 그러나 이때에는 평양이 개시되면 원산이나 인천, 부산 등이 쇠퇴할 것이라며 평양 개시에 반대하는 주한일본공사 및 영사들이 있어 평양 개시 논의가 더 진전되지 않았다.

이후 일본은 청의 밀무역을 문제 삼아 평양 개시를 주장했다. 청이 평양과 황해도 연해 지방에서 행하는 무역은 밀무역이라기보다는 조선 정부의 묵인 아래 이루어지고 있으니 사실상 공상公商이며, 그렇다면 조선이 청에 무역의 편의를 제공한 것이니 최혜국대우 조항에 따라 일본 또한 그 이익을 균점均霑해야 한다는 것이다. 한편 위안스카이袁世凱는 개시와 관련된 논의가 청의 허락 없이 진행되고 있다는 점을 문제 삼았다. 종래 조선 정부가 개항할 때는 언제나 이홍장李鴻章에게 '상청商請'했다는 것이었다. 위안스카이는 평양 개시에 대한 대처방안으로 평양에 시찰 위원을 보내고, 이홍장이 청상의 요구를 수용하는 형태로 고종에게 평양 개시를 촉구하는 자문咨文을 보낼 것을 주장했다. 하지만 고종은 자문을 수용하면 자문에 따라 평양을 개시한 것이 되므로 '자주체면'에 해가 될 것이고, 그렇다고 일본에 먼저 권리를 주면 청의 반발을 살 것이라 판단했다. 이에 평양 개시를 불허한다는 뜻의 자문을 이홍장에게 보내는 한편, '자개自開'의 방식으로 평양 개시를 실현하고자 했다. 하지만 이는 조선 정부 내부의 반대와 제주 통어通漁를 중시한 일본의 반대로 중단되었다.

평양 개시는 청일전쟁 이후 다시 논의되었다. 일본은 목포와 진남포의 개항을 논의하면서 평양도 개시할 것을 요구했다. 하지만 조선 정부는 대동강 연안을 이미 개항하기로 했으며, 평양을 개시하면 조선인의 상권을 외국인에게 빼앗긴다는 이유로 거절했다. 그런데 1898년 조선 정부는 함북 성진, 전북 군산, 경남 마산을 개항하면서 평양도 개시할 것을 결정했다. 이에 대해 주한일본공사 가토 마쓰오加藤增雄는 조선 정부가 무역의 이익을 깨달았고, 러시아 등의 열강이 청의 주요 항만을 점령하던 당시 현실에 자극을 받은 것으로 파악하기도 했다.

조선 정부는 1899년 5월 1일 전술한 세 항구의 개항과 평양의 개시를 앞두고 여론의 압박을 받아 적극적으로 조약을 준수하려는 움직임을 보였다. 즉 내지잡거內地雜居가 조약으로 금지되어 있어서 각국 소유의 토지를 본디 소유자에게 반환하고 각국인의 점포를 철폐하라는 훈령을 내렸다. 이에 평양군수는 외부훈령을 고시해 내지잡거를 금지했고, 각국은 이에 대한 대응책을 강구했다.

이러한 상황에서 일본은 평양 개시를 조속히 실현하고자 했다. 일본은 이미 일본인들이 평양성 중심시가에서 점포를 낸 상황이므로,

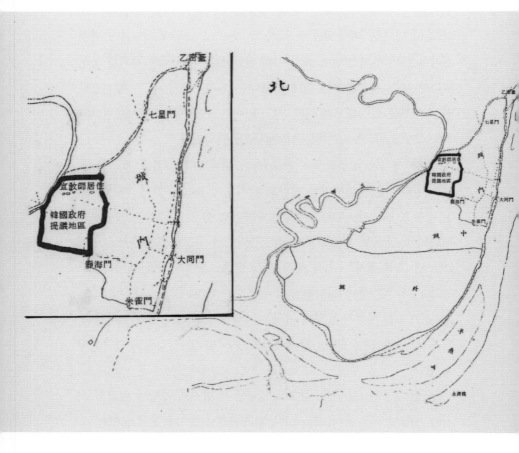

조선 정부가 제시한 개시장구역 설정안
박준형, 〈개항기 평양의 개시과정과 개시장의 공간적 성격〉,
《한국문화》64, 2013, 112쪽

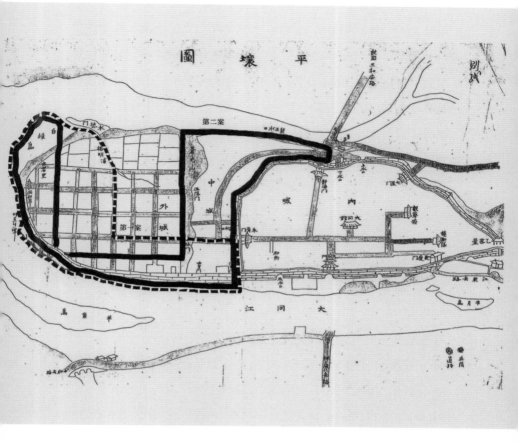

각국이 제시한 개시장구역 설정안
점선 안쪽은 평양성 내성, 중성 서부, 외성의 정전 일부를 제외한 지역이고,
실선 안쪽은 내성, 외성의 정전 대부분을 제외한 지역이다.
박준형, 〈개항기 평양의 개시과정과 개시장의 공간적 성격〉,
《한국문화》64, 2013, 112쪽

개시구역을 평양성 내외로 염두에 두고 있었다. 하지만 조선 정부는 평양 개시구역을 평양부 내 대동강 연안의 석호정石湖亭으로 통지했다. 각국은 평양성을 대상으로 논의를 진행하고 있었기에 크게 반발했고, 이에 조선 정부는 평양성 정해문靜海門과 우양관又陽關 사잇길 북쪽 일대를 개시장으로 설정하여 통지했다. 각국은 이 제안 또한 거부하고 자신들의 제안을 받아들이지 않으면 평양성 전체를 잡거지로 개방하겠다는 뜻으로 간주하겠다고 했고, 조선 정부는 평양성 내성 일부 구역을 개시장으로 선정하겠다고 제안했다.

평양의 일본인 거주와 구시가, 신시가

평양에 일본인이 처음 들어온 것은 청일전쟁 때였다. 평양성 주민이 전쟁을 피해 뿔뿔이 흩어지자 일본인 상인들이 빈 가옥을 점거하고 군인을 상대로 장사를 시작했다. 그러나 전국 각지에서 의병이 일어나자 고무라 주타로小村壽太郎 공사가 1896년 초 평양 거류민에게 철퇴 명령을 내렸다. 5월이 되자 공사는 행상에 지장이 없다고 통고했고, 5월 하순 200여 명의 일본인이 다시 평양으로 들어갔다. 이후 1899년까지는 조선인의 중심지였던 평양성 내성 일대에 거주했다. 일본인은 이주 초기에 장기적으로 거주할 계획이 없거나 자본을 충분히 갖추지 못한 경우가 많았기 때문에 조선인이 많이 사는 내성에서 상업 활동을 하여 단기적인 이익을 얻고자 했던 것으로 보인다.

1904년 2월 러일전쟁이 일어나면서 평양이 주요 병참선에 위치하게 되었고, 경의철도 부설 등을 이유로 상인과 노동자가 유입되면서 평양 거주 일본인 수가 급증했다. 1904년 8월에는 외성 일대가 일본군 군용지로 수용되면서 부대 건물이 건설되었는데, 외성에 군용시설이 들어선 것은 일본인 시가지 건설을 염두에 둔 것이었다. 당시 내성에 일본인이 거주하면서 집값이 많이 상승했고, 조선인 가옥은 일본인이 살기에 적합하지 않았으며, 내성은 불결하고 위생설비를 설치하는 비용 또한 만만치 않고, 외성에서 살면 조선인과 어울려 사는 상황에서 벗어날 수 있다는 것이 그 이유였다. 이에 일본인 시가지, 이른바 '신시가'가 평양 내성의 남문인 주작문과 외성의 정거장 사이에 조성되었다. 신시가가 조성되면서 기존의 시가지였던 내성 일대는 조선인 중심의 '구시가'가 되었다.

일제강점기 평양의 행정구역은 기존의 평양성 내성, 중성, 북성, 그리고 외성 일부를 포함하는 지역이었다. 이후 인구가 증가하고 상공업이 발달하면서 1929년 평양부의 구역을 확장해 주변의 대동강면 선교리·오촌리·능라도·양각도·동대원리·신리, 고평면 평천리·서성리·구정리, 임원면 기림리, 서천면 이흥리·상흥리 등이 평양부에 포함되었다.

한편 평양성 중성, 외성 일부 지역에 신시가가 처음 조성되면서 내성과 북성 지역이 구시가로 불렸는데, 신시가지에는 행정구역 명칭으로 정町이 사용됐고 구시가지에는 이里가 사용됐다. 경성의 경우 1936년 경성부 구역을 확장하면서 기존의 구역 명칭에 동洞과 정을 병기하던 것을 정으로 통일했는데, 평양은 1945년까지 이와 정의 명

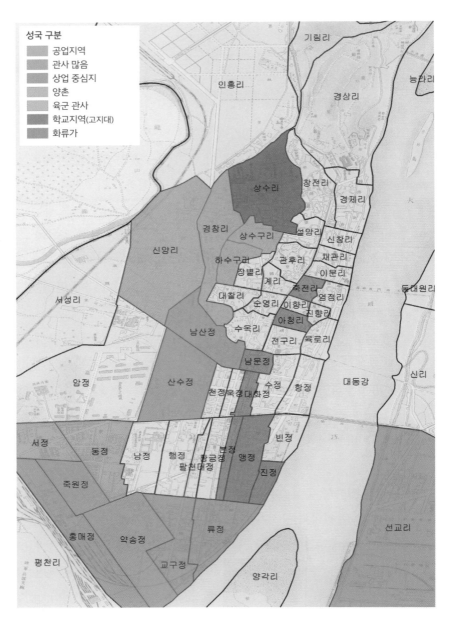

성국 구분

- 공업지역
- 관사 많음
- 상업 중심지
- 양촌
- 육군 관사
- 학교지역(고지대)
- 화류가

기림리
능라리
인흥리
경상리
상수리
창전리
경제리
경창리
상수구리
설암리
신창리
신양리
하수구리
관후리
채관리
장별리
이문리
동대원리
계리
죽전리
서성리
대찰리
순영리
이향리
염점리
진향리
아청리
남산정
수옥리
전구리
육로리
남문정
암정
산수정
수정
항정
신리
천정욱정대화정
대동강
서정
동정
남정
행정
황금정
앵정
빈정
죽원정
팔천대정
분정
진정
홍매정
약송정
류정
선교리
평천리
교구정
양각리

평양의 공간별 성격 구분,《생활상태조사(기4) 평양부》의 정보를 바탕으로
〈평양부전도平壤府全圖〉(서울시립대학교 박물관 소장) 위에 표시

칭을 병기했다.

그런 점에서 보면 식민지 도시에서 보이는 '이중도시' 현상(식민지 도시에서 지배민족과 피지배민족의 구역이 분리되어 있었던 현상)이 경성보다 평양에서 더 확연하게 나타났다고도 할 수 있을 것이다. 인구 분포를 봐도 구시가지에 조선인이, 신시가지에 일본인이 더 많이 살았다는 점에서 전반적으로 민족 간의 분리 현상이 있었다고 말해도 무리는 없을 것이다.

하지만 전반적으로 '이중도시' 현상이 확연히 드러나는 것과 달리 조금 더 세밀한 단위를 기준으로 보면 평양이라는 도시 공간을 구시가, 신시가로 두부 자르듯이 정확히 구분하기는 어려웠다. 현재의 도시도 상업중심지, 거주중심지 등으로 성격에 따라 공간을 나눠 볼 수 있듯이, 일제강점기 평양 도시 공간 또한 성격에 따라 공간을 구분해 볼 수 있을 것이다.

이러한 성격에 따른 공간 구분 시도는 일제강점기 조선총독부 자료에서도 찾아볼 수 있다. 1932년 간행된 《생활상태조사生活狀態調査 (기其4) 평양부平壤府》에는 공간이 몇 가지 특징에 따라 이정里町 단위로 구분돼 있다. 이를 지도 위에 시각적으로 표현하면 왼쪽 그림과 같다. 이를 보면 서두에서 언급한 평양의 다양한 이미지가 드러남을 확인할 수 있다.

평양, 다채로운 공간을 가진 도시

구시가와 신시가,
그 너머

앞의 그림과 같은 공간별 성격 구분은 일제강점기 당대의 평양에 대한 공간 인식을 확인할 수 있다는 점에서 의미가 있으나 몇 가지 부분에서 아쉬움이 남는다. 첫째 성격이 규정된 공간보다 규정되지 않은 공간이 더 많다. 둘째 관사촌, 서양인 마을, 육군 관사 밀집 지역, 학교 밀집 지역, 화류가처럼 세부적으로 성격이 규정된 공간이 있는 반면, 공업지역·상업중심지처럼 큰 범위로 일괄 규정된 공간도 있다.

이러한 아쉬움을 조금이나마 해소하고자 다른 자료를 통해 공업지역과 상업중심지를 좀 더 살펴보고자 한다. 이를 위해 단위를 이정보다 세밀한 지번으로 하고,《조선상공대감朝鮮商工大鑑》(1929)과《조선공장명부朝鮮工場名簿》(1934) 등의 자료와 각 자료의 광고란에서 지번을 찾아 지도 위에 표시해 보면 오른쪽 그림과 같다. 그림에는 민족별로 색을 달리해 표시했는데, 가장 먼저 눈에 띄는 점은 앞서 언급한 일본인과 조선인의 분리 현상이 지번 단위에서도 확인된다는 점이다. 하지만 비율이 낮기는 해도 구시가에 일본인이, 신시가에 조선인이 상공업 행위를 했다는 점 또한 확인할 수 있다. 적어도 상공업 활동은 느슨한 민족 구분 아래 이루어졌던 것으로 보인다.

다음으로 공업지역을 살펴보자. 공업을 크게 중공업, 경공업으로 나누어 살펴보면, 일제강점기 자료에서 공업지역이라고 분류된 교구정, 류정과 본정, 대화정 등지에 중공업(기계, 금속, 화학, 광업) 회사가 많이 분포되어 있었다. 물론 이 일대에만 중공업 회사가 있었다는 뜻은

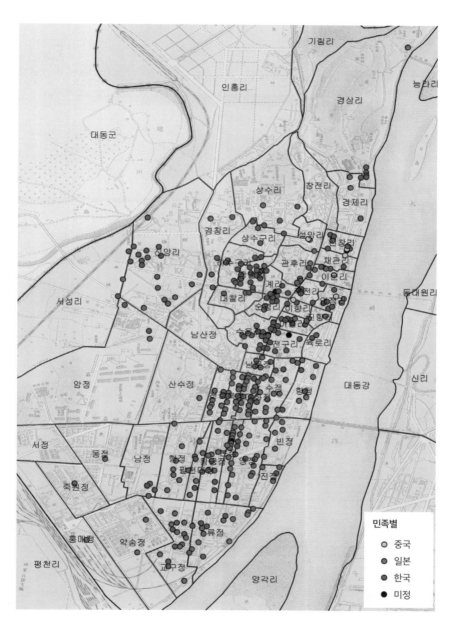

민족별 분포 양상(지번)

⟨평양부전도⟩(서울시립대학교 박물관 소장) 위에 필자가 지번 표시

평양

아니다. 일본인 시가지만 언급했지만 하수구리·장별리·수옥리 일대에도 중공업 회사가 다수 분포되어 있었다. 다만 이 일대에는 경공업 (제재, 방직, 요업, 인쇄, 건축) 회사가 더 많았으며, 더불어 신양리·계리·순영리·욱정·항정 일대에도 경공업 회사가 다수 자리했다. 그리고 강 건너편인 선교리·신리에는 중공업, 경공업 회사가 비슷한 비율로 자리했고, 상업 회사의 비중이 높았다.

이러한 분포의 특징을 살펴보면, 중공업의 경우 신시가에 많이 분포되어 있었는데, 그중에서도 평양역과 이어지는 대로변에 자리한 경우가 많았다. 이는 대로를 통한 자원 수송과 평양역을 통한 수출의 용이함을 의도한 위치 선정으로 보인다. 다음으로 경공업의 경우 구시가에 많이 분포되어 있었으며, 특히 방직공장이 신양리·장별리 일대에 다수 자리했다는 점과 목제품 공장이 구시가와 신시가 경계 지역에 다수 자리했다는 점이 특징이다.

상업중심지의 경우는 어떠할까.《생활상태조사(기4) 평양부》에도 상업중심지는 죽전리, 아청리, 남문정, 대화정, 본정 등 구시가와 신시가에 모두 존재했다. 그러나 상업이라는 업종에는 금융, 유흥, 식료품, 잡화 등 공업보다 많은 업종이 포함되기 때문에 위에서 언급한 다섯 지역에서만 상업이 발달했다고 말할 수는 없다. 결론부터 말하면 평양 중심을 관통하는 대로변의 다수 지역이 상업중심지였다고 해도 과언이 아니다. 구체적으로는《생활상태조사(기4) 평양부》에 언급된 지역과 더불어 욱정, 수정, 앵정, 수옥리, 아청리 등의 지역이라 할 수 있겠다. 이는 상업중심지에 위치한 업종이 음식이나 옷, 잡화 등 사람들의 일상생활과 관련되기 때문일 것이다. 물론 상업에 포함된 업종을 세부적으로 분석하면 다른 결과가 도출될 수도 있겠으나, 전반적인 경향을 살펴봤을 때 상업의 경우가 공업보다 '민족'이라는 변수에 덜 영향을 받았다고 볼 수 있다. 참고로 강 건너편 지역의 경우 동대원리에는 구두 가게가 많았고, 신리에는 상업 업종이 거의 없었으며, 선교리에는 양조장이 많았다는 점이 특징이다.

평양의 중국인

수는 적지만 평양에 거주했던 중국인에 대해서도 짚고 넘어갈 필요가 있다. 중국인이 평양에 처음 도래한 것은 1883~1884년경으로 보인다. 일제강점기 중국인에 대해 기록한《조선에서의 중국인朝鮮に於ける支那人》을 보면, 평양에 거주하는 중국인 호구 수는 1913년처럼 감소할 때도 있었으나 대체적으로 증가했고, 인구는 1914년, 1916년에는 감소했으나 대체로 증가하는 경향을 보였다. 1923년 말 기준으로 평양 접속지接續地(인접 지역)에 거주한 중국인 가호는 132호, 인구는 남자 601명 여자 133명(총 734명)으로 평양에 거주하는 중국인의 인구와 비슷했으며, 평양 내외에 거주하는 중국인을 모두 합하면 1923년 기준 1513명에 달했다.

　평양에서 중국인의 인구 비율은 조선인이나 일본인에 비해 높지 않았지만 일부 업종에서는 그 존재감이 확연히 드러났다. 대표적으로 직물업織物業과 양말제조업을 들 수 있다.《조선에서의 중국인》에 따르면 계리·죽전리·이향리·순영리 등지에 주요 직물류 수입상이 자

177

<표 1> 1910~1923년 평양 재류 중국인 수

연도		1910	1911	1912	1913	1914	1915	1916	1917	1918	1919	1920	1921	1922	1923
가호(호)		121	125	152	97	108	128	138	154	155	179	197	202	225	161
인구(명)	남	–	–	568	442	358	427	321	474	536	571	603	607	615	718
	여	–	–	79	59	30	91	27	139	79	81	82	83	83	61
	합	468	548	647	501	388	508	348	613	615	751	685	690	698	779

출전 : 조선총독부, 《조선에서의 중국인》, 1924, 152쪽

리했다. 그런데 이 일대를 비롯해 그 주변 지역인 장별리, 신양리 등은 앞서도 언급했듯이 조선인이 운영하는 양말공장이 위치한 곳이기도 하다. 그렇다면 양말제조업에서 조선인과 중국인의 관계가 어떠했는지가 궁금해진다. 이에 대해서는 한 가지 사례를 드는 것으로 이해를 돕고자 한다.

1925년 평양 양말공장의 조선인 직공들이 쟁의를 일으켰다. 1925년 4월 8일 조선인 직공의 조합인 평양양말직공조합(이하 직공조합)은 총회를 열고 평양양말생산조합에 대한 다섯 가지 요구사항을 결정했다. 대략적인 내용은 임금 인하에 대한 진상을 밝히라는 것과 외직(공장주에게 원료를 받아 자택에서 일하는 것) 직공의 임금을 내직 직공 수준까지 끌어올려 달라는 것, 그리고 중국인 직공을 채용한 공장은 중국인 직공을 해고하지 않을 시 그 공장을 박멸한다는 것이었다.

중국인 직공을 해고해 달라고 요구한 이유는 무엇이었을까. 그것은 중국인 직공의 임금이 너무나도 싸기 때문에 공장주들이 조선인

직공을 해고해 조선인 직공이 직업을 잃었기 때문이다. 공장주들이 조선인 직공의 임금을 낮추고 중국인 직공을 고용한 것은 평양 공장 주들의 경쟁 상대였던 신의주의 중국인 양말제조업자들에 대응하기 위해서였다.

마지막으로 중국요리점을 짚고 넘어가고자 한다. 자료에서 확인 되는 중국요리점은 아홉 곳 정도로, 대체로 구시가에 자리했다.《조 선에서의 중국인》에는 중국요리점(1923년 당시 6호)과 중국음식점(1923 년 당시 13호)이 구분되었는데, 요리점에서는 고급 중국요리를, 음식점 에서는 만두나 밥 종류를 팔았다는 점에서 차이가 있었던 것으로 보 인다. 요리점과 음식점을 찾는 고객에도 차이가 있어, 요리점은 1923 년 당시 일본인 손님이 많았고 음식점은 조선인과 중국인이 많이 찾 았다고 한다. 이러한 차이는 요리점과 음식점의 가격 차이에서 비롯 된 것으로 보인다.

현재는 요리점의 위치만 파악되는데, 자료에서 확인된 아홉 곳 중 구시가에 일곱 곳 신시가에 두 곳이 자리했다. 아홉 곳밖에 없어 요리 점 위치에 대한 분석은 어렵지만, 구시가·신시가를 불문하고 중국요 리점이 위치했고 일본인도 중국요리점을 많이 찾았다는 점을 확인한 것만으로도 의미 있는 지점이 아닐까.

부산

가난이 상품화되는 시대의

관광도시

송은영

원도심에서 해운대로 옮겨 간
부산의 중심

부산은 오랜 역사를 지닌 도시다. 부산의 옛 명칭인 '동래'라는 이름
은 통일신라시대 경덕왕 때 만들어진 것으로 전해진다. 현재의 동래
구를 중심으로 한 동래읍성 주변은 1876년 최초의 개항지가 남쪽에
형성될 때까지 한반도의 변방이었던 동래부의 중심지였다. 개항 이
후 일본인 전관거류지가 현재의 광복동 초량왜관 근방에 설치되고 일
본인 거주자가 점차 늘어나면서, 이 지역에 신시가지가 형성되었다.
1905년 경부선이 개통되고 19세기 말부터 용두산 인근 바다들이 차
례로 매립되자 이 지역의 모습은 크게 달라지기 시작했다. 1914년 일
본과 청나라 조계지 주변 지역이 부산부로 독립한 이후 현재의 남포
동, 광복동, 충무동, 초량동 등과 그 인근 지역이 근대 부산의 중심지
로 부상했다. 이 지역의 주도권은 1990년대 이후 수영 비행장이 사라
지고 해운대 일대의 군사지역이 아파트 단지로 바뀔 때까지 유지되었
다. 근현대사 100년 동안 부산의 중심축이 북에서 남으로 다시 동으

부산, 가난이 상품화되는 시대의 관광도시

로 옮겨 간 것이다.

부산이 관광도시로서의 명성을 얻은 것은 100년도 채 되지 않은 짧은 역사의 흔적들 덕분이다. 부산의 원류인 동래지역에는 복천동 고분군, 조선시대의 동헌, 동래향교, 금정산성 등 역사적 유적이 약간 남아 있지만, 외지인들에게 유명한 관광지들은 아니다. 동래온천은 식민지시기에 일본인이 설치한 근대적 온천시설이었고, 각종 놀이기 구가 있었던 금강원(현 금강공원)은 산책과 휴식의 공간이었다. 동래온 천은 해방 이후에도 해외여행을 가기 힘든 부부들의 신혼여행지이자 중고등학생들의 수학여행지였고 요릿집이 번성하던 유흥가였지만, 현재는 과거의 영화를 회복하기에는 부족하다.

이제 '원도심'으로 불리는 과거의 부산부지역에는 수많은 일제의 근대 건축유산이 있었지만, 개발의 광풍 속에서 거의 대부분 파괴되 었다. 현재 쉽게 접근할 수 있는 건축 유산으로는, 1925년 부민동에 서 준공된 경상남도 도청(임시수도 청사, 현재 석당박물관), 경남도지사 관 사(현 임시수도기념관), 1929년 세워진 동양척식회사 건물(현재 부산근대역 사관), 1934년 개통된 우리나라 최초의 개폐식 다리인 영도대교, 1904 년 세워진 대청동의 부산기상관측소 건물 정도다. 그리고 1927년 보 안대 건물(현재 부경고등학교 본관), 1930년대 남선전기 사옥(현재 한국전력 공사 부산 사옥) 등을 비롯해 몇몇 근대 건축이 여전히 남아 있지만, 이 장소들이 부산의 대표적 관광지로 이용된다고 보기는 어렵다.

해방 이후 부산은 관광산업이 매우 중요한 성장의 동력이 될 수 있다는 사실을 외면했다. 당시 도쿄역보다 더 크게 지었다는 부산역 과 부산우편국 건물은 아쉽게도 1953년 대화재로 소실되었다. 그리

1960년대 해운대 백사장
아래 동백섬이 보이고, 위로는 달맞이고개에 있던 골프장이 보인다.
부산광역시 해운대구청 소장

고 조선은행 부산지점 건물은 1963년 한국은행 건물을 신축하기 위해 철거되었고, 부산세관 건물은 1973년 문화재로 지정되고도 1979년 6월 도로 확장공사를 위해 철거되었다. 또 다른 수많은 건축물과 식민지시기의 유적은 도시개발이라는 미명 아래 사라졌다. 부산은 한국전쟁 당시에도 북한군에 넘어가지 않아 폭격을 피할 수 있었기 때문에 서울이나 다른 도시들처럼 완전히 폐허가 되지 않았다. 그러나 근대 건축이 관광자원이 될 수 있다는 것을 깨달았을 때는 이미 대부분의 건물이 파괴된 이후였다. 동광동의 한성은행 부산지점(현재 한성 1918), 초량동의 백제병원 건물, 철도청장 관사로 사용된 정란각처럼 우연히 살아남은 근대 건축들은 카페로 변신하는 길을 택했다. 최근 인천이 개항장 주변에 여전히 남아 있는 근대 건축물들을 중심으로 해서 관광도시로 발돋움하고 있는데, 우리나라 제2의 도시 자리를 지키기 위해 인천을 견제하는 부산의 입장에서는 역사를 지워 버렸던 과거의 선택이 뼈아픈 실수처럼 보인다.

부산은 지금까지 과거의 문화유산에 관심을 기울이기보다 바다에 면한 자연경관을 대표적인 관광자원으로 밀고 있다. 그중 해운대는 가장 대표적인 관광자원이다. 해운대는 식민지시기에도 넓은 백사장과 해수 온천으로 알려졌지만, 송도해수욕장보다는 규모가 작았다. 송도해수욕장은 일본인이 유명관광지인 미야기현 마쓰야마해수욕장을 따라 개발했고, 대규모 유원지를 갖추고 있었다. 그러나 해방 이후 송도해수욕장이 정체된 동안, 해운대가 부상했다. 1960~1970년대의 해운대는 권력층의 단골 휴가지였다. 박정희가 해마다 휴가철이면 찾았던 해운대 극동호텔(현재 팔레드시즈)은 '부산 청와대'라고도 불렸다.

1966년에 세워진 극동호텔은 한국 최초의 현대식 특급호텔이었으며, 외국의 귀빈을 종종 맞아들이는 명소였다. 1980년대 이후 제주도가 부상하고 1990년대 이후 해외여행이 성행하면서 해운대는 최고의 여름 휴가지로서의 명성은 잃었지만, KTX 개통 이후 사시사철 편하게 접근할 수 있는 친근한 여행지가 되었다.

쇠락한 동래온천과 달리 현재 해운대가 부산 최대의 관광자원이 된 이유는, 바닷가를 둘러싸고 치솟은 현대적 외관의 초고층 건물들이 가득한 백사장, 분당을 연상하게 하는 신도시 아파트촌이 된 좌동, 미래도시 센텀시티가 자리 잡은 우동의 경관 때문이다. 해운대 마린 시티의 야경은 광안대교가 보이지 않는다면 홍콩의 야경과도 비슷하다. 그것은 부산이 오늘날 외부의 방문객들에게 가장 보여 주고 싶어 하는 요소들의 총결산이다. 아름다운 자연경관을 끼고 있는 도시, 부유한 시민의 삶이 펼쳐지는 도시, 미래를 향해 발전하는 현대도시. 이것들은 부산뿐만 아니라 어느 지역이든 외부인에게 과시하고 싶은 모습일 것이다.

해운대가 바깥에 자랑거리처럼 전시되고 있다는 사실은, 정작 부산 사람들이 고층 건물로 가득 찬 해변 경관을 비판하며 과거의 정감 있고 조용했던 해운대 백사장을 그리워한다는 사실과 묘한 대조를 이룬다. 해운대는 부산에 있지만 부산만의 것이 아니다. 아직도 부산 사람은, 여름철 아슬아슬한 비키니 차림으로 백사장을 벗어나 해운대 뒷골목과 횡단보도를 활보하는 대담한 아가씨들은 모두 서울에서 온 여성이고, 해운대의 수려한 경관을 망쳐 놓은 고층 건물들은 서울 사람들이 소유한 별장이라고 믿는다. 해운대는 부산으로 외지인의 돈을 가져다주는 곳이기도 하지만 외지인들이 자신들의 고향을 망치는 행위를 가장 적나라하게 볼 수 있는 장소이기도 하다.

역사가 되고 구경거리가 된 가난의 흔적: 감천마을과 산복도로

놀랍게도 최근 부상한 부산의 관광지들은 해운대의 신도시가 아니라 한국전쟁의 피난민들이 어쩔 수 없이 도시에 아로새겨 온 가난의 흔적들이다. 보수동 헌책방골목은 전후 피난민과 부산사람이 생계를 위해 책을 팔러 나온 난전이 진화한 것이고, 일제가 운영하던 공설시장이었던 부평시장은 한국전쟁 이후 미군 PX 물품을 파는 깡통시장으로 명성을 날리면서 커졌다. 국제시장은 해방 후 본국으로 철수하는 일본인이 가재도구를 팔던 데서 시작돼 부산에 주둔한 미군부대에서 흘러나온 물품들이 거래되면서 점점 거대해졌다. 서로 오밀조밀 붙어 있는 이 지역들은 본디 부산에서 가장 유명한 원도심의 번화가였다. 또 다른 명소인 자갈치시장이나 부산국제영화제가 개최되는 BIFF광장과 멀지 않은 전통의 명소라는 점은 이전부터 외지의 관광객들을 끌어들이기에 충분한 장점이었다.

그러나 최근 부상한 부산의 유명 관광지들은 한국전쟁 이후 부산사람들의 생존과 직결되었던 원도심 번화가의 관광지화와 다른 면모를 보여 준다. 대표적인 예가 바로 감천마을과 수정동 일대 산복도로다. 가난한 두 마을이 외지의 관광객이 찾고 싶어하는 풍광을 가진 부산의 독특한 관광지가 될 것이라는 사실을 부산 사람들은 과연 예측할 수 있었을까?

감천마을은 도시빈민의 마을이자 소수종교인 태극도 교인의 마을이다. 2009년《한겨레신문》과《KTX매거진》에 처음 소개됐을 때, 이곳은 부산 사람이 즐겨 부르던 '감천마을'이나 '감천고개'가 아닌, '태극도마을'이라는 이름으로 칭해졌다. 1955년 보수동에 있던 태극교 본부가 철거되고 몇 달 만에 수천 명의 종교인이 감천동 고개 뒤 산비탈로 강제 이주하면서 거대한 빈민가가 형성되었다. 도저히 걸어서 올라가기 힘들 정도로 높은 산중턱 사이에 숨겨져 있던 이 마을은 어느날 갑자기 '부산의 산토리니' 또는 '부산의 마추픽추'라는 이름으로 불리기 시작했다. 사이비종교를 믿는다고 탄압받던 사람들이 세속의 눈을 피해 만든 마을, 그리고 한국사회가 경제성장을 구가하는 내내 소외되어 있던 가난한 마을에 붙이기에는 부당한 별명이었다. 그러나 감천마을은 어느새 '감천문화마을'이라는 새로운 이름을 통해 '문화'의 색채를 얻었고, 관광객은 형형색색의 집들 사이로 들어가 카메라 셔터를 눌러 대기 시작했다.

이곳의 풍경은 독특하다. 산비탈을 따라 겹겹이 쌓인 집 사이로 가파른 계단과 비좁은 골목길이 1950~1960년대 풍경을 그대로 보여 준다. 옥상마다 표식처럼 새파란 물탱크가 올라가 있고, 다른 지역에서는 보통 집에 페인트칠을 할 때 사용할 수 없다고 생각하는 분홍색, 노란색, 빨간색 등도 칠해져 있다. 부산의 옥상은 주로 바다의 파란 색과 유사한 푸른 색 또는 녹색 방수 페인트로 칠해져 있기 때문에, 이 알록달록한 색깔이 칠해진 이유를 지역적 특성과 관련지어 정

부산 감천마을
가난과 종교적 탄압 때문에 우연히 보존된 마을이
부산의 산토리니 또는 마추픽추라고 불리는 관광지가 되었다.

확하게 설명하기는 어렵다. 아마 누구도 고르지 않을 색깔의 페인트가 저렴했기 때문에 남들 눈을 피해서 외진 곳으로 숨어든 빈민이 외부인의 이목을 신경 쓰지 않고 고른 색이 아니었을까.

2009~2010년 감천마을이 공공미술 프로젝트를 통해 통영 동피랑마을처럼 곳곳에 벽화를 그려 관광지로 성공한 사례를 본 부산시는, 그제서야 감천마을과 비슷한 경관을 갖춘 산복도로 일대가 또 다른 관광지가 될 수 있다는 것을 깨달았다. 산복도로는 산꼭대기 위를 가로지르는 도로를 가리키는 부산 고유의 명사로, 부산에는 여러 산복도로가 있다. 그중에서도 특히 초량동과 수정동, 보수동, 대청동, 영주동 등을 가로지르는 산복도로는 식민지시기부터 부산항 인근 일본인 거주지를 피해 주변의 가파른 산비탈로 밀려난 가난한 사람이 살던 동네였다. 그리고 한국전쟁 때문에 피난을 온 사람, 경제성장기 이촌향도 현상에 따라 근처 시골에서 도시로 이주한 빈민이 무허가 정착지에 모여들자 점점 더 산꼭대기까지 거대한 달동네가 형성되었다.

수정동 일대 산복도로는 서울이 개발되던 시기에 만들어졌다. 서울시에 수많은 도로를 뚫어 '불도저'라는 별명으로 유명했던 김현옥이 1966년 서울시장으로 부임한 것도, 그가 바로 직전까지 부산시장으로 재임하면서 산복도로를 만든 공을 박정희에게 인정받았기 때문이다. 2000년대까지도 수정동 일대의 산복도로는 부산 시민에게도 가난한 동네의 대명사였으며 일부러 찾아갈 만한 곳은 아니었다. 그런데 불과 최근 10여 년 사이에 이곳은 보수동 헌책방골목과 광복동 번화가를 들르는 관광객이 부산만의 지역색을 찾기 위해 발을 넓혀 올라가는 관광지로 입소문이 나기 시작했다. 그리고 감천마을의 성공

부산 수정동 일대 산복도로 야경
이곳의 역사적 가치를 사람들이 인식하자 부산광역시는
2011년부터 '산복도로 르네상스 프로젝트'를 추진하고, '초량 이바구길 투어' 등
여러 관광 프로그램을 진행하고 있다.

을 본 부산시는 '초량 이바구길' 개발 등을 통해 적극적으로 빈민가를 관광지로 만들기 시작했다.

이곳의 풍광 또한 감천마을과 유사한 데가 있다. 집집마다 옥상에 파란색 물탱크가 설치되어 있고, 산의 경사를 따라 만든 집들이라서 옥상이 주차장으로 활용되는 경우도 허다하다. 주차장은 지하에 있어야 한다는 상식을 깨뜨린, 그러나 자연지형을 현명하게 활용한 결과이다. 감천마을에서도 감천항이 보이지만, 수정동 일대 산복도로에서 내려다보는 부산항의 아름다운 모습과 비교할 수는 없다. 관광객에게는 너무나 부산적인 주거지를 거닐면서 항구의 아름다운 정경을 감상할 수 있는 최적의 장소인 셈이다. 더구나 아슬아슬한 산비탈을 과격하게 내달리는 위험한 시내버스들을 타 보는 것은 부산에서만 느낄 수 있는 스릴로 소개되기도 했다. 험하기로 소문난 부산 시내버스 기사들의 운전 솜씨조차 소위 '로컬local'의 매력이 된 것이다.

그러나 모든 것이 상품화되는 자본주의사회라고 해도, 가난도 구경거리가 되는 것이 옳은 것일까. 감천마을과 수정동 일대의 산복도로는 부산의 현지인에게 가난의 상징과도 같은 마을이다. 가난한 동네를 어렸을 때부터 지긋지긋하게 보고 자란 사람들은 이제 와서 뭐가 새롭다고 관광지가 되는지 이해하지 못하기도 할 것이다. 관광객이 골목을 활보하며 내는 소음과 집 밖에서 들리는 카메라 셔터 소리에, 가난한 살림이 구경거리가 될까 봐 창문도 열기 힘들다는 불평과 한숨 소리가 들리는 것도 당연하다. 더 나아가 현지인의 가난이 외지인의 구경거리가 된다는 것은 생활공간을 침범당한다는 불편함을 넘어서 모욕감을 안겨 주는 일이다. 이것은 외지에서 온 관광객만의 잘

못도 아니다. 누구보다도 부산시가 앞서서 적극적인 관광상품화에 나서고 있기 때문이다.

부산을 잠식하는
과잉관광

최근 한국에서 가난한 낙후지역을 관광상품화하는 문제는 주로 젠트리피케이션gentrification 현상과 관련되어 다루어진다. 감천마을과 수정동 일대 산복도로에서 일어나는 관광지화 현상 또한 젠트리피케이션의 연장선에서 일종의 오버투어리즘over-tourism(과잉관광) 또는 투어리스티피케이션touristification(관광객들에 의한 도시변화)이라고 평가된다. 관광객이 만들어 내는 소음과 쓰레기, 도심 주택이 호텔화됨에 따라 상승하는 집값은 세계 곳곳에서 큰 문제가 되고 있다. 2016년부터 이탈리아 베니스에서는 관광객을 제한하라는 시위가 연이어 벌어졌고, 스페인의 바르셀로나에서는 도심지역에 호텔을 신축하지 못하게 하는 법안이 실시되었다.

　서구에서 이 문제는 완전히 대중화된 '에어비앤비'와도 밀접한 관련이 있다. 관광객이 침입하지 않던 주거지역의 한 주택이 에어비앤비가 되면, 조용하던 현지인의 골목은 점차 관광객의 발걸음과 소음으로 분주해지고, 현지인이 이용하던 옷가게, 정육점, 식품점과 주거지의 오랜 상업시설 등이 관광객을 상대로 하는 식당, 기념품 가게 등으로 바뀐다. 관광객이 해당 지역을 점령하면 원 거주자는 불편을 감수하거나 오랫동안 살던 동네를 떠나야 한다.

가난의 관광상품화는 부산에서만 일어나는 일이 아니라 전세계에서 일어나고 있다. 홍콩의 악명 높았던 빈민가 '구룡성채'는 한동안 사진가와 관광객의 흥미를 자극했으나 이제는 철거되었다. 브라질 리우데자네이루 빈민가의 대명사 '파벨라Favelas'는 아예 '빈민가 투어'라는 관광상품을 만들어 내서, 혼자 걷기 위험한 빈민가를 함께 돌아다닐 관광객을 끌어들이고 있다. 빈민가의 풍경 자체가 너무나 이채롭기 때문인데, 흥미롭게도 '파벨라'의 경관은 '감천마을'의 풍경과 매우 닮았다. 수많은 외국인 관광객을 끌어들이는 '파벨라 투어'는 단지 돈이 된다는 이유 하나로 가난한 나라에서 막을 수 없는 현상이 되었다. 슬럼 투어는 인도의 뭄바이, 남아공의 스웨토, 케냐의 키베라, 멕시코의 멕시코시티에 이르기까지 여러 도시에서 진행되어 가난poor과 관광tourism을 합친 신조어 푸어리즘poorism이라는 단어가 생기게 할 정도이다. 이 빈민가 투어는 오랫동안 윤리적 비판이 제기되고 있음에도 지속되고 있다.

그러나 부산의 감천마을과 수정동 일대 산복도로에서 일어난 일은 서구의 상황과 비슷하면서도 다르다. 이곳은 예술가와 소규모 상인이 이주하기 전에 관광객이 먼저 발견했고, 관官에서 이를 뒷받침하는 정책을 펼치자 예술가의 공방 및 가게, 관광객을 상대하는 상점이 뒤늦게 입주하는 형식을 따랐다. 빈민가의 관 주도 관광상품화와 그로 인한 도시변화가 사후에 일어나면서, 부산은 푸어리즘, 투어리스티피케이션, 관 주도 지역주의가 복합된 상황을 겪고 있다.

부산의 감천마을과 산복도로를 여행하는 관광객은 어떻게 생각할까. 감천마을과 산복도로를 방문하는 여행자는 오히려 흔한 관광지가 아닌 도시의 참모습을 구경하기 위해, 혼자 또는 가족이나 친구와 함께 소규모로 자유여행을 하면서 방문한다. 외국의 슬럼 투어가 치안 문제 때문에 흔히 단체 패키지 형태로 진행되는 데 반해, 이곳은 위험한 곳으로 인식되어 있지도 않다. 즉 한국에서의 빈민가 여행은 흔히 볼 수 있는 관광을 벗어나 도시의 참모습을 발견하기 위한 것이라는 명분으로 시도되는 관광의 형태이다.

오늘날 한국의 여행 담론은 '로컬'의 삶을 보고 경험하는 것을 최고로 친다. 패키지 투어처럼 가이드북에 오른 관광 포인트들을 찍으며 남들 가는 대로 정해진 틀을 따라 움직이는 관광은 진정한 여행이 아니라는 것이다. 관광객이 가득 찬 명소, 식당 등을 거부하고, 그야말로 현지인(로컬)이 먹고 보고 사는 그대로를 체험하기 위해 관광객이 별로 없는 장소를 찾아가 그들처럼 걷고 현지인만 가는 맛집을 찾는 것은 소위 '진정한' 여행을 한다는 사람들의 트렌드다. 감천마을과 수정동 일대의 산복도로는 바로 그런 사람들을 통해 발견되었다. 관광 명소가 아닌 로컬의 삶이 담긴 골목을 걷겠다는 여행자를 통해 가난한 빈민가는 서서히 관광지로 변해 가고 있다.

투어리스티피케이션과 푸어리즘의 결합이 남기는 문제

여행자의 달동네 여행을 윤리적으로 비판하는 것은 쉽지만, 그것을 도덕적으로 비난하면서 막는 것은 거의 불가능해 보인다. 더욱이 이 지역들이 관광상품이 될 수 있다는 것을 뒤늦게 깨달은 부산시는 더 멋진 관광지로 만들기 위해 고심하면서 편의시설을 마련하고 홍보에 박차를 가하고 있다. 생각해 봐야 할 것은 빈민가의 발견이 보여 주는 복잡한 문제들이다. 부산 빈민가의 관광상품화는 서울 빼고는 모조리 낙후되어 가는 한국의 다른 도시들이 곧 맞이할 역설적인 상황과 문제 제기들을 먼저 보여 주기 때문이다.

감천마을과 수정동 산복도로의 풍경에서 발견된 아름다움은 자신의 역사적 전통을 아름답다고 스스로 인식하게 되는 과정과 관련되어 있다. 그곳은 가난한 달동네인 동시에 그 자체로 한국 현대사의 가난한 사람들이 축적해 온 역사적 경관을 간직한 현대사의 문화유산이 되었다. 필자가 본 감천마을과 수정동 산복도로의 야경은 그리스 산토리니와 일본 나가사키의 야경 못지 않은 아름다움을 간직하고 있었다. 이 도시경관은 언젠가 발견될 수밖에 없는 역사적 미학성을 간직한 풍경이었다는 것이다. 여행자들은 외국의 경관만 아름답게 볼 것이 아니라, 스스로 지역 고유의 아름다움을 발견해야 한다는 진부한 진리를 아무 의도 없이 실천하고 있다. 뒤늦게 여행자들을 따라가며 관에서 진행하는 관광정책은 대중이 자율적으로 미학적, 역사적 가치를 발견해 가는 과정을 도리어 따라잡지 못하고 있다.

그 가치는 외부인의 시선을 통해 발견된 것이다. 여행자의 시선은 그곳에서 늘 사는 사람이 발견하지 못하는 아름다움을 발견한다. 만약 그 아름다움이 발견되지 못한다면, 그곳은 그저 가난한 사람이 사는 추레한 곳이고, 언젠가 돈을 많이 벌면 떠나야 하는 지긋지긋한 곳이며, 개발의 광풍이 불면 불도저로 당연히 허물어야 하는 곳이 된다. 현지인에게 여행자의 시선은 달갑지 않지만, 아름다움을 발견하는 창문이 되기도 한다. 외지인이 발견한 독특함, 고유함, 아름다움은 빈민가에 딜레마를 제공한다. 감천마을과 수정동 일대 산복도로는 관광지가 되면서 앞으로 그 흔한 아파트촌으로 변하지 않을 수 있는 계기를 가졌다. 이것은 가난한 사람에게, 도시재개발로 수익을 얻을 수 있는 기회를 박탈당한 채 그 지역을 떠나지 못하는 사람이 되리라는 암울한 선고처럼 들릴 것이다.

감천마을과 산복도로가 부산만의 독특한 도시경관으로 재발견되는 것은 한국 현대사의 역사적 경관들을 보존하는 문제와 직결되어 있다. 한국전쟁 이후 형성된 마을, 골목, 집들의 집단적인 보존 문제는 아직도 수면 위로 올라오지 못했다. 감천마을에 있는 한 채의 집은 독립적으로 보면 현재 건축사에서 아무 의미도 지니지 못한다. 그러나 그러한 집이 수만 채 모여 있는 감천마을 전체라면 이야기가 다르다. 주변 경관은 다 새 건물로 바뀌어 가는데 혼자 외롭게 남은 식민지시기 근대 건축 한 채만 보존하면 된다는 사고방식으로는, 한국 현대사의 역사적 기억을 간직한 장소들을 보존할 길은 찾기 어렵다. 지켜야 하는 것은 집 한 채가 아니라 독특한 정체성으로 형성된 지역 전체라는 사실을 이 마을들처럼 잘 보여 주는 곳은 없다.

감천마을과 산복도로의 재발견은 아직도 문화재로 인정받지 못하는 1950~1970년대 건축들의 운명에 어떤 시사점을 준다. 모든 지나간 것은 시간이 흐르면 역사적 기억과 삶의 경험이 축적되어 있다는 이유만으로 아름다운 것이 된다. 그러나 이 가난한 마을은, 아니, 다른 도시들 도처에 산재한 역사적 마을은 스스로 미학적 가치와 역사적 중요성을 강조할 수 있는 준비가 되어 있는 것일까?

이러한 현상은 현재 부산에서 가장 두드러지지만, 한국 사회의 모든 자본, 정보, 인구를 빨아들이는 '서울공화국'에서 주변부화된 다른 모든 지역에서 앞으로 일어날 일을 명확하게 보여 준다. 단지 낙후되었다는 이유만으로 파괴되지 않고 시간의 지층이 쌓인 지역들이 재발견되는 것이다. 소위 굴뚝 없는 산업이라는 관광산업을 반기지 않는 한국의 지자체는 현재 없는 것 같다. 그들은 가난을 외부인의 구경거리로 전락하게 하는 이러한 변화를 환영할까. 관광객에게 발견되지 않으면 무차별적으로 파괴되고 개발될 지역은 얼마나 될까. 가난한 사람을 구경거리로 만들지 않고 지역을 보존하고 재생할 수 있는 방법은 무엇일까. 부산의 가난한 마을에서 일어난 관광상품화는 결국 한국의 모든 도시에서 일어날 일의 예고편이다.

타이난

가려져 있던

역사의 도시

김봉준

지형과 인구

타이완의 인문·자연 환경을 논할 때, 타이완 사람은 타이완 가운데를 가로지르는 중앙산맥中央山脈을 기준으로 서쪽은 인문이고 동쪽은 자연이라고 한다. 그중 타이난은 서쪽의 인문을 대표하는 도시이자, 해양과 대륙의 문화가 함께 어우러져 있는 유서 깊은 도시이다. 또한 타이완에서 가장 오래된 도시이자 미식美食의 고장으로도 알려져 있다.

타이완의 고도古都 타이난에 이는 파도는 잔잔하고 바람은 고요하다. 타이난으로 오는 파도는 해안에 머물다가 염전이 되어 땅으로 오른다. 평화로운 자연과는 달리 타이난은 17세기부터 타이완의 정치적·경제적·학술적 중심지로서의 지위를 구가했으며, 많은 역경을 거친 도시이기도 하다. 타이난의 지형은 분지 내에 구석구석 하천과 습지가 뻗어 있는 현 타이완의 수도 타이베이와는 다르다. 낮은 지형과 해안선, 그리고 큰 하천이 특징인 타이난은 청대부터 간척과 치수治水 사업이 꾸준히 이루어진 지역이기도 하다. 17~18세기의 타이난 지도와 지금의 지도를 비교해 보면, 같은 지역인지 의심이 들 정도로 많은 차이를 볼 수 있다.

이곳은 서쪽으로는 타이완해협에 임해 있고 동쪽으로는 아리산阿里山에서 내려온 산줄기의 끝자락에 접해 있다. 타이난은 타이완에서 가장 넓은 쟈난평원嘉南平原이 있어 많은 인구를 부양할 수 있는 좋은 여건을 갖춘 지역이다. 그래서 2020년에는 '세계화와 세계도시 네트워크(GaWC)'에서 자급자족이 가능한 국제화 도시로 인정되기도 했다. 또한 오랜 퇴적으로 타이강臺江, 쓰차오호四草湖와 같은 내해內海와 석호石湖 지형이 발달해 만들어진 지 300여 년이 지난 염전도 있다. 또한 타이난 경내에 흐르는 네 개의 물줄기(얼런강二仁溪·쩡원강曾文溪·지수이강急水溪·옌수이강盐水溪)는 타이난을 남과 북으로 나누어 각 구역의 역사와 문화, 경제가 성숙해지는 데 적지 않은 영향을 주었다.

2020년을 기준으로 타이난의 인구는 186만 명으로 집계된다. 넓은 도시의 면적에 비해 상대적으로 거주인구가 적어 타이완에서도 인구밀도가 가장 낮은 도시로 꼽힌다. 인구는 대부분 푸젠福建성 취안저우泉州지역에서 유래하였으며, 여기에 20세기 이후 중국 각지에서 유입된 외성인外省人과 객가客家, Hakka(12만 명), 그리고 소수의 원주민(5940명)이 타이난의 인구를 구성하고 있다. 대륙에서 인구가 유입되기 전에는 타이완 원주민의 한 계통인 저우족鄒族과 시라야족西拉雅族 등의 일부도 타이난 일대에서 자리 잡고 있었다. 그러나 지금 이들 원주민은 현지에 동화되어 명맥이 옅어졌거나 다른 지역으로 이주해, 일부 산간지역의 원주민 공동체 이외에는 소수만이 남아 있다.

식민지시기 저우족 모습
아리산 저우족 달방사達邦社 소장 자료 사진 ⓒ김봉준

근대 이전의 타이난과
원주민

타이완해협과 태평양 사이에 있는 타이완의 지리 환경으로, 17세기 이전 아시아·태평양지역의 교류에서 타이완 원주민의 역할은 중요했다고 할 수 있다. 특히 타이난은 15~16세기 대항해시대 이후, 몇 세기 동안 서로 다른 문화가 유입되어 한데 어우러진 장소였다.

　　현재 타이완의 총인구는 2500만 명 정도이며 그중 다수는 한인漢人으로 구성되어 있으며, 타이완 원주민은 한인이 타이완으로 오기 이전부터 오랫동안 이 섬에서 살고 있었으며, 학계는 원주민의 기원을 남도어족南島語族의 한 분파로 보고 있다. 타이완 원주민인 평푸족平埔族의 시조가 지금으로부터 6000~7000년 전부터 타이완에서 거주한 것으로 보인다. 이들은 타이완에 정착하고 나서 촌락과 집단에 따라 각자 독특한 언어, 생산기술, 사회형태 등을 발전시켜 나갔다. 그리고 17세기 이후 네덜란드인과 한인 등이 타이완에 유입된 이후에도 원주민들은 자신들의 문화와 관습을 유지하면서 한편으로는 서로 영향을 주고받으며 살아왔다.

　　우선 타이완 원주민은 산간지역에 거주하는 까오산족高山族과 산 아래 평야지역의 평푸족으로 구분할 수 있다. 그중 평푸족의 거주·활동 반경은 북으로는 난양평야蘭陽平原(현 이란宜蘭현)에서 타이베이 분지와 서부 연안의 평원 지대를 지나 핑둥평야屛東平原 일대에 이른다. 까오산족은 타이완 서부 평야지역의 동쪽 또는 타이완 동부 이란현의 동남쪽에 흩어져 살고 있으며, 주로 타이완 중앙산맥 및 그 동쪽 지역에 분포되어 있다.

본디 핑푸족과 까오산족 사이에는 큰 차이라고 할 만한 것이 없었으며, 이러한 분류 또한 근현대에 들어와 만들어진 것이라고 할 수 있지만, 핑푸족으로 지칭되는 원주민의 경우에는 평야 지대에 주로 거주하면서 외부인, 특히 한인과 빈번히 접촉했다. 이들의 반목과 교류를 통해 핑푸족과 한인의 문화와 관습이 서로 영향을 주고받으며, 융합되기도 하였다. 이에 반해 상대적으로 한인과 접촉이 적었던 까오산족은 자신들의 고유문화를 많이 보존할 수 있었다.

근래 타이완 원주민의 인구는 대략 4만~5만여 명 정도로 추산된다. 다만 여기에는 핑푸족 원주민의 인구가 포함되지 않았다. 17세기 이후 대륙에서 한인이 대거 이주함에 따라 타이완 원주민의 생활공간 및 생산도구에 막대한 영향을 주어 타이완 원주민의 입지에는 적지 않은 변화가 생겼다. 이뿐만 아니라 그들의 사회적·경제적 지위도 점점 축소되면서, 결국 원주민의 정체성과 그들의 역사 변천 사이의 연결고리는 시간이 갈수록 점점 희미해져, 지금에 이르러서는 그 후손들의 정확한 수를 분별하고 추산하기가 어려워지고 있다.

타이완의 개척과 타이난, 그리고 네덜란드

타이난의 인구가 급증하고 도시로서 발전할 수 있었던 시기는 15~17세기 대륙의 인구가 바다를 건너 타이난에 정착한 이후라고 할 수 있다. 이미 명나라 시기 이전부터 푸젠성의 취안저우나 장저우漳州지역의 한인이 조금씩 바다와 펑후澎湖제도를 거쳐 먼저 타이난에 정착하고 있었다. 다만 대륙 왕조의 빈번한 해금海禁정책 등으로 대륙과 타이완 사이에 인구 유입이 꾸준하지는 못했지만, 17세기 이후 네덜란드가 타이완을 통치하고 타이완이 청의 판도에 들어간 시기부터 타이완으로 유입되는 인구는 급증했다. 1720년 당시 타이난의 지방지인 《대만현지臺灣縣志》의 기록에는 "근래 사방에서 들어와 거주한 자의 수는 셀 수가 없을 정도이다"라는 표현이 있을 정도로 타이난의 인구는 급증하였다.

이전에는 청나라가 타이완을 통치하기 시작한 시기를 건륭제가 재임하던 시기 정성공의 정권이 사실상 무너지고 난 후부터라고 보는 주장이 정설로 받아들여지고 있었다. 그러나 최근 타이완의 역사학계는 청대 타이완 사회의 실상과 당시 불안한 통치·치안 상황을 연구하여, 건륭제의 통치 시기에 이어 가경제가 즉위하고 나서인 18세기 중후반 이후에야 청나라가 타이완을 실질적으로 통치할 수 있었다는 사실을 여러 사례를 통해 증명해 내고 있다.

아무튼 타이완으로 이주한 한인은 늘어나는 인구를 감당하기 위해 새로운 경작지를 찾아 점점 타이완 북부의 황무지를 향해 진출하였다. 현재 타이베이지역에 한인이 이른 것은 타이난에 한인이 정착하고 한참 뒤라고 할 수 있다. 18세기 중반에 다다르면 한인의 거주지역은 타이완 전역에 미쳐, 산맥을 가로 넘어 타이완 동부 거마란噶瑪蘭(현재 타이완 동부 이란현)지역에도 한인들이 정착하게 된다.

한인들이 주변의 황무지에 점차 정착하는 과정 중에 한인의 문화

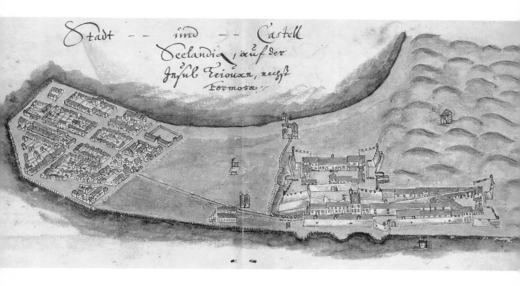

네덜란드 통치 시기의 타이난 지도, 타이완 중앙연구원 타이완사연구소 소장

뿐만 아니라 원주민 문화, 그리고 쟈난평원의 농업문화와 연해의 어업문화도 포함해 특색이 있는 문화 형태를 만들어 내었다. 또한 대부분의 개척 사례가 관청보다 민간이 먼저 나섰다는 특징(民先官後) 또한 볼 수 있다.

아울러 타이난의 역사를 말할 때 외부의 영향을 언급하지 않을 수 없다. 타이난은 유럽에서 시작된 대항해시대의 여파가 동아시아에 미친 영향을 설명할 때 마카오, 나가사키와 함께 언급되는 대표적인 도시 중 하나이다. 16~17세기를 전후로 무역·통상을 목적으로 스페인인과 네덜란드인이 타이난에 자리를 잡고 활동하기 시작했다. 특히 네덜란드인은 1624년 당시 마카오와 일본 히라도 등지에 거점을 두고 있던 네덜란드 동인도회사Verenigde Oostindische Compagnie(속칭 'VOC')를 앞세워 타이난(당시 명칭은 따위엔大員)을 무력으로 점령하고, 이곳에 '포트 프로빈티아Fort Provintia'라는 새로운 이름을 붙여 이 지역을 관리할 관청과 장관을 두었다. 이때 네덜란드인이 세운 요새를 질란디아Zeelandia, 熱蘭遮城라고 하였으며, 현재는 츠칸러우赤嵌樓라고 불리며 타이난을 대표하는 유적지 중 하나로 남아 있다.

네덜란드인 통치자들은 타이난을 식민지와 같이 경영했다. 이곳에서 수출품인 사탕수수를 재배하려고 했고, 부족한 인력 문제를 해결하기 위해 소수인 네덜란드인을 대신할 대륙의 한인과 소수의 일본인을 타이난으로 불러들였다. 네덜란드가 타이난을 통치한 기간(1624~1662)에는 외부의 인구가 타이난에 유입되어 인적·물적 교류 또한 활발했으며, 이로 인해 타이난의 문화와 관습의 형태 또한 다양해졌다. 특히 기독교 선교사들은 타이난 주변의 원주민을 대상으로 선교 활동을 벌여 나갔으며, 원주민과 직접 접촉하면서 서양의 종교와 문화, 그리고 언어(라틴어)를 전파하기도 하였다. 그 결과, 원주민 문화와 융합된 독특한 타이완 기독교의 문화 양식를 만들어 내기도 하였다.

상업의 측면을 보면, 19세기 중반까지만 해도 타이완에서 사탕수수와 함께 가장 잘 알려진 수출품은 차茶라고 할 수 있다. 특히 차의 품종 중 하나인 철관음鐵觀音이 유명했으며, 이 무역품은 특히 서양 상인들에 의해 세계 각지로 수출되었다. 당시 타이완의 무역중심지였던 타이난에 영국과 독일에서 온 서양 상인들은 차 무역을 위해 양행洋行을 세웠다. 그중 '안핑오양행安平五洋行'이라 불린 더지양행德記洋

行, 허지양행和記洋行, 이지양행怡
記洋行, 라이지양행唻記洋行, 둥싱
양행東興洋行이 특히 유명하였다.
그러나 1911년에 들어 더지양행
이 마지막으로 문을 닫음으로써
양행과 차를 중심으로 한 타이완
의 국제무역은 한 시대의 막을
내리게 되었다. 당시 타이난을
중심으로 한 국제무역의 전성기
는 현재 더지양행의 건물을 개보
수한 '타이완 개척 역사자료 밀
납관'에서 확인할 수 있다.

포르모사 우롱차의 상표 표지
타이난시
영상더지양행英商德記洋行 소장

타이난과 정성공

다시 17세기로 돌아오면, 1644년 명나라가 멸망하고 여진족이 청나
라를 세운다. 청나라는 살아남은 명의 황족이 세운 남명南明 정권을
일소하기 위해 남쪽으로 진군을 멈추지 않았다. 타이완에도 청나라의
그림자가 미치자 당시 아버지 정지룡鄭之龍과 함께 중국 남부 일대에
서 무역을 장악하고 있던 정성공鄭成功은, 남명 정권에 힘을 보태기로
하고 명나라 왕족인 주율건朱聿鍵을 옹립하였다. 이른바 '반청복명反淸
復明'을 명분으로 내걸고 푸젠성 샤먼廈門을 거점으로 삼아 청에 저항

209

했다. 정성공은 남명 정권에서 황제의 성인 주 씨를 하사받고 타이난의 사람들에게서 국성야國姓爺(서양인들은 코싱가Koxinga로 부르기도 했다)로 추앙받으며 청나라에 대항하였다. 정성공 군대의 세력이 절정에 달했을 때는 중국 남부의 중심도시인 난징까지 진격할 수 있었으나 곧 청나라 군대의 반격을 받고 후퇴했다.

정성공은 타이난을 정권의 새로운 거점으로 삼고자 하였다. 그리하여 1661년 정성공의 군대는 타이난을 장악하고 있던 네덜란드인을 몰아내고, 타이난을 접수하였다. 타이난에 거점을 세운 이듬해 정성공은 병으로 사망한다. 아들인 정경鄭經과 손자인 정극상鄭克塽이 그 뒤를 이었으나 점차 형세가 불리해짐에 따라 남명 정권은 자연스럽게 쇠퇴의 길로 접어들었다.

1682년 청나라 강희제는 조정 대신들의 반대에도 타이완을 정벌할 것을 결정하였다. 정성공의 휘하에 있다가 청나라에 투항한 시랑施琅이 지휘하는 청나라 해군은 펑후제도 부근의 바다에서 남명의 해군을 격파했다. 정극상은 곧 청나라에 투항했으며, 결국 남명 정권과 정씨 세력은 무너졌다. 그래도 이후 1860년 타이완의 개항으로 타이베이가 타이완의 새로운 중심 도시로 부상하기까지 200년 동안, 타이난은 타이완의 정치·경제·문화의 중심 도시로 성장할 수 있었다. 타이완 사람이 타이난을 정성공으로 대표되는 도시이자 외세에 저항한 도시라고 생각하는 것도 이때 움튼 것이다.

타이완 전체의 첫 번째 공자묘孔子廟 역시 남명 정권이 타이난에 있는 기간에 세워졌는데, 그 입구에는 전 타이완의 첫 번째이자 으뜸임을 뜻하는 전대수학全臺首學의 현판이 걸려 있으며, 타이완 사람들의 문화적 자부심을 보여 주는 듯하다. 정성공은 지금도 국민적인 영웅으로 타이완 사람들에게 추앙받고 있다. 지금도 타이난에는 정성공을 모신 연평왕묘(延平君王祠, 연평은 남명이 내린 작위이고, 이곳은 현재 정성공 문물관으로 운영되고 있다)가 설립되어 있으며, 여기에는 일본인인 정성공의 어머니도 사당에 함께 모셔져 있다. 아울러 타이난에 있는 국립대학을 국립성공대학교國立成功大學校로 명명한 것을 보면, 정성공이 타이난뿐만 아니라 타이완 전체의 독립과 자주를 대표하는 인물 중 하나임에는 의심할 여지가 없을 것이다.

한편 타이완 정벌 이후 당시 청나라는 타이완에 반청 세력과 해적이 다시 웅거하는 것을 막고자 대륙의 한인이 타이완으로 건너가는 것을 금지하고 있었다. 시랑은 청나라 조정에 타이완의 중요성을 강조하며, 적극적으로 통치에 나서야 함을 주장하였다. 결국 시랑의 건의가 받아들여져 1684년 타이난에 타이완부臺灣府가 설치되었다. 이처럼 남명 정권이 없어진 이후에도 여전히 타이난은 타이완의 중심으로 존재할 수 있었다.

이후 1880년대에 이르면 청나라의 관료 유명전劉銘傳은 서구국가의 군대와 함선의 위협을 막아내기 위해, 타이완의 지정학적·군사적 중요성을 강조하면서 타이완을 남양의 요충지로 개발하고자 하였다. 이에 타이완부가 타이완성省으로 승격되기도 하였다. 그러나 1894년 청일전쟁에서 청나라가 패배하고, 1895년 〈시모노세키조약〉으로 타이완은 일본에 할양되었다. 타이완성의 관청은 직전까지 타이난에 있었으나 일본이 타이완을 통치하면서 자연스럽게 폐쇄되었으며, 일본인에 의해 타이완의 중심지는 북부의 타이베이로 옮겨졌다.

타이난 연평왕묘의 정성공 상像 ⓒ김봉준

근현대 타이난의
역사와 문화

청나라의 통치에 이은 일본의 식민 통치는 1895년부터 태평양전쟁이 끝나는 1945년까지 이어졌다. 1895년 4월, 당시 청나라의 타이완순무臺灣巡撫(순무는 지역의 장관급 관원을 말한다) 당경숭唐景崧은 〈타이완민주국 독립선언〉을 통해 타이완민주국을 세워 일본에 타이완 할양을 거부하려고 하였다. 사실 민주국이라는 명칭과는 달리 타이완민주국은 청나라의 묵인 아래, 청에 충성하는 청나라의 관료와 지역 유지紳士들이 힘을 모아 세운 나라이며, 처음에는 타이베이를 수도로 정했다가 일본군의 군세에 밀려 1895년 6월 민주국의 2대 총독인 유영복劉永福이 타이난을 다시 수도로 정하였다. 그러나 타이완민주국은 1년도 넘기지 못하고 1895년 10월 타이베이와 타이난 성의 사람들이 스스로 성문을 열고 일본군에 항복함으로써 역사 속으로 사라졌다.

식민 시기 일본의 총독부가 타이베이에 설치되면서 타이완의 정치·경제의 중심은 타이난에서 타이베이로 옮겨졌다. 그러나 타이난 고유의 문화적 지위와 중요성까지 사라지지는 않았다. 일본 총독부의 행정 개편으로 타이난에는 성이 없어지고 대신 주州라는 행정 명칭이 새로이 붙었다. 1942년 당시 총독부의 기록에 있는 타이난의 인구를 살펴보면, 타이완인은 13만 명 정도, 일본인(이른바 내지인內地人)은 1만 9000명 정도가 살고 있었으며, 조선인도 120명 정도가 타이난에 거주하고 있었다. 이러한 사실은 20세기 초 조선·타이완·일본의 생활 및 거주 반경을 보여 준다. 여기에 일본식 신사神社와 주청州廳, 법원,

학교 등이 들어서면서, 식민 시기의 타이난은 이전과는 달리 서구식 건축물이 차차 자리한 도시로 변모하였다.

지금 타이난역臺南車站, 법원, 신학원神學院, 그리고 국립타이완문학관國立臺南文學館 등으로 사용되는 건축물은 모두 일본 식민 시기에 지어진 것으로, 현재 국립타이완문학관은 당시의 타이난과 그 일대의 행정을 담당하던 타이난주청臺南州廳 건물을 개보수한 것이다. 이렇듯 타이난에는 전근대와 근대의 유적이 그대로 보존되어 있으며, 시대가 공존하는 역사와 문화를 가진 도시가 되었다.

타이난은 한국인에게도 기억에 남을 만한 도시이다. 타이완 전체 섬에서 유일하게 평화의 소녀상이 타이난에 있다. 이 평화의 소녀상은 일본 식민 시기인 1932년에 세워진 타이완 최초의 백화점인 하야시백화점林百貨店 바로 앞에 자리를 잡고 있다. 특히 이 백화점은 타이완 사람에게 일본 식민 시기의 근대화와 새로운 문물의 유입을 상징하는 기념비적인 장소인데, 백화점 앞에 있는 평화의 소녀상을 보고 있으면 일본 식민 시기의 명과 암을 한 장소에서 볼 수 있는 듯한 기분도 들게 한다.

타이난의 근현대사 유적 가운데 또 하나의 흥미로운 장소는 일본인을 모신 사당이다. 이 사당의 주인은 태평양전쟁 당시 타이난 부근에서 미국 공군과 공중전을 벌이다 격추되어 사망한 일본인 조종사로, 지역 주민들은 이 조종사가 추락 직전 민가로 떨어져 무고한 사람이 죽는 것을 막은 희생정신을 기리기 위해 이 사당을 세웠다고 한다. 타이완 사람도 아닌 일본 사람을, 그것도 2차 세계대전에 참전한 일본 군인을 비호장군飛虎將軍으로 모시는 것을 보면 타이완 사람이 가

국립타이완문학관 ⓒ김봉준
타이완 평화의 소녀상 ⓒ김봉준

타이난

지고 있는 역사 인식의 일면을 가늠할 수 있게 하는 부분이다.

타이난이라는 도시의 독특한 역사는 사람들의 주목을 받기에 충분하다. 또한 과거의 역사와 그 유적에 대해 그대로 보존하고 활용하는 것을 우선시하는 타이완 사람의 역사 인식을 반영하고 있다. 타이난은 도시로서의 형태를 갖춘 지 400여 년이 넘는 역사의 도시답게 국가급 유적지만 22곳에 이르며, 기타 등급의 유적지만 합쳐도 200여 곳에 다다를 정도로 많은 유적과 유물을 자랑한다. 2020년 타이완 정부는 타이난에 있는 중요 유적지를 국가지정문화재로 승인하기도 하였다. 또한 타이난에는 타이완의 유명 온천 중 하나인 관쯔링온천關子嶺溫泉이 있으며, 식민 시기 타이완 유일의 실험 숲인 타이난공원臺南公園, 국가지정 습지인 쓰차오四草야생동물보호구 등이 있어, 오랜 역사뿐만 아니라 자연환경도 잘 보존되어 있는 도시라고 할 수 있다.

타이베이

오래된 성시의

권력과 일상

이연경

타이베이를 다녀온 사람이라면, 왜 타이베이를 '오래된 성시城市'라 칭했을까 하는 의문이 들 것이다. 우리가 알고 있는 타이베이에는 성문은 있어도 성은 없으니까. 성시라면 한양도성같이 견고하게 쌓은 성벽이 있어야 할 것인데 사실 타이베이에는 이런 종류의 성벽은 전혀 남아 있지 않다. 하지만 동양에서 도시란 곧 성시를 의미했으며, 타이베이 또한 전통적 개념의 '성시'를 추구한 도시였다. 비록 성은 사라지고 없지만, 여전히 그 성의 흔적들과 기억들은 남아 현재의 타이베이를 구성하고 있다. 따라서 성시는 타이베이의 어제와 오늘을 이해하는 데 중요한 개념이다.

성시 타이베이의 시작

1624년 네덜란드인이 타이완을 점령한 즈음, 타이베이 인근 단수이淡水지역은 스페인이 점령했다. 그러나 18세기 중반까지 타이완의 중심은 남쪽의 타이난이었고, 타이베이지역은 17세기 말~18세기 초반에 이르러서야 한족漢族이 단수이강을 따라 본격적으로 경작을 시작하며 정착함에 따라 도시화가 진행되었다.

이 시기 타이베이의 중심은 항구가 있었던 멍지아艋舺(현재의 완화萬華)지역이었으며, 1861년 단수이를 무역항으로 개항함에 따라 다다오청大稻埕지역이 빠른 속도로 개발되기 시작했다. 하지만 이 시기까지 타이베이는 멍지아와 단수이 두 개의 항구가 중심이 된 항구도시의 성격에 가까웠고, 타이베이 성시라 할 수 있는 (현재의) 타이베이 중심가는 아직 개발이 되지 않은 상태였다.

타이베이가 성시로서의 체계를 갖춘 것은 19세기 후반에 이르러서였다. 타이베이는 1871년 부府로 승격되며 타이난과 함께 타이완의 2대 도시가 되었고, 1879년부터는 성벽을 쌓아 성시로서의 타이베이부를 완성했다. 성벽이 완성된 1885년 이후 타이완의 정치적·경제적 중심은 타이베이가 되었고, 1891년 이후에는 타이완의 수도가 되었다.

타이베이의 성벽건설은 1879년부터 1884년까지 5년에 걸쳐 진행된 사업인데, 타이난의 경우와 비교하면 매우 수월하게, 그리고 완만하게 진행되었다. 타이난에서 성벽 쌓기는 반역을 두려워한 청왕조의 반대로 무려 1세기가 넘는 시간(1725~1836)이 걸렸으며, 처음에는 나무 울타리로 이후에는 흑벽돌과 돌로 성벽을 건설했다. 그러나 타이베이에서는 처음부터 돌과 벽돌을 이용해 단 5년 만에 성벽을 쌓았으며, 타이난의 성벽이 자연지형과 기존의 취락을 둘러싸는 자유곡선의 형태인 데 반해, 타이베이는 계획에 따라 만들어진 도시답게 장방형의 기하학적 형태의 성벽을 쌓았다. 이는 타이베이성이 기존의 타이베이 중심지였던 다다오청과 멍지아라는 단수이 강가를 벗어나 그 중간에 위치한 무논水田에 새로운 도시를 건설했기 때문이다. 청왕조는 19세기 후반 각각 다른 성격의 그룹으로 이루어진 멍지아와 다다오청 사이에 경쟁 및 마찰이 격렬해지자 두 지역의 중간지대, 즉 비어 있던 땅에 새로운 도시인 타이베이부를 건설하기로 결정했던 것이다.

중국의 성城은 정사각형이나 직사각형을 그 기본 형태로 하며, 그 안에 우물 정井 자나 바둑판 모양의 도로가 성내를 가로지르며 격자형 도시구조를 만드는《주례고공기周禮考工記》의 내용을 그 규범으로 한다. 타이베이성 또한 이에 따라 장방형의 형태로 계획되었는데, 성벽은 북동향으로 기울어져 있는 반면 그 내부의 길들은 약간 북서향으로 기울어져 있다. 이는 타이베이 성벽과 내부 도로를 건설할 당시 각각 다른 풍수 이론을 따랐기 때문이다. 성벽 건설 초기 천위잉岑毓英에 의해 먼저 건설된 도로는 풍수지리의 이기론理氣論에 따라, 타이베이부臺北府와 공묘孔廟를 잇는 남북축을 기준으로 건설되었고, 이후 타이베이 성시의 실질적 건설자였던 류아오劉璈가 풍수지리의 형세론形勢論을 따르기로 변경함에 따라 성벽은 약 15도 가량 북동측으로 틀어진 형태가 되었다.

베이스北勢호수에서 가져온 회색빛의 안산암을 쌓아 만든 타이베이의 성벽에는 북문, 서문, 동문, 남문과 남소문을 포함해 총 5개의 성문이 있었다. 일반적으로 중국 성시에서 지구地區급에는 8개의 성문, 현縣급에는 4개의 성문을 두는 것이 원칙인데, 타이베이 성벽에는 독특하게 5개의 성문이 설치되었다. 이는 천위잉이 타이베이에 대한 도시계획을 할 당시 14명의 지역 유력자가 토목건설사업의 자금을 지

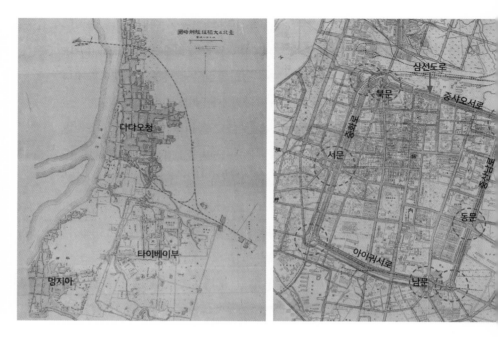

〈타이베이, 다다오청, 멍지아약도臺北及大稻埕艋舺略圖〉(1895)
위에 타이베이 및 다다오청, 멍지아를 표시(왼쪽)
〈타이호쿠시구개정도臺北市區改正圖〉(1907)
위에 삼선도로와 로터리, 기존 성문 위치를 표시(오른쪽)

원했는데, 이 중 남측 성벽의 건설을 담당한 반챠오板橋지역의 린웨이위안林維源이 남소문의 건설을 요구했기 때문이었다. 또한 타이베이의 성문은, 《주례고공기》에 따른 중국 성시의 이상향처럼 정동, 정서, 정남, 정북의 방향이 아니라 북문은 거의 북서쪽 모서리, 남문은 남서쪽에 치우쳐 위치했는데, 이는 북서측의 다다오청과 남서측의 멍지아, 그리고 동측의 경작지와 지리적으로 연계하기 위한 것이었다. 북문은 북서측 모서리에 위치했기 때문에 북측 성벽에는 사실상 문이 존재하지 않았는데, 이는 풍수지리에 따라 북측에 문을 두지 않아도 되었기 때문이기도 하며, 북측에서 일본이나 프랑스의 침략을 막기 위한 이유이기도 했다.

성벽의 건설과 함께 타이베이 성내에는 타이베이부아문臺北府衙門, 공묘, 부성황묘府城隍廟, 과거시험장, 쉐정청學政廳 등의 주요 시설이 건축되었다. 주요 행정시설은 기존 시가지인 멍지아와 다다오청에서 지리적으로 가까운 성내 북서측에 밀집해 위치했으며, 공묘 등 일부 종교시설과 군사시설만이 남측에, 과거시험장 및 쉐정청 등 교육시설 일부만이 북동측에 위치했다.

타이베이의 성벽, 대로가 되다

1895년 그러니까 타이베이가 타이완의 성도가 된 지 4년 만에 타이완은 일본의 식민지가 되었다. 식민 초기 일본의 타이베이부에 대한

223

계획은 주로 위생 개선과 재난 방재, 그리고 가로 개수에 관한 것으로, 비어 있던 남동쪽 부지에 총독관저와 같은 새로운 시설을 건립한 것을 제외하고는 대부분 현 상태의 도시를 수정해 나가는 수준이었으나, 1905년 〈타이호쿠시구계획臺北市區計畫〉이 수립되며 건설된 지 20여 년 만에 타이베이성이 철거되어 큰 변화를 맞이했다.

네 번째 총독인 고다마 겐타로兒玉源太郎가 부임하면서 총독부 민정국장으로 타이베이에 온 고토 신페이後藤新平는 중국식 성시 타이베이를 식민근대도시 타이호쿠(타이베이의 일본식 이름)로 완전히 변모하는 계획을 시도했다. 이 계획은 1929년 타이베이의 인구가 25만 명에 달할 것이라고 예상해, 타이베이의 성벽을 철거하고 그 자리에 환상형 도로를 건설함으로써 다다오청과 멍지아를 포함해 720헥타르에 달하는 타이베이시를 건설하고자 하는 것이었다. 철거된 타이베이 성벽의 자리는 가로수가 늘어선 근대적 대로Boulevard가 대체했다. 폭이 37~72미터인 이 대로는 삼선도로三線道路 또는 삼선로三線路라 불리는데, 두 열로 식재된 가로수는 안전지대가 되어 보행자의 안전을 확보함과 동시에 차량 통행을 원활하게 하고 도시 경관을 미화하는 역할을 했다. 이와 같은 타이베이의 확장에 따라 타이베이 성시의 경계이자 차단벽으로서의 역할을 하던 성벽은 타이베이시의 중심인 순환도로가 되었다.

타이베이가 동양의 작은 파리라 불린 이유도 바로 이 삼선로가 19세기 파리 시장 오스만Georges-Eugène Haussmann이 계획했던 파리의 대로와 매우 닮아 있기 때문이다. 지금도 삼선로는 타이베이 성벽이 있었던 그 자리에 그대로, 지금은 도로 위 섬이 된 성문들과 함께 남

일제시기 삼선로(위)와 현재 삼선로의 동측 대로인 중산남로 ⓒ이연경

아 타이베이의 옛 중심부를 동서남북[중산남로中山南路(동), 중화로中華路(서), 아이궈서로愛國西路(남), 중샤오서로忠孝西路(북)]으로 둘러싸고 있다.

삼선로는 산책하기 좋아 1930년대 자유연애 분위기와 맞물려 타이베이 사람들에게 산책로로 사랑받았다. 이는 유독 공원을 중시했던 일제 시기 〈타이호쿠시구계획〉과 맞물려 도시 전체가 하나의 공원처럼 여겨지는 역할을 하기도 했다. 실제로 일제시기 이 삼선로는 공원로Parkway로 분류되며 도시공원의 하나로 인식되었으며, 도로별로 식재된 가로수도 달라 동서남북 각각 야자수, 단풍나무, 가시나무茄苳, 빈랑나무蒲葵가 각각 식재되어 도로별 다른 분위기를 연출했다. 1933년 발표된 대중가요 〈웨예처우月夜愁〉(텅우셴鄧雨賢 작곡, 츄탐왕周添旺 작사)는 "月色照在 三線路 風吹微微 等待的人那未來(달빛은 삼선로에 비치고 바람은 살랑살랑 부는, 사람들은 그런 미래를 기다린다)"라는 가사로 시작하는데, 이 가사에서 1930년대 삼선로의 분위기와 그 삼선로를 만끽하는 사람들의 모습이 연상된다. 이처럼 삼선로는 근대 도시의 산책 장소가 되었으며, 모든 식민자와 피식민자에게 타이베이라는 일본의 식민지 모델 도시의 상징과 같은 장소가 되었다. 지금도 밀도가 높은 타이베이 시내를 걷다 이 삼선로를 만나면 탁 트인 시야와 함께 파란 하늘로 뻗은 야자수를 만나는 게 반가운 기분이 들 정도니, 이 삼선로가 타이베이라는 도시에서 가지는 의미는 꽤나 큰 것이다.

대로와 로터리, 로터리를 둘러싼 도시건축

1905년 〈타이호쿠시구계획〉은 성벽을 대체한 삼선로와 평행한 직교체계를 만들며, 멍지아와 다다오청을 타이베이부와 연결해 삼시가三市街 시스템을 넘어 하나의 도시로 통합했다. 이 과정에서 성벽뿐만 아니라 도시의 성문 또한 모두 철거될 예정이었다. 1910년대 중반 가장 먼저 서문이 철거되었으나, 나머지 4개의 성문은 도시민의 반대로 철거되지 않고 남았다. 하지만 성벽이 도로가 됨에 따라 이들은 마치 도로 위의 섬처럼 남았고 도시 교통의 거대한 방해물이 되기에 이르렀다. 이를 해결하기 위해, 성문 주변은 로터리로 계획되어 전체 도시계획 속에 포함되었다. 〈타이호쿠시구계획〉에서 타이베이의 도로는 3개의 등급으로 분류됐는데, 그 첫 번째는 직교체계의 100미터, 70미터, 50미터 폭의 대로, 그리고 두 번째는 40미터 폭의 방사상도로, 그리고 마지막은 그 사이를 연결하는 20~30미터 폭의 도로였다. 방사상도로의 경우 로터리에서 방사형으로 분화되는 경우가 다수였는데, 타이베이 중심부의 경우 문이 있던 자리, 즉 동문, 남문, 서문, 북문 자리와 동서남북 네 모퉁이에 로터리가 계획되었다. 로터리는 방사형으로 뻗는 도로가 한곳에서 모임으로써 하나의 결절점이자 소실점의 역할을 하며 도시의 랜드마크가 되었는데, 타이베이의 경우 성벽이 모두 철거되고 홀로 남은 문들이 이 로터리의 중심에 위치해 타이베이성의 기억을 간직한 랜드마크가 되었다.

또한 로터리는 대로의 투시도적 효과를 더 강화해 주어 소실점에

10차선의 카이다거란대도 앞 북방식으로 복원된 동문과
길 끝에 있는 타이완총독부(현재의 타이완총통부) 건물 ⓒ이연경

위치하는 건물의 지배적 인상을 강화해 주기도 했다. 근대식민도시 타이호쿠의 상징이 된 삼선로와 청왕조의 성시 타이베이의 유물인 4개의 성문, 그중에서도 동측 도로(三線路東段)와 동문은 그 의미가 특히 중요하다. 이는 일본 식민지배 이후 타이베이의 중심이 북서측에서 남동측으로 이동하며 타이완총독부 등 주요 행정시설이 위치했기 때문에 생긴 자연스러운 결과였다. 삼선로 동측 도로의 양 옆에는 타이호쿠부청과 타이호쿠병원과 적십자병원, 의학전문학교 및 여학교와 소학교, 총독부 및 타이호쿠부관사 등 대규모의 서양식 건축양식으로 지어진 근대 시설이 들어서 근대 도시 경관을 형성했다. 1932년 대타이호쿠계획이라 불리는 〈타이호쿠시구계획〉에서 타이호쿠는 동측으로 확장되었는데, 총독부 앞 대로와 동문에서 방사형으로 뻗어 나가는 도시계획이 만들어짐으로써 동문은 타이호쿠의 도심으로 진입하는 관문과 같은 중요성을 띠었다. 동측에서 방사상으로 뻗어 온 도로는 동문 로터리를 지나 왕복 10차선의 카이다거란대도凱達格蘭大道에 곧장 이른다. 이 도로의 끝에 서 있는 타이완총독부 건물은 권력의 위용을 뽐내며 주위를 지배한다. 로터리와 대로, 식민권력이 만들어 낸, 그야말로 정치적인 스펙터클의 풍경을 보여 준다.

　1945년 일본의 패전으로 타이호쿠는 다시 타이베이로 그 이름을 되찾았고, 타이완을 지배하게 된 국민당 정부는 타이베이의 도로 이름들을 다시 중국식으로 변경했다. 삼선로동단, 삼선로서단三線路西段, 삼선로남단三線路南段, 삼선로북단三線路北段이라는 일본식 이름의 삼선로는 각각 중산남로, 중화로, 아이궈서로, 중샤오서로라는 중국식 이름으로 개칭되었으며, 남아 있던 성문은 철거 예정이었던 북문을 제외하고 북방 형식으로 재건되었다. 하지만 국민당 정부는 일본이 식민지시기 건축한 총독부 건물을 그대로 사용하며 총통부로 이름만 변경했고, 나머지 시설도 대부분 그대로 사용했다. 타이베이의 도시 조직은 이전 시기에 형성된 큰 틀을 간직한 채, 밀집한 구도심이 아닌 동측의 신시가를 중심으로 대형 건물이 들어서며 대도시로의 성장을 계속했다.

한편 일본의 지배 아래에서 구축된 타이베이 구도심의 체계는 타이베이만의 독특한 도시 건축과 도시 경관을 형성해 나갔다. 일본통치 시기에 만들어진 넓은 대로와 청왕조기에 만들어진 좁고 밀도가 높은 도로 사이의 대조적인 풍경과, 청왕조기 형성된 어긋난 직교체계와 일본통치 시기 형성된 방사상도로로 나타난 Y자형 도로와 로터리, 그리고 이에 대응하는 도시 건축을 그 예로 들 수 있다.

Y자로는 도로가 직교하지 않고 어슷하게 만나며 만들어지는 도로 유형인데, 타이베이에서 이런 도로가 유독 많이 나타난다. 이는 앞에서 설명했듯이 타이베이 성시를 건설할 당시부터 두 개의 직교체계가 교차하며 생겨난 데다가, 도시를 확장하며 대각선 도로를 건설했기 때문이었다. 한편 1932년 〈타이호쿠도시계획령〉에서 타이베이의 영역을 크게 확장하면서 새로운 직교체계를 만들어 냈는데, 이 직교체계는 1905년 계획 당시 이미 이루어져 있던 직교체계와 달리 동-서-남-북의 자연 방위를 따른 것이었다. 따라서 그 축이 기존의 직교체계와 어긋날 수 밖에 없었고, 이 두 개의 직교체계 사이에는 자연스레 예각으로 만나는 지점 즉 Y자형 도로가 형성될 수 밖에 없었던 것이다. 다시 말해 맨 처음 타이베이부가 건설되며 만들어진, 풍수지리

의 이기론에 따른 직교체계, 1885년 완성된 성벽과 평행하게 만들어진 풍수지리의 형세론에 따른 직교체계, 그리고 1932년 동서남북 자연 방위를 따른 직교체계 세 개가 타이베이의 성내 및 성외에서 교차하며 자연스레 Y자형 도로를 형성하는 결과를 낳았다. 또한 골목길의 경우 기존의 물길을 복개하자 길이 이루어져 Y자형 도로가 형성되기도 했다.

또한 성문이 있던 위치 및 방사상도로가 형성되는 교통의 결절점에 로터리가 생겨나 오거리, 육거리 등이 만들어지며 자연스럽게 대로변에 Y자로가 형성되었고, 로터리 주변으로는 주로 '코너'가 강조된 건축물이 지어졌다. 북문 로터리를 둘러싼 타이페이 우편국과 철도국 건물은 모두 북문 로터리에 대응해 만들어진 코너 타입의 건물이다. 로터리 주변에는 로터리의 형태에 직접적으로 대응하는 형태의 건축물이 만들어지기도 했다. 그 대표적인 예라 할 수 있는 것은 바로 완화지역의 화장정건華江整建주택이다. 1970년 사회주택social housing 의 일종인 정건주택으로 계획된 이 주택은 완화구의 서측 사거리에 위치하고 있는데, 이 사거리를 잇는 환상형 육교가 이 주택의 2층으로 바로 연결되는 독특한 구조의 건물이다. 1층에는 상점이 있으며, 2층에는 작은 정원이자 골목길이 전후면의 단위세대를 이어주는 이 공동주택은 전후戰後 도시로 몰려든 인구를 수용하기 위해 만든 건물이다. 2016년 12월 이 주택의 육교를 철거하고자 하는 타이베이시 정부의 시도가 있었으나, 또 다른 정건주택인 난지창南機場을 지켜 낸 타이베이의 활동가들이 이곳도 주말 시장으로 활용하거나 예술의 장으로 만드는 등의 다양한 시도를 함으로써 지켜 나가고 있는 중이다.

권력이 만들어 낸 도시를 가로지르는
시민과 공간

성벽건설은 19세기 타이완성의 성시 타이베이의 시작이었고, 성벽철거와 대로건설은 20세기 타이호쿠의 시작이었다. 불과 20여 년 만에 벌어진 이 두 사건은 20세기의 타이베이를 설명해 주는 가장 중요한 사건이 된다. 무언가를 완벽하게 지워 내고 새로운 무언가를 만들어 낸다는 것은 어쩌면 도시의 역사에서 거의 있을 수 없는 일일 것이나, 성벽을 철거하고 그 자리에 몇 개의 점(문)만 남겨 놓고 삼선로로 그 자리를 대체한 타이베이는 성벽의 기억을 삼선로의 기억으로 대체했다. 성벽의 기억이 재생산된 것은 1993년 성벽의 북측과 서측을 따라 MRT(Mass Rapid Transit) 블루라인의 건설이 시작되면서였다. MRT건설과 함께 시작된 성벽 발굴작업은 그곳에 원래 있었던 성벽의 기억을 상기하게 했다.

　타이베이의 1990년대는, 사라진 성벽의 기억뿐 아니라 일본통치 시기에 대한 향수가 이 시기에 지어진 건축물들을 보존하고 활용함으로써 이어지게 하는 결과를 만들어 내기도 했다. 국민당 정부 시기 도로명을 전부 중국식으로 바꾸고 남아 있는 성문을 없앴을 뿐 아니라 중국 북방식 전통 건축양식으로 새로 지으며 건축양식에서도 중국식 모던을 추구했던 것과 상반되게, 국민당 정부가 물러나자 되레 일본 통치 시기의 건축물을 되살리고 국민당의 중국이 아닌 타이완을 찾아 가는 행보를 보였다. 타이베이에서 의미가 가장 상징적인 도로라 할 수 있는 총통부 앞 제서우로介壽路는 1996년 타이완 원주민을 기념하

화장정건주택과 육교 ⓒ이연경

며 카이다거란대도로 이름을 바꾸었다. 2006년에는 타이베이시 정부
가 이 대로 일부에 판탄푸민주광장反貪腐民主廣場이라는 이름을 붙이
고 표지판을 붙여 두었다. 실제로 이곳에서는 주말마다 시위가 일어
난다.

성벽과 대로, 로터리와 방사형 가로가 특징적으로 나타나는 타이
베이의 도시 구조는 20세기 초중반의 권력(청왕조와 일본)에 의한 도시
계획이 성공적으로 실현된 예라고 할 수 있을 것이다. 이는 비슷한 시
기 일본의 식민화를 겪었던 서울뿐 아니라 타이완의 원래 중심이었던
타이난의 상황과도 많이 다른 양상이다. 즉 타이베이 성시 자체가 권

타이베이

력이 새롭게 계획한 도시였기 때문에 기존 도시의 체계 및 관성과 충돌이 최소화될 수 있었고, 따라서 일본 식민 권력의 의지에 따라 근대적 공간을 성공적으로 생산할 수 있었다.

그러나 이 공간들은 시간이 흐르며 그 성격과 용도가 바뀌고, 새로운 의미와 가치를 생산해 내었다. 19세기의 성벽은 20세기의 산책로가 되었고, 20세기의 로터리와 사회주택은 21세기의 문화운동이 일어나는 장소가 되었다. 그리고 20세기 식민권력이 만든 다양한 건축물은 21세기 "구건축 신생명舊建築 新生命"이라는 표어 아래 타이베이의 '오래된 도시' 이미지를 생산하는 요소가 되었다. '성벽'을 쌓고 허물며 만들어진 타이베이라는 도시는 이렇게 20세기의 시간을 품고 '오래된 성시'로서 여전히 기능하고 있다.

도쿄

막부 붕괴와

메이지의 상징

이진현

금목서 향기가 가득한 2019년 가을, 일본 도쿄의 우에노 모리미술관에서는 빈센트 반 고흐의 전시회가 열리고 있었다. 인근 국립서양미술관에서는 유럽 왕실의 소장품이, 국립도쿄박물관에서는 쇼소인正倉院의 보물이 소개되고 있어 각 전시관마다 입장권을 구입하기 위한 사람들이 늘어서 있었고 그보다 더 많은 사람이 입장을 기다리고 있었다. 우에노공원에는 그 외에도 국립과학박물관, 도쿄도미술관, 도쿄도문화회관, 우에노연주악당, 국제어린이도서관, 동물원 등 많은 박물관과 문화시설이 위치해 있다. 워싱턴의 스미소니언뮤지엄, 휴스턴의 뮤지엄디스트릭트, 베를린의 무제움즈인젤, 비엔나의 무제움스크바르티어 등에 비해 뒤질 것이 없었다. 나도 서둘러 줄을 서야 한다는 생각으로 급히 발걸음을 옮기다 문득 이곳에 이렇게 많은 박물관이 모인 사연에 대해 궁금증이 생겼다.

공원에는 박물관만 있지는 않았다. 비록 작은 규모로 남아 있지만 박물관보다 오랜 시간 이곳을 지켜 왔음을 쉽게 짐작할 수 있는 사원들과 각종 석재 부재들도 쉽게 발견할 수 있었다. 안내판을 살펴보니 이곳에는 에도막부의 쇼군인 도쿠가와 집안의 사찰 간에이지가 자리

237

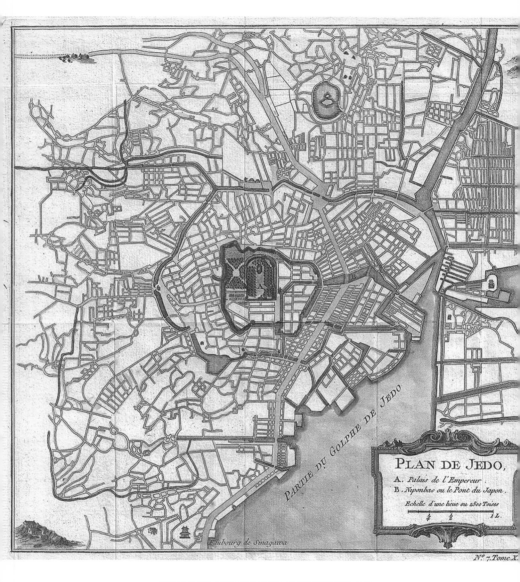

PLAN DE JEDO,
A. *Palais de l'Empereur*.
B. *Niponbas ou le Pont du Japon*.
Echelle d'une lieue ou 2500 Toises

Partie du Golphe de Jedo

Faubourg de Sinagawa

Nº 7. Tome X.

에도성과 시노바즈 연못, 1752, 일본국회도서관 소장 잡고 있었다는 것을 알 수 있었다.

시골 마을에 막부가 들어서다

한적한 시골 마을에 지나지 않았던 에도가 거대도시로 발전하기 시작한 것은 1590년 도쿠가와 이에야스가 이곳에 입성하고 1603년 막부를 설치하면서였다. 도시의 정비는 3대 쇼군인 도쿠가와 이에미쓰 시기(1623~1651)에 이르러 일단락되었다. 시가지의 건립을 위해 바다를 메우고 가로와 하천을 정비했으며, 다리를 놓았다. 에도에서 전국으로 통하는 도로가 정비되었고 1640년에는 거대한 에도성이 완공되었다. 에도의 고지대인 야마노테山の手에는 다이묘를 비롯한 사무라이들의 저택이 지어졌고, 저지대로 침수 우려가 있는 시타마치下町지역에는 조닌町人이 주로 거주했다. 그리고 그 외곽으로는 사원과 신사가 세워졌다. 이로써 불과 7000명이었던 에도의 인구는 50만 명으로 크게 증가했다.

우에노산에 교토를 담다

에도성의 동북쪽에 위치한 우에노산에 사찰이 건립된 것도 이 시기였다. 1624년 도쿠가와 이에미쓰는 교토의 동북쪽에 위치한 히에이잔比叡山의 엔랴쿠지延曆寺를 모방해 도에이잔 간에이지東叡山 寬永寺를

239

간에이지, 〈에도명소도병풍〉 일부, 17세기, 에도도쿄박물관 소장

우에노산에 세웠다. 건립에는 도쿠가와 이에야스 때부터 자문에 응하던 천태종의 지도자 텐카이天海가 관여했다. '도에이잔'이라는 이름은 '동쪽의 히에이잔'이라는 뜻이며, '엔랴쿠지'가 당시 연호에서 따온 사원의 명칭인 것과 같이 '간에이지'도 연호에서 그 이름을 따왔다.

우에노산의 남쪽에는 인왕문이 세워지고, 그 오른쪽에는 교토의 기
요미즈테라清水寺를 따라 기요미즈관음당清水観音堂이 건립되었다. 벚
꽃의 명소인 나라奈良의 요시노산吉野山에서 벚나무를 옮겨 심기도 했
다. 우에노산의 옆에 위치한 시노바즈연못不忍池 또한 교토 근교의 비

도쿄, 막부 붕괴와 메이지의 상징

와호를 염두에 둔 것으로 비와호의 지쿠부시마竹生島를 형상화한 벤텐시마弁天島를 쌓았다. 우에노산은 작은 교토가 되었다.

막부의 사찰, 간에이지

간에이지의 사역寺域은 약 30만 평(지금 우에노공원 면적의 3분의 2)으로 36개의 부속사원이 있었다. 1627년에는 도쿠가와 이에야스의 위폐를 모신 도쇼샤東照社가 이곳에 건립되었다. 도쇼샤는 지금의 우에노 도쇼구上野 東照宮로 1651년 도쿠가와 이에미쓰가 대대적으로 다시 지었는데, 전국에서 250개의 등롱이 경쟁적으로 봉헌되었다. 이곳은 황족이 출가하는 사찰로 영향력이 높았다. 1698년 에도의 서민이 이곳에서 꽃구경을 할 수 있게 허락되었다. 봄철 꽃구경 시기에는 아침 6시부터 오후 4시까지 개방해 많은 관람객으로 붐볐으며, 도쇼구를 참배하는 서민도 드나들었다. 하지만 도쿠가와 집안의 사찰이라는 성격 때문에 서민이 마음껏 즐기기에는 어려움이 있었다.

화재를 막기 위한 광장에
사람이 모이다

에도 시기 크고 작은 많은 화재가 일어났다. 간에이지의 5층탑도 1639년 화재로 소실되어 다시 지어졌다. 메이레키明曆대화재(1657)는

시타야 히로코지에서 바라본 간에이지, 1735~1814, 보스턴미술관 소장

그 피해가 상당했는데, 에도성뿐 아니라 다이묘의 저택과 사원, 민가 등 에도의 절반 이상이 불에 탔으며, 사망자도 3~10만 명에 달했다. 이에 충격을 받은 막부는 대규모로 도시를 정비하고 방화대책을 강구했는데, 주민을 강제적으로 외곽으로 이주하게 해 도로 폭을 확대하고 히요케치火除地를 조성했다. 이러한 히요케치는 주로 절이나 신사의 문 앞이거나 다릿목 등 사람이 많이 모이는 장소에 만들어졌다. 우에노공원 입구의 시타야 히로코지下谷廣小路도 그중 하나였다. 쇼군이 에도성에서 간에이지로 참배하러 오는 길인 중앙로(御成道)를 확장해서 만든 이곳에는 가설 연극극장이나 찻집이 들어섰고 점차 서민의 오락과 사교의 장소로 변했다. 시타야 히로코지는 료고쿠両国 히로코지, 아사쿠사浅草 히로코지와 함께 에도의 3대 히로코지로 불렸으며 서민이 즐겨 찾는 공간이었다.

간에이지, 막부와 함께 불타다

1868년 5월 15일 한 발의 포탄이 시노바즈연못에 떨어졌다. 보신전쟁戊辰戰爭 중 하나인 우에노전쟁의 시작이었다. 보신전쟁은 에도막부와 교토의 천황에게 권력을 반환하기를 요구하는 세력 사이의 내전이었다. 1853년 7월 페리의 원정으로 국론은 개항과 쇄국으로 양분되었고, 서양의 군사적 위협에 굴복해 불평등조약을 체결한 막부에 대한 불만은 쌓여 가고 있었다. 특히 막부와 대립해 왔던 사쓰마薩摩 · 조슈長州 연합세력은 양이攘夷를 기치로 그들의 세력 기반을 확장해 나갔고, 힘이 약해진 쇼군 도쿠가와 요시노부는 1867년 11월 9일 메이지천황에게 통치권을 반납했다. 하지만 통치권의 반납은 형식적인 것으로 여전히 막부 세력은 정권을 장악하고 있었다. 이에 사쓰마번은 막부 세력과 전쟁을 벌이려 했고, 막부 세력도 사쓰마번을 정벌하기 위해 군대를 파병했다. 1868년 1월 12일 막부의 군함이 사쓰마번의 군함을 공격하면서 전쟁이 시작되었고 막부 세력은 패배했다. 요시노부는 오사카를 떠나 에도로 돌아왔으며 간에이지에서 근신하며 메이지천황에게 반항할 의사가 없다는 것을 표현했다.

신정부군은 에도로 진군했고 5월 3일 에도성에 무혈입성했다. 반면 막부 세력 중 여전히 신정부군에 대항하는 세력은 쇼기대彰義隊를 결성하고 간에이지에 집결했다. 5월 15일 오전 7시 신정부군은 총공격을 강행했고, 오후 5시 쇼기대는 전멸했다. 이 과정에서 간에이지의 건물도 대부분 불에 탔다. 에도막부가 실질적으로도 끝났음을 보여주는 상징적인 사건이었다.

새로운 공간이 되다

한동안 용도를 정하지 못하던 간에이지 부지는 1870년 의학학교와 병원의 예정지로 검토되었다. 하지만 일본에 의학을 전수한 네덜란드 출신 군의관 안토니우스 보드윈Anthonius Bauduin은 이 안건을 담당하면서, 의학학교와 병원을 건립하는 대신 이곳의 자연환경을 보존해 공원으로 남기는 것이 좋을 것 같다는 의견을 제출했다. 그의 의견이

245

존중되어 간에이지의 부지는 1873년 일본 최초의 공원으로 지정되었다. 1875년에는 시노바즈연못이 공원 구역에 편입되었다. 공원에는 각종 근대 시설이 들어섰다. 박물관, 동물원, 경마장, 철도역사, 도서관 등 근대를 상징하는 건축물이 조성되기 시작했고, 간에이지의 흔적은 지금도 남아 있는 도쇼구와 몇몇 건물을 제외하고는 모두 지워졌다. 도쿠가와 막부의 공간에서 근대를 상징하는 공간으로 변모한 것이다.

박람회와 박물관

박람회는 우에노공원이 근대적 공간으로 급속히 변모하는 계기가 되었다. 1877년 이곳에서 열린 1회 내국권업박람회에서 102일간 약 8만 점의 새로운 공업제품과 생활용품, 완구, 미술품, 토산품 등이 소개됐다. 박람회장에는 가스등이 켜졌고, 공원 입구에는 미국산 관개용 풍차가 설치되어 풍력을 이용한 분수를 운영하는 등 이전에는 보지 못하던 진기한 것들을 보여 주었다. 세이난전쟁이 진행 중이었는데도 이 박람회에 45만 명이나 방문해 관람했다. 1881년 2회 내국권업박람회에는 약 82만 명이 방문했는데, 중심 건물이었던 미술관을 박람회가 끝난 뒤 1882년 우에노박물관(지금의 국립도쿄박물관)으로 개관했다. 박물관은 박람회에 출품할 자료의 확보와 박람회 종료 이후의 보관 문제 그리고 이를 공개할 전시관 문제를 해결하는 역할을 했다. 이는 1851년 런던박람회를 마치고 그 결과물로 개관한 산업박물관(지금의 빅토리아앨버트박물관)의 사례를 따른 것이었다.

1회 내국권업박람회, 일본 국회도서관 소장

　　1851년 런던에서 만국박람회가 열린 이후 박람회는 자본주의의
승리와 과학과 기술의 진보를 보여 주었으며, 이를 기반으로 한 국가
의 힘을 상징하는 무대가 되었다. 일본 또한 식산흥업殖産興業과 부국
강병을 위한 근대화를 이루는 수단과 방법으로 박람회를 적극 활용했
으며, 그 과정에서 박물관이 만들어졌다. 메이지 정부는 근대를 상징
하는 박람회를 우에노공원에서 개최함으로써 도쿠가와 막부의 공간이
었던 과거를 종식하고 새로운 시대가 왔음을 시민이 직접 느낄 수 있
게 했다. 1886년에는 우에노박물관이 공원부지와 함께 황실 소유로
변경되었고 1889년 제국박물관으로 개칭되었다. 1890년에는 3회 내

247

국권업박람회가 개최되었고 박람회 종료 후에 참고관이 박물관 소속으로 남았다.

근대문화가 이식되다

우에노공원에는 박람회가 열리는 것 외에도 철도와 경마장, 프랑스요리점 등 근대를 상징하는 새로운 시설이 옛 모습을 바꾸며 속속 들어섰다. 그중 가장 큰 변화는 철도였다. 1883년 우에노와 동북부의 구마가야熊谷를 연결하는 철도가 개통되었다. 일본철도는 옛 간에이지의 부지 약 9만 8512제곱미터를 사들여 역사驛舍를 건립했고 우에노역은 도호쿠지역에서 도쿄로 오는 관문 역할을 했다. 많은 사람과 화물이 드나들면서 거리도 자연스럽게 개발되기 시작했다.

시노바즈연못은 경마장이 건설돼 지금의 규모로 축소되었다. 경마는 1860년 요코하마의 외국인 거류지에서 처음으로 열렸으며, 1862년 전용경기장이 만들어졌고 이후 쇼콘샤招魂社, 니시노마루西の丸 등에서도 대회가 열렸다. 일본 황실과 고급관료, 재계인사 등이 참여해 설립한 공동경마사는, 1879년부터 미국 그랜트 전 대통령의 방일에 맞추어 건설된 도야마학교 경마장에서 경마대회를 열어 왔다. 하지만 교통이 불편해 새로운 부지를 물색했고, 1884년 시노마즈연못의 절반에 가까운 면적을 메우고 경마장을 건설했다. 시노바즈연못이 경마장으로 선택된 것은 교통이 편리하기 때문인 데다, 프랑스 파리의 부르고뉴숲에 있는 롱샴경마장과 같이 귀족들의 사교적이 모임

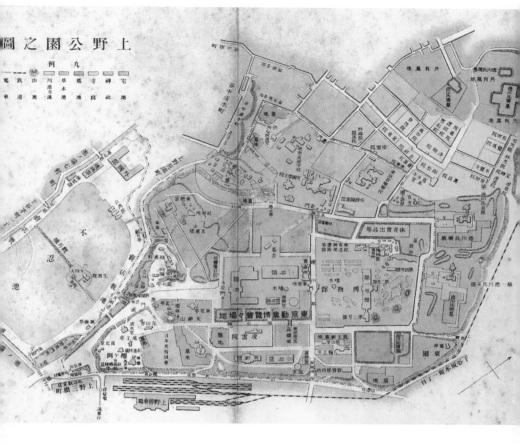

1907년 우에노공원, 일본 국회도서관 소장

도쿄

을 위해서는 공원에 경마장이 있어야 한다고 판단했기 때문이라고 한다. 그해 11월 처음으로 이곳에서 경마대회가 열렸으며 1892년까지 경마를 진행했지만 계속되는 적자로 문을 닫았다.

일본의 프랑스요리 선구자로 알려진 세이요켄精養軒은 1872년 쓰키지에 해군용지를 빌려 처음 문을 열었는데, 1876년 시노바즈연못이 내려다보이는 지금의 위치에도 가게를 열었다. 세이요켄은 국내외 명사들의 사교장으로 이름 높았으며 고급식당의 대명사였고, 문학 속 작품의 배경이 되기도 했다.

근대를 상징하는 비행기의 실험도 시노바즈연못에서 진행되었다. 라이트형제가 36.5미터를 비행한 지 6년이 지난 1909년 12월 9일, 일본에 체류 중이던 프랑스 해군장교인 이브 르 프리외Yves le Prieur는 일본의 해군장교 아이하라相原四郎와 이곳에서 비행실험을 실시했다. 이미 두 차례 실패를 경험한 뒤였지만, 르 프리외는 100미터를 날아 비행에 성공했고 이는 일본 최초의 글라이더 비행이 되었다. 이어 비행에 나선 아이하라도 20미터를 상승했지만 연못으로 추락하고야 말았다.

조적의 동상을 세우다

1898년 우에노공원 남쪽 입구 부근에 사이고 다카모리西鄉隆盛의 동상이 건립되었다. 사이고는 메이지유신의 3걸 중 한 명으로 정한론을 주장한 사람으로도 잘 알려져 있다. 하지만 메이지유신 이후 정권 다툼에서 패한 그는 가고시마현으로 낙향해 사립학교를 운영하며 무사를 규합했고, 1877년 2월 구마모토성에서 반란을 일으켰다. 일본의 마지막 내전인 이 세이난전쟁에서 반란군은 메이지 정부군에게 패배했고 사이고는 할복했다. 사망 후 조적朝敵으로 불리던 사이고는 1889년 일본의 헌법 반포를 기념하는 대사면을 통해 사면되었고, 1898년에는 동상도 건립되었다. 이는 내부의 갈등을 모두 통합한 메이지 정부의 자신감을 상징적으로 드러낸 것으로, 사이고 다카모리의 동상은 이러한 변화 속에서 건립될 수 있었다.

노동자가 모이다

1920년 5월 2일 일요일 노동자 1만 명이 우에노공원에 모였다. 그들은 '8시간 노동제 실시', '실업 방지', '최저 임금법 제정' 등을 요청하며 집회를 개최했는데, 일본 최초의 노동절 기념행사였다. 이 사건은 정부 주도로 소비되고 제공되던 공간에서 시민이 주체적으로 활용하는 공간으로 변하기 시작했다는 것에서 큰 의미가 있었다. 이 기념행사는 1936년 2·26사건에 따른 계엄령이 내려지고 노동절 행사가 금지될 때까지 계속되었다.

우에노공원에는 그 뒤로도 미술관, 과학관 등이 들어섰다. 위에서 언급하지는 않았지만 동물원도 우에노박물관과 함께 개관했다. 관동대지진 당시에는 도쿄시민의 피난처가 되었고, 조선인이 억울하게 학살된 장소이기도 했다. 2차 세계대전 당시 미군의 폭격을 피해 많은 사람이 이곳으로 피난을 오기도 했다. 우에노공원은 에도막부가 무너지고 메이지 정부가 수립된 것을 상징적으로 보여 주는 공간이다. 그리고 시민은 점차 이곳을 자신의 공간으로 만들어가기 시작했다.

마쓰야마

언덕 위의

구름

박삼헌

'일본'이라는 스토리텔링을
간직한 소도시

외국에 가면서 구태여 대도시가 아닌, 그 이름도 생소한 소도시를 찾아갈 이유는 그다지 없다. 그 나라를 다녀왔음을 '증명'하려면, 아무래도 그 나라를 대표하는 수도 또는 추가 설명이 필요 없는 유명한 역사문화유적을 인증 샷으로 남겨야 하기 때문이다. 그러나 일본 소도시 여행안내 서적들이 제법 높은 판매지수를 기록하는 것을 보면, 일본에 한해서 한국인의 호기심은 이제 소도시만의 색다른 스토리텔링으로 향하고 있는 듯하다. 그중에서도 시코쿠四国 에히메현愛媛県 마쓰야마松山는 일본 소도시 여행안내 서적에서 빠지지 않는 장소이다. 일본에서 가장 오래된 3대 온천 중 하나이자 일본 애니메이션의 거장 미야자키 하야오宮崎駿 감독의 〈센과 치히로의 행방불명〉의 모티브가 된 도고온천道後温泉을 즐길 수 있고, 에도시대江戸時代 이전에 지어지고 덴슈가쿠天守閣가 남아 있는 전국의 12개 성 중 하나인 마쓰야마성을 견학할 수 있으며, 근대 일본문학을 대표하는 나쓰메 소세키夏目漱

255

나쓰메 소세키가 1895년 4월부터
1년간 마쓰야마중학교 영어교사로 부임했을 당시 하숙집 터 ⓒ박삼헌
본 건물은 자연재해로 없어지고,
지금은 신축 건물에서 카페 아이쇼테이가 영업 중이다.

石의 소설 《봇쨩坊っちゃん(도련님)》의 무대임을 알려 주는 '봇쨩전차'를 탈 수 있다는 점에서, 고대부터 현대까지 일본의 역사문화를 간직한 소도시이기 때문이다. 그러나 한국의 그 어느 여행안내 서적에서도 소개되지 않는 마쓰야마의 일본이 있다. 그것은 바로 러일전쟁을 기억하는 공간, 마쓰야마이다.

시바 료타로가 소환한
러일전쟁의 기억

노면전차를 타고 마쓰야마에서 가장 번화한 오카이도大街道역에서 내

리면 '언덕 위의 구름 뮤지엄坂の上の雲ミュージアム'이 보인다. 소설가 시바 료타로司馬遼太郎가 1968년 4월 22일~1972년 8월 4일까지 《산케이신문産経新聞》(석간)에 연재한 〈언덕 위의 구름坂の上の雲〉을 기념해 2007년 4월에 세워진 박물관이다. 〈언덕 위의 구름〉은 〈료마가 간다竜馬がゆく〉(1962년 6월 21일~1966년 5월 19일까지 《산케이신문》석간 연재)와 함께 시바를 전후 일본의 '국민작가' 반열에 굳건히 올려놓은 작품이다.

《언덕 위의 구름》의 주인공은 시코쿠 이요마쓰야마현伊予松山 출신의 하이쿠俳句 시인 마사오카 시키正岡子規, 쓰시마해전의 전략기술을 수립한 해군 장교 아키야마 사네유키秋山真之, 사네유키의 형이자 일본육군 기병부대 창시자로서 러시아의 코사크Cossack 기병대를 물리친 아키야마 요시후루秋山好古이다. 마사오카는 1867년생, 사네유키가 1868년생이므로, 이들은 메이지유신이 있던 시기에 태어난 이른바 메이지유신 세대이다. 1859년에 태어난 요시후루도 메이지유신이 있던 해에 겨우 10살 정도였으므로, 그 또한 메이지유신 세대에 속한다고 해도 좋을 것이다.

시바는 메이지유신 세대의 삶을 다음과 같이 평가한다.

항상 생각하고 있던 막연한 주제는 일본인이란 무엇인가라는 것이었는데, 그것을 이 작품의 등장인물들이 놓인 조건에서 생각해 보고 싶었다. 메이지유신 이후 러일전쟁까지 30여 년은 문화사적으로도 정신사적으로도 긴 일본 역사 속에서 너무도 특이하다. 이 정도로 낙천적인 시대는 없었다. 물론 관점에 따라 그렇지 않을 수 있다. 서민은 무거운 세금에 허덕였고, 국권이 너무 중시되고 민권은 너무도 경시되었으며, 아시오광독足尾鑛毒사건이 있었고 여공애사女工哀史가 있었으며 소작쟁의가 있었기에, 이와 같은 피해의식에서 보면 이때만큼 어두운 시대는 없었을 것이다. 그러나 피해의식으로만 보는 것이 서민의 역사는 아니다. 메이지는 좋았다고들 말한다. 나는 소년시절부터 그 시대를 살았던 직인이나 농부나 교사 등 많은 이가 그렇게 말하는 것을 들었다. … 유럽적인 의미의 '국가'가 메이지유신으로 탄생했다. … 메이지유신으로 일본인은 처음으로 근대적인 '국가'라는 존재를 가졌다. 천황은 그 일본적 본질에서 변형되어 마치 독일 황제와 같은 법제상의 성격을 지녔다. 누구든 '국민'이 되었다. 익숙하지 않지만 '국민'이 된 일본인은 일본 역사상 최초의 체험자로서, 그 신선함에 들떴다. 이 애처롭기 짝이 없는 들뜬 마음을 이해하지 못하면, 이 단계의 역사를 이해할 수 없다.

- 司馬遼太郎,〈第一部あとがき〉,

《司馬遼太郎全集 第二十四卷 坂の上の雲 一》, 文藝春秋, 1973, 273~274쪽

시바에 따르면, 메이지유신 세대는 자신의 삶이 고단하고 어두운 면도 있었지만 기본적으로는 좋았다고 한다. 메이지유신으로 '국가'가 탄생하고, 역사상 처음으로 '국민'이 된 그들의 "애처롭기 짝이 없는 들뜬 마음"을 이해하지 못하면 메이지시대를 이해하지 못한다고도 단정한다. 그렇다면 메이지유신 세대는 왜 그토록 자신이 살아온 시대를 '좋았다고' 했을까. 그 이유를 시바는 러일전쟁과 관련지어 다음과 같이 설명했다.

메이지는 극단적인 관료국가시대이다. 우리라면 두 번 다시 경험하고

언덕 위의 구름 뮤지엄에 전시되어 〈언덕 위의 구름〉 연재판 ⓒ박삼헌

싫지 않은 제도이다. 하지만 그 당시의 새로운 국민이 그것을 우리처럼 싫어했는지 여부는, 그들의 마음을 들여다보면 매우 의심스럽다. 사회 어느 계층의 어느 집 자식이라도 어느 정도의 자격을 얻기 위해 필요한 기억력과 끈기만 있으면, 박사도 관리도 군인도 교사도 될 수 있었다. 그런 자격의 취득자는 항상 소수였다고 해도, 다른 대다수는 자신 또는 자신의 자식이 그런 의지만 있으면 언제든지 될 수 있다는 점에서 권리를 가진 자로서의 풍요로움이 있었다. 이런 '국가'라는 열린 기관의 고마움을 상당한 수준의 사상가, 지식인도 의심하지 않았다.

— 司馬遼太郎, 〈第一部あとがき〉,

《司馬遼太郎全集 第二十四卷 坂の上の雲 一》, 文藝春秋, 1973, 275쪽

서민이 '국가'라고 하는 것에 참가한 것은 메이지 정부 성립부터였다. 근대국가가 되었다는 것이 서민의 생활에 실제로 파고 든 것은 징병이라는 점이었다. 국민개병의 헌법 아래에서 메이지 이전에는 전쟁에 이끌려 나가는 일이 없었던 서민이 병사가 되었다. 근대국가라는 것은 '근대'라는 말의 환각으로, 국민에게 꼭 복지만을 제공하는 것이 아니라 전쟁터에서의 죽음도 강제한 셈이었다. … 국가라고 하는 것이 서민에 대해 이토록 무겁게 작용한 역사는 그 이전에는 없었다.

그러나 메이지시대의 서민에게는 그다지 고통스럽지 않았고 때로는 그런 중압이 감미롭기조차 했던 것은, 메이지시대라는 것이 일본의 서민이 국가라는 것에 처음으로 참가할 수 있었던 집단적 감동의 시대였으며, 말하자면 국가 자체가 강렬한 종교적 대상이었기 때문이었다. 203 고지에서 일본군 병사들이 경탄할 만한 용감함을 보인 기저에는 그러

한 역사적 정신과 사정이 파도치고 있었다.

－ 司馬遼太郎,《司馬遼太郎全集 第二十五卷 坂の上の雲 二》,

文藝春秋, 1973, 330쪽

이 긴 이야기는 일본 역사에서 유례없이 행복한 낙천주의자들의 이야기이다. 최종적으로는 이 백성 국가가 지닌, 우스꽝스러울 정도로 낙천적인 무리가 유럽의 가장 오래된 대국 중 하나와 어떻게 대결하고 행동했는지 쓰고 싶었다. 낙천주의자들은 그러한 시대적 체질을 지니고 앞만 바라보며 걸었다. 걸어 올라가는 언덕 위의 파란 하늘에 만약 한 점의 흰 구름이 빛나고 있었다면, 그것만을 응시하며 언덕을 올라갔을 것이다.

－ 司馬遼太郎,〈第一部あとがき〉,

《司馬遼太郎全集 第二十四卷 坂の上の雲 一》, 文藝春秋, 1973, 275~276쪽

시바는《료마가 간다》에서 막부 말 유신기의 '일본국' 탄생 과정을 그렸다면,《언덕 위의 구름》에서는 그렇게 탄생한 '일본국'을 자신의 것으로 받아들이는 '일본 국민'의 탄생 과정을 그렸다. 여기에서 '일본 국민'은 러일전쟁이라는 '시간' 속에서 '일본국'을 강하게 만들겠다는 단 하나의 목표를 전혀 의심하지 않고 나아가던 낙천주의자로 규정된다. 그리고 이들의 삶은, 1945년 패전 이후 '언덕 위의 구름'을 바라보면서 필사적으로 다시 언덕을 오르던 고도성장기의 '일본 국민'이 본받아야 할 삶의 자세로서 많은 공감을 불러일으켰다. 1969년 봄 분게이슌주文藝春秋가〈언덕 위의 구름〉을 단행본으로 출간하자마

자 2000만 부가 팔렸다는 사
실은 '낙천주의자 메이지유
신 세대'에 대한 전후 '일본
국민'의 '공감'을 보여 준다.
그 결과 인천, 뤼순, 203고지,
봉천(현재 선양), 쓰시마해협
등 전전戰前 일본이 소환하던
러일전쟁의 국가적 기억 공
간과 전혀 관계없던 마쓰야
마는, 소설《언덕 위의 구름》
에 등장하는 주인공들의 출
신지로서 전후 일본이 '너무
도 작은 나라 메이지 일본의
성공이야기'로 러일전쟁을
소환하는 대중적 기억 공간
으로 탄생했다.

마쓰야마성에서 포즈를 취하고 있는
NHK 스페셜드라마〈언덕 위의 구름〉
주인공들

　시바가 전후 일본의 국민 작가로 일컬어지는 이유 중 하나는 그의
작품이 드라마로도 다수 제작되어 큰 인기를 끌었기 때문이다. 하지
만 소설《언덕 위의 구름》만은 "어설프게 번역할 경우 밀리터리즘을
부추긴다는 오해를 받을 우려가 있다"(司馬遼太郎,《昭和》という國家, 日本
放送出版協會, 1999, 48쪽)는 이유로 영상화를 거부했다. 그 때문에 1996
년 시바가 세상을 떠나고 10여 년이 지나서야 겨우 NHK 스페셜드라
마(2009~2011, 3부작)로 방영되었다.

하지만 시바의 '우려'는 전혀 생각지도 못한 곳에서 발생했다. 그 것도 그가 죽기 2년 전인 1994년, 그로부터 6년 후 '일본 역사교과서 전쟁'을 촉발하는 중학교 역사교과서《새로운 역사교과서新しい歴史教 科書》를 주도한, 후지오카 노부카쓰藤岡信勝가 전후 일본의 중학교 역 사교과서에 나오는 근현대사 기술을 암흑사관·자학사관·반일사관 이라 규정하고, 그 대안으로 '자유주의사관'을 제시하면서 소설《언덕 위의 구름》의 역사 인식을 원용했기 때문이다.

자유주의사관이 소환한《언덕 위의 구름》

우선 시바가《언덕 위의 구름》에서 제시하는 청일전쟁에 대한 인식을 보자.

청일전쟁이란 무엇인가.

"청일전쟁은 천황제인 일본 제국주의에 의한 최초의 식민지 획득 전쟁 이다"라는 정의가, 2차 세계대전 후 이 나라의 이른바 진보적인 학자들 사이에서 상당한 세력을 갖고 통용되었다.

또는 "조선과 중국에 대해 장기간에 걸쳐 준비된 천황제 국가의 침략정 책의 결말이다"라고도 한다. 이와 같은 정의가 있는가 하면, 적극적으 로 일본의 입장을 두둔하려는 의견도 있다.

"청국은 조선을 오랜 기간에 걸쳐 속국시해 왔다. 게다가 북방의 러시 아는 조선에 대해 야심을 드러내고 있었던. 일본은 이에 대해 자국의 안전이라는 입장에서 조선의 중립을 지키고, 중립을 유지하기 위해 조선에서 청일의 세력 균형을 꾀하려고 했다. 그러나 청국은 오만했으며, 어디까지나 조선에 대한 종주권을 고집하려고 했기 때문에, 일본은 무력으로 그것을 훌륭히 배제해 버렸다."

전자의 일본은 어디까지나 간악하고 악에만 전념하는 범죄자의 모습이고, 후자는 이것과 달리 씩씩한 자태로 백마에 탄 정의의 기사와 같은 모습을 하고 있다.

국가상이나 인간상을 악인가 선인가라는 양 극단의 입장으로만 바라보는 것은 지금의 역사과학의 한계라고 생각된다. …

청일전쟁이란 무엇인가.

이 이야기를 하면서 그 정의를 내려야 할 필요는 거의 조금밖에 없다. 그 조금의 필요성 때문에 굳이 정의를 내려야 한다면, 선도 악도 아닌 인류의 역사 속에서 일본이라는 국가의 성장단계에서의 문제로 이 사건을 받아들이지 않으면 안 된다.

당시 일본은 19세기에 있었다.

열강은 서로 국가의 이기심으로만 움직이고, 세계사는 제국주의의 에너지로 움직이고 있었다.

일본이라는 나라는 그로부터 20여 년 전에 그러한 열강을 모델로 삼아 한 국가로서 새롭게 탄생했다.

- 司馬遼太郎,《司馬遼太郎全集 第二十四卷 坂の上の雲 一》,

文藝春秋, 1973, 198~199쪽

시바는 '선도 악도 아닌, 19세기 제국주의라는 인류의 역사 속에서 일본이라는 국가의 성장단계에서의 문제이자 한계'로 청일전쟁을 '받아들이자'고 한다. 또한 그 연장선에서 러일전쟁도 다음과 같이 규정한다.

러일전쟁은 세계사적인 제국주의의 한 현상임에 틀림없다. 그러나 그 현상 속에서 일본으로서는 궁지에 몰린 자가 혼신의 힘을 거의 극한까지 짜내 살아남고자 했던 방위전이었다는 점 또한 틀림없다.

－司馬遼太郎,《司馬遼太郎全集 第二十四卷 坂の上の雲 一》,

文藝春秋, 1973, 495쪽

시바에게 청일전쟁과 러일전쟁은 제국주의시대에 살아남기 위한 '조국방위전쟁'이었고, 이를 지탱한 것은 '국가 자체를 강렬한 종교적 대상'으로 삼았던 낙천적인 '일본 국민'이었다.

이와 같은《언덕 위의 구름》의 역사 인식은 후지오카가 전후 일본의 역사교육을 비판하는 결정적인 토대가 되었다.

전후 일본의 역사교육은 일본의 근현대사를 오로지 어둡고 비도덕적인 것으로 묘사할 뿐, 역사를 배우는 자에게 미래를 전망하는 지혜와 용기를 주지 않았다. 이렇게 된 원인은 7년간에 걸친 미국의 점령 아래에서 미국의 국가이익을 대변하는 '도쿄재판사관'과 1930년대 소련의 국가이익에서 그 기원을 찾을 수 있는 '코민테른사관'이 '일본 국가의 부정'이라는 공통항을 매개로 합체되고, 이것이 역사교육의 골격을 형성한 것에 있다.…

265

나 자신은 이러한 역사교육을 받고 자란 세대이다. 일본단죄사관은 오랫동안 나에게 공기와도 같이 당연한 것이었다. 그 역사관의 부분적인 파열은 여기저기에서 감지하고 있었지만, 나 자신의 역사관을 근본적으로 재정립할 필요를 느끼게 만드는 체험은 없었다. 그러한 나의 인식 틀을 바꾸는 최초의, 게다가 아마도 최대의 요인이 시바 료타로의 작품을 만난 것이었다고 지금은 생각한다. 만약 그 만남이 없었다면 나는 전후 역사교육의 주박呪縛을 벗어날 수 없었을 것이다.…

내가 '자유주의사관'을 구상하는 데 시바의 작품은 큰 위치를 차지한다. … 결정적인 분기점은 러일전쟁을 다룬 《언덕 위의 구름》을 만난 것이었다. 이 작품은 내 속에 있던 '도쿄재판사관=코민테른사관'을 그 근저에서 흔들어 버리는 물음을 던져 주었다.

– 藤岡信勝, 《汚辱の近現代史》, 德間書店, 1996, 51~53쪽

후지오카는 일본만 악으로 보는 '도쿄재판사관'과 선으로만 보는 '대동아전쟁긍정사관' 어느 쪽에도 치우치지 않는 '자유주의사관'을 주장했는데, 그 결정적인 계기가 "러일전쟁을 다룬 《언덕 위의 구름》을 만난 것"이었다.

《언덕 위의 구름》의 역사 인식이야말로, '국가' 개념을 근원적으로 빼앗긴 전후 일본인에게 소박하게 국가를 믿던 시대, 건강한 내셔널리즘이 넘쳐나던 시대가 있었음을 실감하게 만드는 최적의 역사 교재였다.

– 藤岡信勝, 《汚辱の近現代史》, 德間書店, 1996, 59쪽

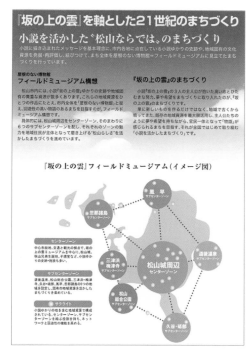

마쓰야마시가 제작한《언덕
위의 구름》필드뮤지엄 안내도

후지오카 등이 집필자로 참여한 중학교 역사교과서《새로운 역사
교과서》가 2001년에 문부성 검정을 통과한 이후, 역사수정주의에 기
초한 우익 성향의 교과서 채택운동이 꾸준히 그 활동영역을 넓히고
있지만, 이것은 '새로운 역사교과서를 만드는 모임'으로 시작된 우익
성향의 교과서 채택운동이 여러 이유로 분열한 결과이기도 하다.

그러나 장기간 경기불황을 배경으로 역사에서 최장 임기 기록을
세운 아베 정권을 거치면서 일본 사회는 꾸준히 보수화의 길을 걷고
있는 것 또한 현실이다. 이 과정에서 지역 정체성 재정립과 관광을 통

267

한 지역 경제 활성화를 위해 산재해 있는 역사문화유적을 발굴하거나 재발견하는 '마을만들기(まちづくり)'를 적극적으로 추진하고 있다.

마쓰야마시도 예외는 아니어서, 2000년대에 들어서 관광산업을 염두에 둔 《언덕 위의 구름》을 축으로 한 21세기 마을만들기'를 추진하고 있다. 앞에서 언급한 언덕 위의 구름 뮤지엄과 아키야마 형제 생가터는 마쓰야마시가 추진하는 《언덕 위의 구름》을 축으로 한 21세기 마을만들기'의 핵심 시설이다.

그런데 《언덕 위의 구름》을 축으로 한 21세기 마을만들기'가 마쓰야마 출신으로 대표되는 밝고 낙천적인 '메이지인'을 통해서 '메이지시대를 재평가'하는 것에 있다는 점은, 마쓰야마시의 마을만들기가 자유주의사관이 소환한 《언덕 위의 구름》의 '건강한 내셔널리즘'을 체험하는 공간만들기임을 보여 준다. 물론 이것은 2018년에 전국에서 실시된 '메이지 150주년 기념행사'의 일환이기도 하다. 하지만 다른 한편으로는 '밝았던 메이지'를 소환함으로써 지금의 '어려움'을 극복하기 위한 에너지를 만들어 보려는, 현재 일본 사회 전반에 확대되고 있는 보수화 경향이 반영된 결과이기도 하다.

또 다른 러일전쟁의 기억, 러시아군 포로수용소

노면전차를 타고 에히메현청 입구에서 내리면, 현청 뒤편으로 니노마루二の丸정원이 보인다. 이 정원은 마쓰야마성의 혼마루本丸를 방어하

마쓰야마성 니노마루정원에 있는 '연인의 성지' 기념비 ⓒ박삼헌
〈소로킨이 본 사쿠라〉 포스터

기 위해 구축된 진지로, 내부에 인공 호수를 조성하고 외곽에는 높은 돌담과 견고한 성루를 쌓아 적의 침략에 대비했다. 그러나 실제로는 방어적 기능보다 영주의 집무실이나 영주 후계자의 거처로 활용되었다. 메이지시대에는 잠시 에히메현청으로도 활용되기도 했지만, 지금은 1992년에 새로 정비한 성벽과 잘 꾸며진 정원, 동서로 18미터, 남북으로 13미터, 깊이 9미터 규모의 우물이 고작이다.

니노마루 정원을 둘러보다 보면, 다소 생뚱맞게 '연인의 성지'라는 기념비가 보인다. 그 내용을 보자면, 1985년에 우물에서 제정러시아 시대의 10루블짜리 금화가 발견되었는데, 거기에는 러시아 중위 (로 추정되는) 미하일 코스텐코와 적십자사 간호사 다케바 나카竹場ナカ라는 이름이 새겨져 있었다고 한다. 이후 금화가 러일전쟁 시기에 국경을 초월한 사랑의 증거로 알려지면서, 금화가 발견된 니노마루정원은 연인들이 프러포즈를 하는 '성지'가 되었다고 한다. 2019년에는 금화를 모티브로 하여 일본과 러시아가 공동 제작한 영화 〈소로킨이 본 사쿠라ソローキンの見た桜〉도 제작되었다.

왜 니노마루정원의 우물에서 러시아 장교와 일본인 간호사의 이름이 적힌 제정러시아 시대의 금화가 발견되었을까. 그 이유는 러일전쟁 당시 일본에서 처음으로 마쓰야마에 러시아군 포로수용소가 설치되었기 때문이다.

일본이 러시아에 선전포고한 것은 1904년 2월 10일이었고, 마쓰야마에 포로수용소가 설치된 것은 그로부터 37일이 지난 3월 18일이다. 이후 포로의 증가에 따라 7월에 마루가메丸龜, 8월에 히메지姬路, 9월에 후쿠치야마福知山 등 새로운 수용소가 추가로 설치되어, 그 수는

1905년 8월에 마지막으로 설치된 야마가타山形수용소까지 총 29곳에 달했다. 러일전쟁 당시 일본으로 이송된 러시아군 포로는 총 7만 2408명에 달했고, 마쓰야마에는 3000명대 후반에서 4000명대 초반의 포로가 수용되었다. 1904년 당시 마쓰야마의 인구가 3만 2536명이었던 것을 고려하면, 러시아군 포로가 많았을 때는 마쓰야마 인구의 10분의 1에 달한 엄청난 숫자였다.

일본 정부는 1899년 헤이그에서 열린 1차 만국평화회의에서 채택된 〈육상전 법규와 관례에 대한 조약Convention respecting the Laws and Customs of War on Land〉의 부속서 〈육상전 법규와 관례에 대한 규칙〉에 따라 러시아군 포로를 인도적으로 대우한다는 방침을 세웠다. 따라서 러시아군 장교에게는 매일 60전, 하사관 및 병사에게는 30전에 상당하는 식비를 제공했다. 이는 일본 병사의 식비가 하루 16전 전후였던 것과 비교하면, 매우 파격적인 대우였다. 물론 그 비용은 〈포츠머스조약〉 이후 러시아에서 전액 돌려받았다. 그러나 러일전쟁이 〈헤이그조약〉 체결 이후 처음 치러진 국제전이었던 만큼, 일본 정부는 국제법을 준수하는 '문명국'이라는 이미지를 대외적으로 선전하기 위해 러시아군 포로에 대한 대우에 특별히 신경을 썼다.

특히 마쓰야마는 처음 설치된 수용소였던 만큼, 러시아군 포로가 마쓰야마중학교의 운동회를 참관하고, 장교에 한해서 정해진 날짜와 시간에 자유롭게 거리를 산보하거나 도고온천에 입욕하는 것을 허가하는 등 국제적으로 포로수용소의 모범적 운영 사례로 선전되었다. 그 결과 마쓰야마 시민과 러시아군 포로의 일상적 교류는 자연스럽게 이루어졌으며, 게다가 러시아 장교와 병사의 소비생활로 양복이나 제

271

마쓰야마시 러시아군 묘지

과 등 새로운 상품을 생산하기 시작하고 그와 더불어 일상용품의 수
요가 급증해 마쓰야마 경제가 일시적으로 호황을 누리기도 했다. 니
노마루정원의 우물에서 발견된 제정러시아의 금화는 그 결과물 중 하
나인 것이다.

그러나 러시아군 포로가 당시의 일본 특히 마쓰야마와 같은 지역
에 끼친 결정적인 영향에 주목해야 할 것이다. 그것은 바로 민중 차원
의 '제국의식'이 저변에 자리하게 되는 결정적인 계기였다는 점이다.

러일전쟁은 대국 러시아를 상대로 일본의 국운을 건 '도박'과도
같은 전쟁이었다. 그러한 전쟁에서 '승리'하고 있음을 당시의 일본인
이 '실감'할 수 있었던 것은 203고지의 승리나 뤼순항 함락을 전하는
신문기사가 아니라 어쩌면 각 지역으로 이송되는 러시아군 포로라는

존재가 아니었을까. 예를 들어 마쓰야마 주민의 경우 다카하마항高浜港으로 들어오는 러시아군 포로의 모습을 눈으로 확인하는 순간, 전쟁의 승리를 '실감'할 수 있었을 것이다. 더군다나 그것은, 고베나 요코하마 같은 외국인 거류지가 아닌 마쓰야마의 주민으로서는 처음으로 다수의 외국인을 직접 눈으로 보는 경험이었을 것이다. 게다가 그 대부분이 부상을 입거나 지친 상태의 병사였다는 점은 마쓰야마 주민에게 한편으로는 전쟁터에 있는 일본군의 안부와 처지를 걱정하게 만들었지만, 다른 한편으로는 근대국가 일본의 빛나는 영광과 '패배자'에 대한 우월감을 갖게 하는 '제국의식'의 계기가 되었다고 해도 과언은 아닐 것이다. 이런 의미에서 마쓰야마의 러시아군 묘소는 '일본국'의 국민이자 '마쓰야마 주민'인 그들이 '제국의식'을 체감하고 실천하는 또 다른 러일전쟁의 기억을 품은 공간이라 할 것이다. 현재 그곳이 아무리 러시아와 평화적인 교류를 상징하는 장소로 활용되고 있다 하더라도.

273

마쓰야마, 언덕 위의 구름

호이안

근세 동아시아 교역 항구에서

세계문화유산 도시로

민유기

호이안Hội An 구도심 구역은 1999년에 베트남에서 두 번째로 유네스코 세계문화유산으로 등재되었다. 첫 번째는 1993년에 등재된 후에Huế의 기념물 구역으로, 후에는 1802년에 설립되어 1887년부터 1945년까지 프랑스령 인도차이나 시기에도 명목상 유지된 응우옌Nguyễn왕조의 왕도였다. 호이안은 15세기부터 주요 무역항으로 성장해 17세기에 절정에 달했는데, 이후 국내외 정치 환경의 변화로 정체되었다. 프랑스 식민 시기 유럽식 도시로 정비되면서 확장되었으나 북쪽으로 30킬로미터 떨어진 다낭Đà Nẵng에 무역항의 기능을 대부분 넘겨주었다.

베트남 중부의 대표적 대도시 다낭은 19세기 초까지 작은 어촌마을에 지나지 않았으나 19세기 중반 프랑스의 코친차이나 원정 함대가 주둔하면서 도시로 성장했고 프랑스령 인도차이나 시기에 전략적으로 군사 및 상업항구로 선택되어 발전했다. 식민 시기에는 하노이, 사이공(현 호찌민시), 하이퐁, 후에 다음으로 다섯 번째 도시였으며, 오늘날에도 호찌민시, 하노이, 하이퐁, 껀터Cần Thơ에 뒤이은 베트남의 인구 5위 대도시이다. 2021년 기준 다낭은 인구 115만여 명인데, 호

275

이안은 12만여 명으로 베트남 전체 75개 시 가운데 44위를 차지하는 소도시이다.

식민 시기에 베트남 중부의 대표 도시 위상을 인접한 다낭에 넘겨 준 호이안은 오히려 그 덕에 근세도시 형태와 건축물을 유지할 수 있었고, 2차 세계대전 이후 인도차이나전쟁과 베트남전쟁 기간에도 거의 피해를 입지 않았다. 호이안 구도심의 역사적 가치는 1980년대에 들어와서야 국내외에서 주목을 받기 시작했으며, 1999년에 유네스코 세계문화유산으로 등재가 된 이후 베트남의 대표적인 관광지 중 하나로 세계적인 관심의 대상이 되었다.

이 글에서는 호이안이 근세 동아시아 주요 교역 항구로 번성한 배경과 이유, 식민 시기의 도시 확장 및 역사적 건축물의 보존, 20세기 말 세계문화유산 등재 전후 도시의 변화를 살펴볼 것이다. 이를 통해 도시의 역사성 및 역사문화유산의 보존과 관리가 어떻게 쇠퇴한 도시의 재성장을 위한 주요 동력이 되었는지 파악할 수 있을 것이다. 아울러 역사문화 관광자원이 도시의 지속가능한 발전을 위해 어떻게 활용되어야 하는지 성찰의 기회를 제공해 줄 수 있을 것이다.

근세 동아시아의
국제 교역 항구

베트남 중부에서 가장 긴 강으로 동쪽 남중국해로 흘러가는 투본Thu Bôn강 하류에 위치한 호이안 유역은 2~15세기까지 짬파Champa왕국에 속했다. 11세기에 북부에서 형성된 대월大越국, 베트남어로 다이비엣Đại Việt국이 1471년에 짬파왕국을 무너뜨렸으나, 16세기 중반 다이비엣국 후後 레왕조의 힘이 약해졌다. 이에 베트남 중부지역 투안호아Thuận Hóa 행정관이던 응우옌 호앙Nguyễn Hoàng(1525~1613)이 1558년에 반半독립국가인 꽝남Quảng Nam국 응우옌남조阮南朝를 열었다. 꽝남국은 북부의 후 레왕조와 중남부의 꽝남국을 모두 무너뜨린 떠이선Tây Sơn왕조가 등장한 1777년에 사라졌다. 그러나 남부 기반의 떠이선왕조는 1788년 청이 북베트남 원정을 통해 하노이를 장악하자 이에 대응하기 위해 북부에 신경을 쓰면서 세력이 약해졌다. 이 틈을 타 응우옌 가문이 떠이선왕조를 해체하고 1802년에 베트남의 마지막 통일왕조인 응우옌왕조를 탄생시켰다.

호이안이 작은 어촌마을에서 국제 교역 항구로 성장한 것은, 꽝남국이 적극적으로 상업을 육성했고 중국과 일본이 대외교역에 나섰으며 유럽이 아시아 교역망을 구축했기 때문이다. 16세기와 17세기에 일본은 중국 해안과 타이완을 지나 베트남을 통해 동남아로 내려가는 북남 교역로를, 유럽인은 인도에서 말라카해협을 통해 베트남과 타이완으로 올라오는 서동 교역로를 마련했다. 베트남 중부 호이안은 지리적으로 이러한 동서남북 무역로의 교차로이자 교점이었다. 중국의 명나라는 14세기 말부터 유지하던 해금정책을 16세기 중엽(1567)에 폐지했다. 해금이 없어지자 일본뿐 아니라 중국의 상인도 16세기 중후반부터 호이안으로 몰려들었다. 17세기에는 제주도민이 풍랑으로 표류하다 호이안에 도착했고, 호이안에서 머무르다 중국을 거쳐 귀국한 일이 조선 후기의 선비 정동유鄭東愈가 쓴《주영편晝永編》

에 기록되어 있다.

꽝남국의 통치자 응우옌 가문은 북부의 다이비엣국을 견제하기 위해 경제적 군사적 성장을 원했으며, 적극적인 해외무역을 통해 경제를 발전시키고 서구식 무기를 확보하기를 원했다. 이에 따라 국제교역 항구 호이안은 꽝남국의 수도 후에 다음 제2의 도시로 성장했다. 16세기 중반 마카오에 상업거점을 확보한 포르투갈인들이, 그 뒤를 이어 인도네시아에 네덜란드 동인도회사의 근거지를 마련한 네덜란드인들이 계절풍 몬순을 이용한 교역에 나서며 호이안을 주기적으로 방문했다.

포교를 위해 다양한 국적의 유럽 선교사도 방문했다. 1624년에 호이안에 도착한 프랑스인 예수회 선교사 알렉상드르 드 로데Alexandre de Rhodes가 고안한 베트남어의 로마자 표기법 꾸옥응으Quốc Ngữ는 베트남어 공식 표기법이 되었다. 1618년에 호이안에 온 이탈리아인 예수회 선교사 보리Christoforo Borri는 1631년에 코친차이나 선교에 관한 책을 출간했는데, 이 책에서 호이안을 "모든 외국인이 방문하는 가장 아름다운 항구이자 상품 전시 장소"라며 다음과 같이 묘사했다.

이 도시는 파이포Faifo라고 불린다. 도시는 충분히 크며, 중국인 구역과 일본인 구역으로 구분되는 두 구역이 있다. 두 공동체는 각자의 삶의 방식으로 살아가며, 각각 고유한 조직이 있고 고유한 전통을 존중한다.

이 기록에서 언급된 파이포라는 지명은 베트남어로 둘을 뜻하는

20세기 초 파이포 지도

하이hai와 거리를 뜻하는 포phô에서 유래한다. 북쪽 강변로에서 강을 바라보도록 늘어선 건물 뒤편의 도시 중심 거리인 일본인거리와 중국 거리가 두 거리이다. 16세기 말에 호이안에 먼저 자리를 잡은 이들은 일본 상인이었다. 일본의 통치자가 발행한 붉은 인장의 해외무역 허가증을 지닌 슈인센朱印船을 통해 호이안으로 온 일본인 상인이 동남아 국가들과 교역을 하며 일본인 구역을 형성했다. 그런데 한 세기 정도 뒤에도 계속해서 거주하는 일본인은 매우 적었다. 1695년 호이안을 방문하고 기록을 남긴 영국 상인 보이어Thomas Boyear는 넷 또는 다섯 일본인 가족의 존재만을 언급했다. 그의 기록에는 다음의 내용이 포함되어 있다.

> 도시는 바다에서 3마일 떨어져 있고, 강을 따라가는 거리로 구성되어 있으며, 두 강변에는 소유주가 모두 중국인인 주택 100채가 존재한다. 한때 이 지역의 주요 거주자이자 항구 무역의 주요 행위자는 일본인이었다. 이제 중국인이 이 활동을 수행하고 있다.

일본에서 1603년에 등장한 에도막부는 17세기 중반 여러 차례 쇄국령으로 해외무역을 제한했고, 일본인의 도항과 해외에 장기 거주하는 일본인의 귀국을 불허했기에 호이안에 거주하던 일본 상인 대다수는 고국으로 돌아갔다. 일본인이 항구 교역을 주도하던 시기 명의 해금으로 서서히 호이안에 도착한 중국 상인은 처음에는 도시 중심을 차지하던 일본인 구역을 피해, 서에서 동으로 흐르는 투본강에 합류하는 북에서 남으로 내려오는 작은 지천 너머 서쪽에 중국인 구역을 형성했다. 이 작은 지천의 서쪽 중국인 구역과 동쪽 일본인 구역의 경계는 17세기 초에 건립된 일본교로 지칭된 다리였다. 도시의 일직선 중심 거리인 일본인거리는 일본교를 통해 새로운 중국인거리로 연결되었다.

그러다가 일본인 상인이 점차 귀국하면서 중국 상인이 일본인 구역을 차지하기 시작했다. 17세기 중반 명을 몰락시키며 만주족이 청을 세우자 만주족의 지배를 싫어한 일단의 중국인 무리가 베트남으로 이주해 왔다. 1679년 베트남 중부에 도착한 광둥인 3000여 명은 베트남 왕실의 허가로 남부 메콩강 유역의 미개척지에 정착했고, 이들은 서서히 사이공지역으로 옮겨 갔다. 호이안에는 동향 사람과 소통하며 소규모로 이주해 온 중국인이 늘어났다. 이로써 이전 일본인 구역이나 일본인거리는 17세기 말에 모두 중국인 구역과 중국인거리로 변했다. 거주 구역과 상업 구역을 일직선으로 가로지르는 이 도시의 중심 거리에는 중국 각 지역의 동향 회관이 건립되었다. 18세기에 중국인은 고유한 문화와 관습을 유지하면서도 현지인과 혼인을 통해 서서히 베트남 사회에 뿌리를 내렸다. 후 레왕조와 꽝남국의 몰락, 떠이선왕조의 등장, 응우옌 가문의 영향력 회복으로 이어진 정치적 혼란으로, 호이안의 교역은 17세기 절정기에 비교해 18세기 후반기에 축소되었다.

호이안 강변 풍경

식민 시기 도시 확장과 역사적 건축물 보존

꽝남국의 응우옌 가문은 1802년에 베트남의 새로운 통일 왕조를 세운 후 아시아에서 서구 열강의 영향력이 확장되는 것을 두려워하며 쇄국을 했다. 아울러 왕도 후에에 인접한 다낭 항구를 국내 교역의 핵심으로 삼았고, 수도를 방어하기 위해 다낭을 관통하는 한Hàn강 우안에 바다를 감시하고 도시를 보호할 군사기지를 설치했다. 이처럼 다낭이 중시되면서 호이안은 축소되고 정체되어 19세기 중엽에는 교역 항구 기능을 상실했다. 그러나 아편전쟁과 그 이후의 혼란을 피해, 상당수의 중국인이 중국인 공동체가 경제적 영향력을 유지한 호이안으로 이주해 와 19세기 후반기에 도시 규모가 커졌다. 프랑스는 베트남이 쇄국 이후 가톨릭을 탄압하며 프랑스인 선교사들을 처형하자 19세기 중엽 함대를 보내 베트남을 압박했다. 프랑스 원정대는 1858년에 다낭과 사이공을 점령했고 1862년 〈사이공조약〉으로 남부 일부를 할양받아 프랑스령 코친차이나로 칭했다. 이후 베트남 전역의 식민화를 위한 군사 활동으로 1883년에 1차 〈후에조약〉 이듬해 2차 〈후에조약〉을 맺어 베트남을 보호국으로 만들었다.

프랑스 식민당국은 다낭을 주로 군사기지로 활용하며 호이안의 교역 항구 기능을 되살렸다. 그러나 투본강 하류의 퇴적으로 대형 선박이 호이안에 접근하는 게 어려워지자 대형 선박을 다낭에 정박하게 하고, 전통적 상업도시인 호이안까지 코코Cổ Cò강을 이용해 작은 배들로 상품을 운반했다. 1905년에는 다낭의 프랑스인 사업가들의 제안으로 식민당국이 다낭-호이안 철도를 개통해 두 도시 간 접근성이 증대되었다. 그러나 얼마가 지나지 않아 다낭이 호이안의 항구나 상업 중심지 기능을 완전히 차지했다. 호이안에는 다낭보다 풍부한 역사문화유산을 좋아하고 호젓한 소도시에서 삶을 영위하고자 하는 프랑스인들이 정착했다.

식민 시기가 시작될 때 호이안은 동서로 병렬되게 뻗은 세 개의 거리, 강변의 박당Bạch Đằng거리, 그 북쪽의 응우옌타이혹Nguyễn Thái Học거리, 그 북쪽의 처음 일본인거리로 불렸던 쩐푸Trần Phú거리를 중심으로 한 원도심에서 크게 벗어나지 않았다. 프랑스인은 20세기 전반기에 근대적 도시 정비계획으로 원도심의 북쪽과 동쪽 강변까지 도시를 넓혀 나갔다. 동쪽 강변은 거주 구역으로 개인 주택들이 들어섰고, 북쪽에는 행정구역이 조성되었다. 새로 만든 격자형 동서남북 직선도로들은 구도심 직선거리 구획과도 조화를 이루었다. 쩐푸거리 북쪽에는 동서로 두 개의 대로가 만들어져, 각각 서북 방향의 다낭으로 이어지는 식민 시기 국도 1번과 동쪽 방향의 끄어다이Cửa Đại해변을 연결했다. 확장된 도심에는 성당, 법원, 시청, 병원, 공설운동장 등 유럽식 공공건축물이 들어섰고 소규모 광장들도 조성되었다. 오늘날에는 이때 확장된 영역까지를 구도심으로 인식한다. 호이안성당은 1914년 건축 당시 작은 목조성당이었다가 1935년에 고딕 양식의 대성당으로 확장되었고, 1965년에 현재의 건축물로 대체되었다. 식민 시기 건립된 다른 유럽 양식의 근대 공공건축물은 최초의 모습을 잘 보존하고 있다.

그런데 식민 시기의 근대 건축물보다 더 호이안의 역사문화유산을 대표하는 것은 16세기 말에 세워지고 19세기 중엽까지 때때로 보수 증축된 일본과 중국의 영향을 받은 건축물들이다. 흔히 일본교로 알려진 다리는 '먼 곳에서 온 이들의 다리'라는 뜻의 내원교來遠橋 현판이 걸려 있어, 이를 베트남어 발음인 라이비엔끼에우Lai Viễn Kiều로 표기한다. 아울러 '사원다리'를 뜻하는 쯔어꺼우Chùa Cầu로 지칭하기도 하는데, 지붕으로 덮인 다리 안에 작은 중국식 도교 사원이 존재하기 때문이다. 16세기 말에 처음 건립되어 일본인거리와 중국인거리를 연결한 이 다리는 17세기 중반에 꽝남국의 지원으로 증축되었으며 이후 내부에 사원이 설립되었다. 이 다리는 유네스코 세계문화유산에 등재된 호이안 구도심의 상징이다.

쩐푸거리에는 중국인 이주자의 동향 회관인 공용 중화회관과 차오저우潮州, 하이난海南, 푸젠福建, 광둥廣東 회관이 남아 있다. 동향 회관은 상거래 장소이자 임시 숙소였다. 아울러 처음 호이안에 도착한 조상의 위패를 모시는 사당, 항해에 도움을 주는 여신 및 고향의 전통 신들을 섬기는 사원의 기능도 했다. 호이안에 정착한 중국인들이 1741년에 처음 공용 회관을 세웠고, 1750년대 차오저우회관과 푸젠회관, 1870년대 하이난회관, 1880년대 광둥회관을 건립했다. 가장 규모가 큰 곳은 푸젠회관이고 가장 작은 곳은 차오저우회관인데, 다른 회관들은 성을 단위로 건립된 반면 차오저우회관은 시를 단위로 해서 건립되었기 때문이다. 또한 원도심 곳곳에는 중국, 베트남, 일본의 전통 건축양식이나 이들 양식이 혼합된 과거 호이안 상인들의 고가古家 저택들과 사당이 상당수 남아 있다.

이러한 역사문화유산에 대해 최초로 가치를 부여한 것은, 1914년

호이안 구도심의 상징 내원교

푸젠회관

하노이에서 프랑스어로 창간된《옛 후에 애호가 잡지》의 1919년 간행 호에 실린 프랑스인의 논문이었다. 그리고 1941년에 간행된 호에는 베트남인 연구자가 쓴 호이안의 역사와 관련한 논문이 게재되었다. 그러나 1946~1954년까지 베트남이 식민지 해방을 위해 프랑스에 맞서 인도차이나전쟁을 벌여 남북 베트남으로 분단된 채 독립한 후, 베트남전쟁을 통해 1975년에 베트남이 통일될 때까지 호이안은 사람들의 관심에서 멀어졌다. 하지만 이 같은 무관심이 오히려 폭격 등의 전쟁 피해를 입지 않게 해 역사문화유산이 온전히 보존될 수 있었다.

유네스코 세계문화유산 등재 전후의 변화

폴란드의 건축가 카지미에시 크비아트코브스키Kazimierz Kwiatkowski는 1981년 호이안을 방문해 역사적 건축물과 도시 구조의 가치를 재발견하고, 이를 보존하고 관리해야 할 필요가 있음을 강조했다. 이듬해 베트남 문화부 산하 국립유산보존센터는 폴란드인 전문가들과 함께 호이안 구도심에 관한 역사학, 고고학, 건축학 분야의 폭넓은 조사에 착수했다. 그 결과는 1985년 베트남 국내 학술대회와 1990년 다낭에서 열린 호이안과 관련한 최초의 국제 학술대회에서 소개되었고 전문가들의 토론이 이루어졌다. 베트남 정부는 1985년 호이안 구도심을 국가유산으로 지정했고, 이후 역사, 문화, 자연 유적지의 보호와 개발 관련 규정을 마련해 지방 인민위원회의 허가 없이는 유적지 보호 구역에 새롭게 건축을 할 수 없게 했다. 1986년에 쇄신이란 뜻의 도이머이Đổi mới를 내세우며 개혁개방 정책을 시작한 베트남은 베트남전쟁 종식 후 10여 년 만에 국제무대에 재등장했고, 외국인 관광객들이 호이안을 찾기 시작했다.

호이안 구도심은 1995년부터 관광객에게 12만 동(한화 약 6700원)의 입장료를 받는다. 이 입장권으로 박물관, 고가, 동향 회관 등 총 12곳 가운데 5곳을 선택해 방문할 수 있다. 입장권 판매 수입은 구도심의 고가 보존과 복원 및 관광자원 개발에 사용된다. 호이안 인민위원회는 1997년에 호이안 유적지의 관리, 보존 및 개발에 관한 규정을 제정했고, 이 규정을 기반으로 유네스코에 세계문화유산 등재 심사를 신청했다. 1972년부터 시작된 유네스코의 유산사업에서 세계문화유산 대상은 기념물, 특정 구역, 유적지 세 개를 기초로 한다. 호이안의 구도심은 특정 구역이라는 둘째 유형에 속한다. 특정 구역은 첫째 고고학적 관점에서 대체할 수 없는 과거의 증거를 지닌 인구가 감소한 도시 구역, 둘째 사회경제적 문화적 변화의 영향으로 계속 발전하는 인구가 밀집된 역사도시, 셋째 앞의 두 형태와 유사하면서 최초의 구조가 쉽게 식별되고 유형적 특성이 명확한 20세기의 신도시로 다시 구별된다.

세계문화유산 등재 심사 과정에서는 호이안의 네 가지 가치가 인정을 받았다. 첫째 여러 민족공동체 사이에서 교류와 경제 및 문화 협력이 이루어진, 다이비엣국의 희귀한 상업 도시와 항구라는 역사적 가치. 둘째 베트남과 중국의 건축 유산에 의한 건축 및 도시 기념물들로, 주택, 상점, 공동 숙소, 회관, 사원, 사당, 교량, 우물 및 무덤 등이 200년 이상 유지된 독특한 집합체라는 건축적 가치. 셋째 항구, 시장, 상점, 숙박-상업-숭배의 통합적 건축물을 지닌 상업 도시 및 구항구의 도시 이미지가 도시 규모와 건축물들은 물론 거리에 통합적으로 보존되었다는 도시적 가치. 넷째 호이안의 물질문화와 공동체적 삶 속에 항구도시와 지방 작은 행정 중심지의 흔적이 담겨 있다는 물질문화적 가치.

세계문화유산에 등재되기 위해서는 평가 기준 I부터 VI 중에 하나라도 충족해야 한다. 호이안은 "오랜 세월에 걸쳐 또는 세계의 일정 문화권 내에서 건축이나 기술 발전, 기념물 제작, 도시계획이나 조경 디자인에서 인간 가치의 중요한 교환을 반영"한다는 기준 II, "특히 번복할 수 없는 변화의 영향으로 취약해졌을 때 환경이나 인간의 상호작용이나 문화를 대변하는 전통적 정주지나 육지 바다의 사용을 예증하는 대표 사례"라는 기준 V, 두 기준을 충족한 것으로 평가되어 1999년 12월에 세계문화유산으로 등재되었다. 이듬해 호이안구도심 보존관리사무국은 1064곳의 장소를 보존 대상으로 지정했다. 유네스코는 세계문화유산의 형태 변형이나 독특한 가치의 변경 없이 오래된 것을 유지하는 새로운 개발을 요구한다. 문화유산 도시는 과거의 유산만을 보여 주는 박물관이 아니라 도시의 현재 필요성을 충족하고, 생동감 있게 지속가능한 발전을 추구하며 역사문화유산을 유지해야만 한다. 유산의 특성을 잃어서는 안 되지만, 유산을 필요에 따라 적절하게 활용해 현재의 삶에 도움을 주는 것이 선호된다.

이러한 요구에 부응하기 위해 호이안 인민위원회는 2000년 유네스코에 호이안의 네 가지 행동계획을 제출했다. 문화유산에서 발생하는 수입 일부를 주민에게 분배, 어린이를 교육하고 지역공동체가 관광 개발에 참여, 대외 홍보, 구도심 복원을 위한 국제기금 모집이 그것이다. 호이안시는 정부와 협력하며 지역의 문화유산 가치를 보호하면서 관광 및 서비스업을 개발해 지속가능한 지역 경제의 성장을 도모했다. 1998년에 호이안에는 내국인 8만여 명과 외국인 6만 6000여 명 총 14만 6000여 명의 관광객이 방문했는데, 세계문화유산 등재 이후 10년 만인 2008년에는 내국인 53만 5000여 명, 외국인 57만여 명 총 110만 5000여 명의 관광객이 몰려들었다. 10여 년 만에 관광객이 약 여덟 배 증가한 셈인데 내국인보다 외국인 관광객의 증가 폭이 조금 더 컸다.

세계문화유산 등재 이후 이처럼 빠르게 성장한 관광산업이 전통과 문화의 고유한 특성이나, 호이안과 그 주변 자연환경을 훼손하지는 않을까 하는 우려가 커졌기에, 기존의 일반적 관광과는 다른 형태의 관광을 개발하고 촉진해야만 했다. 세계문화유산 등재 1년 전부터 매월 보름에 거리에 등불을 밝히는 등燈축제는 시각적으로 아름다운 밤거리 산책 관광으로 명성을 얻었다. 호이안시는 며칠을 머무르는 관광객을 위해, 호이안 주변의 전통적 목공예 마을, 도자기 마을, 재래시장을 방문하는 문화관광, 호이안이나 주변 마을의 농장, 과수원, 수공예 작업장과 같은 일상적 활동에 직접 참여하고 전통음식도 만들어 보는 공동체적 체험관광, 호이안 인근 투본강과 해변 일대의 자연 경관을 전통적 소형 배로 둘러보는 생태관광 관련 다양한 프로그램을 개발해 운영하고 있다.

호이안은 일본인과 중국인 상인과 동남아시아에 진출한 유럽인의 교역 항구로서 16세기부터 성장해 17세기에 정점에 달했으며, 18세기에 정체되고 19세기에 다낭에 밀려 교역 항구의 기능을 서서히 상실했다. 프랑스 식민 시기에 근대도시로 정비되고 확장되기도 했으나, 다낭이 군사적 경제적으로 중시되어 대도시로 성장해 간 것과 비교해 관심사에서 멀어진 작은 구도시였다. 식민지 해방 이후 오랜 전쟁 기간에도 호이안은 주목받지 못했다. 그런데 오히려 사람들에게서 잊혔기에 근세부터 식민 시기까지의 다양한 역사문화유산이 파괴되거나 변형되지 않고 보존되었다. 호이안은 20세기 막바지에 유네스코 세계문화유산에 등재되어 베트남의 대표적 관광지로 세계에 널리 알려지기 시작했다. 호이안은 몰려드는 관광객으로 인한 과도한 상업화 우려에 대응하며 지속가능한 발전을 추구하는 대표적인 역사문화유산 도시이다.

호이안, 근세 동아시아 교역 항구에서 세계문화유산 도시로

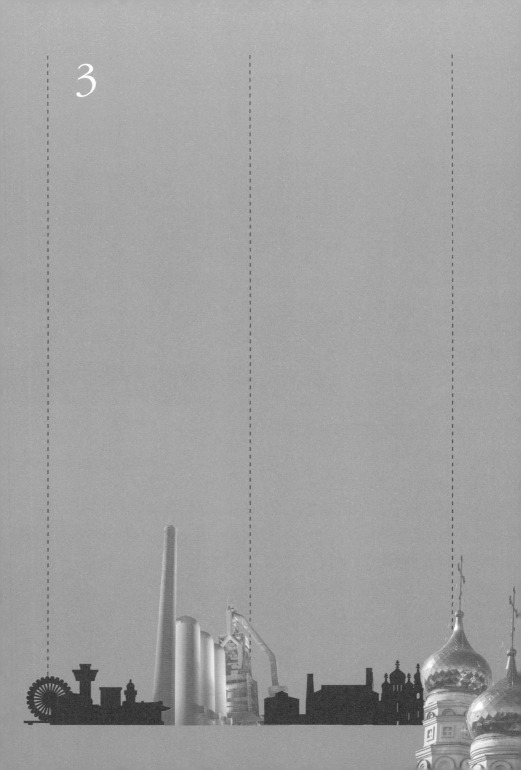

3

산업군사도시

울산

변방의 읍성에서

대표 산업도시로

서준석

1990년 말 현재 울산의 인구는 68만 2978명인데 이 중 '땀이 배고 기름이 묻은 작업복을 입은' 현대계열사 근로자가 7만 5370명이다. 직계 가족 및 부양가족을 합치면 30여만 명이 현대가족이다. 여기에 각종 협력·납품·하청 등의 400여 업체를 포함하면 울산 인구의 절반 이상이 현대가족인 셈이다. 한편 울산에 있는 13개 현대계열사는 1990년대 8조 890억 원의 생산실적을 기록했다. 이는 울산시의 1990년도 전체 공업생산액의 65.9퍼센트에 해당한다. 이상과 같은 단면들은 울산이 현대에 의해 현대화된 '현대시'임을 입증한다.

— 현대중공업주식회사, 《현대중공업사》, 1992, 1388쪽

(유형근, 〈20세기 울산의 형성과 역사적 변천〉, 《사회와 역사》 95에서 재인용)

위의 인용문은 현대중공업이 회사의 역사를 정리한 책의 일부이다. 울산은 2019년 말 현재 전국에서 세 번째로 수출을 많이 하고 있는 대표적인 산업도시이다. 울산시에는 현대자동차, 현대중공업, 현대제철 등 굵직굵직한 현대그룹 계열사가 포진해 있다. 물론 롯데, SK 등 현대 이외의 대기업도 자리하고 있지만, 현대그룹이 자부심을 갖

현대중공업 등이 자리한 울산 동구 전경,《울산을 한 권에 담다》, 울산광역시, 2017

고서 '현대시'라고 표현할 만큼 오늘날까지 울산시에 대한 현대의 영향력은 엄청나다.

　다만 울산시가 현대그룹에 의해서 '현대화'된 도시라고 칭하기에는 다소 부적절한 감이 있다. 왜냐하면 현대그룹이 자리 잡기 훨씬 이전부터 울산시는 정부의 경제개발계획에 따라 의도적으로 조성된 산업도시이기 때문이다. 그리고 정부가 울산을 남한 최초의 공업특구로 선정한 것은 공교롭게도 한반도를 아시아·태평양전쟁을 수행하기 위한 대륙병참기지로 만들겠다는 일본제국주의의 계획과 연결된다. 그렇다면 산업도시 울산은 어떻게 형성되고 변해 왔을까?

울산읍성,
울산의 옛 도심

울산은 서기전 9세기 무렵에 이미 포항 남부에서 경주, 양산 등과 연결된 문화권을 형성했다. 또한 동해와 접하고 있어 고대부터 한반도 바깥의 세계와 접촉하는 통로이기도 했다. 이러한 조건 때문에 울산은 일찍부터 일본과 연결하는 국제적인 항구이자 군사적 요충지로서 주목받았다. 지금도 울산에는 신라의 수도인 경주를 방어하기 위한 관문성을 비롯해, 조선시대 경상좌도 병영이 있던 병영성, 언양읍성 등 여러 성의 흔적이 남아 있다.

　'울산'이라는 이름은 조선 태종 때인 1413년에 생겼다. 그전에는 '울주'라고 했으며, 고려시대 울주의 중심지는 현재의 울산 중구 반구

동과 학성동 일대였다. '학성'이란 명칭은 고려 성종이 내린 별호로, 지금도 법정동이자 공원, 학교 등의 명칭으로 남아 있다. 울산의 옛 도심이라고 할 수 있는 곳은 학성동에서 좀 더 서쪽으로 옮겨 간 곳으로 현재의 중구 북정동과 교동, 옥교동, 성남동 일대이다. 이 지역에는 조선시대의 동헌과 향교 등이 자리했으며, 일제강점 후에는 울산군청 등 각종 행정관청이 새롭게 들어서기도 했다.

울산 읍치를 옮긴 계기는 1415년에 있었던 울산진의 설치이다. 당시 울산진 병마사 겸 지울산 군사로 부임한 전시귀田時貴가 새로운 성을 쌓았고, 축성이 완료될 무렵 경상좌도 도절제사의 군영 즉 경상좌병영이 울산에 설치되었다. 이에 새로운 성을 병영성으로 썼는데, 울산의 군민은 수령과 이속이 장군에게 매일 문안을 올려야 하고 찾아오는 손님을 접대하기 위해 할 일을 못한다는 이유로 옛 성에 머무르면서 옛 읍성과 새 병영성이 공존했다. 그러다가 성종 7년인 1476년에 새로운 읍성을 쌓기 시작해 약 17개월 만에 완공했다. 이것이 오늘날 울산 옛 도심에 자리했던 것으로 알려진 울산읍성이다.

새로 지어진 울산읍성은 약 120년 만인 조선 선조 때에 허물어지고 말았다. 임진왜란 당시 조선을 침공했던 일본군이 방어용 성을 쌓기 위해 읍성을 허물어버린 것이다. 성을 허문 일본의 장수는 가토 기요마사加藤淸正로, 그는 임진왜란 당시 울산시 아래쪽에 위치한 서생포에 성을 쌓고 주둔했다가 철수했다. 이후 정유재란이 발발하자 가토 기요마사는 다시 서생포로 돌아와 주둔하면서, 서생포에 세운 성을 방어할 목적으로 울산읍성의 돌을 재활용해 오늘날 울산 학성공원 자리에 성을 쌓았다. 임진왜란이 끝난 후 객사와 동헌 등 관아는 복원되었지만, 울산읍성은 끝내 다시 쌓이지 못했고 그 흔적도 거의 남아 있지 않다.

현재 울산시는 원도심의 경제를 활성화하기 위한 의도로 여러 가지 사업을 벌이고 있는데, 그중 하나가 옛 읍성의 흔적을 살려내는 것이다. 이미 1981년에 식민지시기 일제가 군청으로 사용하면서 많이 훼손되었던 울산 동헌을 중건했다. 최근에는 울산객사 터에 시립미술관을 지으면서 유구를 보존·활용하려는 작업이 진행 중이다. 울산 원도심에 공원을 조성하는 과정에서 읍성 유구가 발견되기도 했다.

301

또한 울산시는 2010년 울산읍성길 복원사업을 시작해 옛 울산읍성이 있던 자리를 고증하고 울산읍성 둘레길을 조성했다. 현재 울산읍성 둘레길에는 각 성문터, 우물터, 성벽 모양의 담장 등 여러 가지 시설물을 설치해 옛 성곽의 흔적을 느낄 수 있게 조성되어 있다.

울산 원도심의 변화

비록 임진왜란으로 성이 허물어졌다고 하나, 울산읍성이 자리했던 원도심의 생활권은 성이 있던 자리를 중심으로 형성되어 있었다. 이후 일본의 식민지배 아래 개발이 이루어지면서 울산 주민의 생활영역도 점차 넓어졌다.

일본인들이 처음 울산으로 이주한 것은 일본 오카야마岡山현 주민이 삼치조업을 위해 방어진으로 옮겨 온 1890년대 말이다. 1909년부터 방어진을 중심으로 일본인들의 이주가 본격화되었다. 1910년 치안을 담당할 주재소를 비롯해 학교와 우편사무소가 개설되었고, 1923년 울산지역 최초로 전등이 설치되었으며, 1928년 항만과 방파제가 준공되는 등 방어진은 신도시로 변모했다. 그리하여 1890년대 말 인구 160명에 지나지 않았던 방어진은 20여 년 만에 인구가 5000여 명에 이를 정도로 급속히 성장했다. 그러나 1930년대 말 군수공장지대로 바뀌면서 방어진은 점차 쇠퇴하고 말았다.

한편 울산읍성이 있던 원도심지역은 1912년까지만 하더라도 논밭의 비율이 약 80퍼센트에 달했고, 원형에 가까운 형태를 유지하고

울산읍성 둘레길 지도 ⓒ서준석
새롭게 단장한 '울산읍성길' ⓒ서준석

있었다. 이 당시 주요 상업 활동은 객사 앞에서 태화강 변까지 남북으로 이어지는 도로를 중심으로 이루어졌다.

울산 원도심 지역의 변화가 눈에 띄기 시작한 것은 1915년부터였다. 이때 처음으로 울산 원도심의 내부와 외부를 연결하는 도로가 신설되는데, 기존보다 노폭이 넓은 직선형 도로였다. 이 도로는 새로 자리한 울산군청 앞에서 태화강 변까지 남북으로 잇는 도로(현재의 새즈믄해거리)로, 기존 도로(현재의 문화의 거리 및 시계탑 사거리)의 서편에 나란하게 놓여 울산지역 관청가의 새로운 대로를 형성했다. 1916년 2월부터 조선중앙철도주식회사는 경주와 울산을 잇는 철도(경동선) 공사에 착수했고, 1921년 궤도 간격이 좁은 협궤철도인 울산-불국사 구간을 개통했다. 이 당시의 울산역은 울산군청에서 태화강 변으로 이어지는 도로의 끝 지점(현재의 성남119안전센터 주변)에 세워졌다.

특기할 만한 것은 경성과 달리 울산지역의 개발은 도시계획 관련 법령을 적용받지 않았다는 점이다. 즉 울산지역은 계획적이거나 체계적인 개발이 아니라, 매우 점진적이고 개별적인 개발행위로 이루어졌다.

울산 원도심의 변화는 1920~1940년대 사이에 집중되었다. 우선 1921년 경동선 개통을 시작으로, 1935년에는 국유광궤철도인 동해남부선이 개통되었다. 부산과 울산을 연결하는 동해남부선은 광궤철도이기 때문에 기존의 협궤철도인 성남동 울산역으로 운행할 수 없었다. 이에 기존 시가지에서 좀 멀리 벗어난 학성동으로 역을 이전했다. 이후 동해남부선은 1941년 완공된 중앙선과 연결됨으로써 부산에서 청량리까지 갈 수 있었다. 학성동에 있던 울산역은 1992년 8월 철도이설사업이 준공되면서 현재의 위치로 옮겨졌고, 2010년에는

울산 원도심의 시계탑 사거리

ⓒ서준석

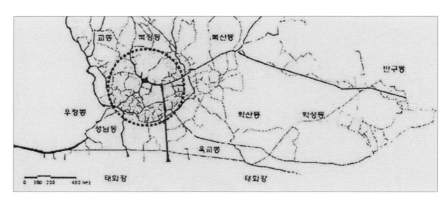

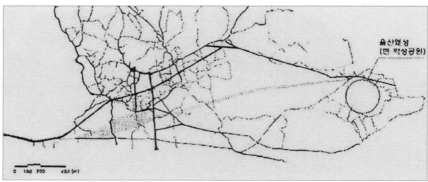

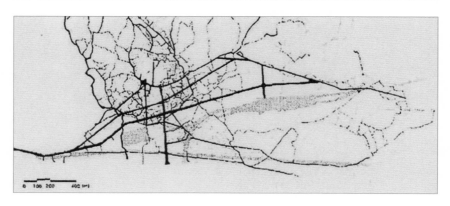

울산 원도심 도로망 변화(1912~1935)
정현준·한삼건, 〈울산 구도심의 도시변화 과정에 관한 연구〉,
《대한건축학회논문집(계획계)》23-8, 2007, 414~415쪽 그림 재인용

언양 방면으로 KTX울산역이 개통되면서 역 이름도 태화강역으로 바뀌었다.

특히 이 시기의 변화는 읍성의 동남쪽 방면에서 눈에 띄게 나타났다. 1925년에는 울산 원도심의 동서를 가로지르는 구국도 7호선(현재의 중앙길)이 신설되면서 울산 동헌에서 태화강 쪽으로 이어지는 일자형 도로망이 격자형 구조로 변화했다. 1930년에는 성남동, 옥교동, 학성동에 걸쳐 태화강 주변으로 제방이 건설되었고, 제방부지의 소유권은 1930~1936년에 일본인이 경영하는 울산수리조합으로 넘어갔다. 1940년에는 기존 시가지에서 울산역으로 이동하는 데 편리하도록 현재의 학성로가 건설되었다.

1928년에는 태화강 남단의 삼산평야에 간이 비행장이 건설된다. 이듬해에는 일본에서 울산을 거쳐 경성과 다롄을 연결하는 노선이 운항을 시작했으며, 1931년에는 일본항공주식회사 울산영업소가 개설되어 울산-후코오카 정기 항공노선을 비롯해 울산에서 오사카, 도쿄, 대구 등지로 운항하는 비정기 노선이 열리기도 했다. 한편 1937년 대구에 14만여 평 규모의 대규모 비행장이 건설되고, 1941년 일제가 전쟁을 일으키면서 울산비행장은 군사훈련용 비행장으로 바뀌었다. 한국전쟁 때에도 미군의 비상용 활주로로 쓰였으며, 전후에는 국방부에서 유사시를 대비해 활주로의 일부를 보존했으나 울산의 도시화가 진행되면서 모든 부지가 민간에 불하되어 시가지로 변모했다.

일제의 대륙병참기지화 정책과
원산 정유공장 이전

1930년대 말에 접어들면서 울산은 전환기를 맞이했다. 이 무렵 일제
는 대륙침략을 위해 조선을 병참기지로 만들고자 공업화를 적극적
으로 추진했다. 울산 또한 일제의 정책을 수행하기 위한 주요 대상지
였다. 울산에서 공업화를 주도적으로 추진한 것은 '조선의 매축왕'이
라고 불렸던 일본 구마모토현 출신의 개발업자 이케다 스케타다池田
佐忠였다.

　　이케다는 1912년부터 대구 헌병대에서 근무하다가 1916년 문경
에서 제대한 뒤, 문경을 거점으로 사업가로서 활동하기 시작했다. 그
는 동양척식주식회사의 실력자인 가와카미 쓰네오川上常郎와 형성한
돈독한 관계를 바탕으로, 초기에는 농사, 개간, 식림 등의 사업을 벌이
며 자본을 만든 후, 1920년대 중반부터 바닷가나 강가를 매립하는 매
축업으로 전환했다. 특히 부산 남항 매축사업은 이케다가 조선을 대
표하는 매축업자로 자리매김하는 계기가 되었다. 이 사업을 시작으
로 1930년대에 부산, 통영, 목포, 인천 등 전국 각지에서 대규모 매축
사업을 벌였는데, 그중 하나가 바로 울산만 매축사업이었다. 이케다
가 계획한 울산만 매축사업은 단순한 매립이 아니었다. 그것은 일제
의 대륙병참기지화 정책에 발맞추어 울산을 군수물자를 생산하는 신
흥 공업도시로 건설하려는 것이었다.

　　울산을 공업도시로 만들려는 계획은 이케다 스케타다가 1937년
공장부지 조성을 위해 조선총독부에 대현면 개펄 108만여 평에 대한

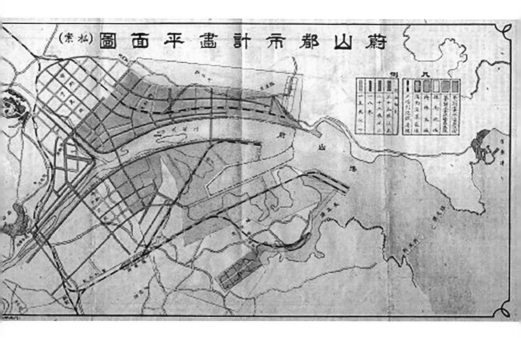

1943년 울산도시계획평면도, 《울산을 한 권에 담다》, 울산광역시, 2017

매립허가원을 제출하면서 시작되었다. 이 계획은 일부 수정 절차를
거쳐 1942년에 최종 인가가 내려졌다. 한편 이케다는 매립사업에 대
한 허가절차가 진행 중이던 1939년 울산항과 일본 야마구치현의 유
야항油谷港을 연결해 관부연락선에 이어 두 번째로 연락선을 운영하
려는 계획(유울연락기지계획)을 수립하고, 1940년에는 인구 50만의 공
업도시계획을 수립하겠다는 울산도시계획 특허를 신청했다. 울산도
시계획은 울산읍, 방어진읍, 하상면, 대현면 내의 1883만 3800평을
대상으로 한 것이었다.

309

이케다는 울산에 공업도시를 건설하기에 좋은 입지조건을 교통, 지형, 기후, 공업용수, 동력, 원료수급, 공업유형, 노동력 등 여덟 가지 분야에 걸쳐 설명했다. 그에 따르면 울산은 난류의 영향으로 날씨가 따뜻해서 항만이 얼거나 유빙이 흐를 위험이 없고, 수심도 깊고 바람이 적어 파도가 잔잔하기 때문에, 항해에도 안전하고 사계절 내내 어떤 선박이라도 안전하게 입항할 수 있는 항구를 건설하기에 적합한 지역이었다. 또한 연안에서 공사용 자재가 산출되고 있어 임해 매립지 조성에 용이하고 적은 예산으로 공장용지를 획득할 수 있으며, 그 배후에 개발되지 않은 광활한 평탄지 수천만 평이 있어 공업지, 상업지, 주택지 등을 합리적으로 개발할 수 있다고 분석했다. 게다가 태화강을 이용해서 공업용수를 충분히 구할 수 있는 이점도 있었다.

　　이케다는 이러한 분석을 바탕으로 울산에 적합한 공업 분야를 제시했는데, 자동차공장, 제철공장, 비행기제작소, 조선공업, 기계공업, 유지공업, 비료공장, 제염공업, 요업, 섬유공업, 수산물가공업, 가스공업, 항만창고업 등 약 15개 분야였다. 오늘날 울산에 입주한 업종을 살펴보면 위에 제시된 분야 중 상당수가 입주해 있음을 확인할 수 있다.

　　울산 개발은 1943년 5월에 본격화되었다. 울산 개발을 주도한 것은 이케다가 대표로 있는 조선축항주식회사를 비롯해 동양척식주식회사, 조선석유주식회사 등이었다. 이케다의 개발 사업은 1945년 일제의 패망으로 완료되지 못했지만, 대현동 일대 약 120만 평의 해안 매립이 진행되었고, 여천동, 고사동, 매암동 일대 100만여 평에 대한 부지매입이 이루어졌다. 1944년에는 원산에 있던 정유공장 일부를 울산으로 이전하는 사업이 추진되었는데, 이 사업 또한 70퍼센트 정도 진행된 단계에서 중단되었다. 이때 조성된 공장 부지와 정유공장 및 기반시설은 1960년대에 정부가 울산을 공업특구로 지정하고 국가 산업단지를 건설하는 바탕이 되었다.

박정희 정부의 국가산업단지 건설과 산업도시로의 변모

1945년 8월 일제가 패망하면서 울산 개발도 중단되었다. 그때까지 진행되었던 해안 매립이나 부지 매입 등을 통해 마련된 대지를 비롯해 원산에서 옮겨 온 정유공장 등은 모두 국유화되었다. 이후 울산지역을 개발하려는 시도가 꾸준히 있었지만, 본격적으로 개발이 시작된 것은 1962년 1차 경제개발계획을 위해 정부가 울산을 특정공업지구로 지정하면서였다. 박정희 정권은 울산에 단순히 생산 공장을 유치하는 수준을 넘어 새로운 전망을 담은 산업도시를 건설하고자 했다.

1962년 1월 27일 정부는 각령 403호를 통해 울산을 특정공업지구로 지정·공포했다. 이 조치는 박정희 정권이 1차 경제개발5개년계획을 발표한 지 불과 2주 만에 이루어진 것이었다. 이처럼 중대한 결정을 신속하게 내릴 수 있었던 배경에는 이미 확보되어 있던 대규모 토지와 상당한 정도로 이전작업이 이루어진 정유공장부지 등이 있었다. 이케다가 수립했던 울산도시계획도 공업특구로 울산을 지정하는 데 많은 참고가 되었을 것이다.

특히 1961년 5·16군사쿠데타 이후 부정축재자로 지목된 재계 인사들이 1962년 1월 박정희 국가재건최고회의 의장과 가진 부산회동이 울산을 공업특구로 지정하는 데 큰 영향을 주었다고 한다. 당시 재계 인사들은 부정축재 혐의를 걸어 내기 위해 공장을 건설하고 주식을 정부에 헌납하겠다는 제안을 하면서 공장건설 후보지로 울산을 추천한 것으로 알려졌다.

박정희 정권은 울산지역에 정유, 비료, 제철 등 기간산업을 한꺼번에 유치하는 한편, 50만 문화도시를 건설하겠다는 당시로서는 매우 과감한 계획을 발표했다. 1962년 3월에는 울산 공업지구의 조성을 추진할 기구로서 울산특별건설국을 설치한다. 울산특별건설국은 도시건설과 공장부지, 항만개발을 기획하고 추진했다. 그러나 사업계획 발표 이후 부동산 투기붐이 일고, 토지소유주와 갈등을 겪는 등 사업추진은 제대로 이루어지지 않았다. 결국 사업의 효율적 시행을 위해 공장부지 조성은 경상남도가, 항만과 가로망 조성은 울산특별건설국이, 공업단지 배후의 도시건설은 울산시가 맡는 것으로 개발주체를 나누고 업무도 조정했다.

1962년 5월 14일 정부는 국토건설청고시 149호로 울산 도시계획을 발표한다. 도시계획구역은 울산시 전역과 대현면 상남동·용암동, 농소면 송내동·화봉동·화산동·화동동 일대의 약 5325만 평으로, 울산항 인근 해안에 계획면적의 15퍼센트에 해당하는 규모의 공업지역을 조성하고, 신정동과 야음동 일대에 신시가지를 만들겠다는 계획이었다. 1962년의 계획은 정부의 포부와 달리 종합적인 도시계획이 아닌 공업위주의 계획으로 평가되었다. 주민의 생활환경을 고려하지 않은 채, 주거지역을 공장 및 철도와 인접하게 설계했기 때문이다. 게다

울산 산업단지 전경,《울산을 한권에 담다》, 울산광역시, 2017

가 주택 공급에도 문제가 있어, 1969년 울산종합개발 재정비를 위한 관계관 회의에 참석한 박정희 대통령이 울산에 아파트를 많이 세우고 계획적으로 도시를 건설하라는 지시를 내리기도 했다.

재원이 부족했던 박정희 정권은 미국, 서독, 일본 등에서 투자를 유치해 울산공업단지 건설에 들어갔다. 1963년에는 식민지시기 중단되었던 정유공장을 완공했는데, 정유공장은 울산공업단지의 핵심시설로 연관 산업과 공장의 건설을 촉진했다. 도로, 철도, 항만 등 도시기반시설도 정비되었다. 이렇게 조성된 공업단지에는 화력발전소를 비롯해 비료공장, 화학공장 등이 들어섰다.

313

기업들이 본격적으로 울산에 진출하기 시작한 것은 1960년대 말부터였다. 1963년 울산정유공장이 준공되었고, 뒤이어 울산석유화학공업단지 건설계획이 수립되었다. 1968년 울산에서 합동기공식을 가진 뒤 1970년 4월부터 본격적으로 공장건설이 이루어져, 울산석유화학공업단지에는 SK그룹 계열의 석유화학기업들이 입주했다. 1967년에는 현대자동차가 설립되고, 이듬해 현대자동차 울산공장이 울산 북구에 건설된 것을 시작으로, 1988년과 1990년에 각각 2공장과 3공장이 설립되면서 울산은 단일공장으로서는 연간 100만 대를 생산할 수 있는 세계 최대 자동차공장을 갖추었다. 1972년에는 현대중공업 울산조선소가 건설되었고, 1974년에 동해조선, 1975년 현대미포조선이 설립되었다. 이로써 울산 공업단지는 가히 한국의 대표 산업도시라 부를 만한 곳으로 변모하게 되었다.

울산 구도심과 신도심

울산 시가지는 울산읍성이 있었던 중구에서 시작해 일제강점기를 거쳐 현재에 이르는 동안 꾸준히 확장되었다. 그중 1920~1940년대와 1960~1970년대의 두 시기는 울산의 도심부 형성과정에서 그 의미가 중요한 시기라고 할 수 있을 것이다. 먼저 1920~1940년대에는 일본인의 주도로 조선인의 생활 권역이었던 읍성의 범위를 넘어서 현재의 울산 원도심을 형성했다. 나아가 원산에 있던 정유공장을 울산 해안지역으로 이전하는 작업도 상당히 이루어져 해방 이후 들어선 국가공업단지의 바탕을 만든 시기이기도 하다.

1960~1970년대는 박정희 정권이 추진한 경제개발계획에 따라 울산시가 남한 최초로 공업특구로 지정되면서 본격적으로 공업도시로 변모해 갔던 때이다. 정부는 일제 말기 조성되다가 중단된 울산항 항만지역에 국가산업단지를 건설하고, 그 배후지인 울산 남구지역에 새로운 시가지를 건설해 나갔다. 울산의 원도심과 신도심은 주로 태화강을 경계로 양분되었으며, 산업단지와 직접적으로 연계되지 못한 원도심은 정체된 반면, 신도심은 매우 빠르게 발전해 갔다.

최근 세계 경제의 침체와 이른바 4차 산업의 등장 등으로 석유화학 중심 제조업의 전망은 밝지 않다. 그런 분위기가 어딘지 모르게 울산시의 풍경에도 반영되었는지 울산에서 전해져 오는 소식들이 밝지만은 않다. 어느덧 산업도시 울산이 건설된 지도 반세기를 넘었다. 과연 앞으로 울산은 어떤 전망과 계획으로 새로운 공간을 만들어 나갈지 두려움과 기대를 안고 바라본다.

부평

'공업왕국'의 아픔과

기억

김은진

인천 '부평'의 이미지

'부평富平'이라는 지역은 부산에도, 인천에도 자리하고 있다. 그중 인천 부평은 인천의 번화가로 손꼽힌다. '단일면적 최대 점포수'로 2014년 기네스북에 오른 미로와 같은 지하상가가 부평의 상징이라고 할 수 있다. 부평지하상가를 처음 온 사람은 지하상가의 수많은 출구와 점포 사이에서 길을 잃고 마는데 그럴수록 부평 지하상가에 대한 이미지는 그들에게 더욱 강렬하게 남는 듯하다. 부평을 방문한 적이 없는 사람은 부천과 부평을 자주 혼동하는 모습을 보이지만 대체로 부평이 '번화가'라는 사실만은 아는 것 같다.

그러나 지하상가를 중심으로 한 번화가라는 이미지는 부평역 주변 상권에 국한되었다. 그곳에서 벗어나 금융가와 학원가를 지나 비교적 한적한 구청 방향으로 걸음을 옮기면 드넓은 공장단지를 만날 수 있다. 대표적인 공장은 부평 한국GM 단지로, 99만 1740제곱미터에 달하는 규모를 자랑한다. 한국GM 홈페이지에 "부평사업장은 한국지엠의 본산本山"이라고 소개될 정도로 규모가 크고 역사가 오래된

317

공장임을 알 수 있다.

개인적으로도 부평의 기억은 '공장'과 함께 남아 있다. 한국GM의 전신인 옛날 대우자동차 앞 공터에서 뛰어놀던 어린 시절, 매년 5월 5일에는 페이스페인팅을 하고 그곳에서 주최하는 어린이날 행사에 참여한 기억이 있다. 사무적이고 딱딱했던 공간이 알록달록한 풍선으로 가득했던 풍경은 아직도 잊지 못하는 추억으로 남아 있다. 반면 어머니는 그곳을 치열했던 삶의 현장으로 기억하신다. 부평 대우자동차는 1980년대 치열한 노동권 투쟁의 장이기도 했다. 그때 어머니는 그 주변 일터를 다니셨고, 혼자 두지 못한 아이를 업고 집으로 향하셨다. 매캐한 최루탄 가스를 피해 힘겹게 대우차동차 앞 도로를 겨우 빠져 나오시던 기억이 있는 것이다.

이렇듯 '부평'이라는 같은 공간에 대해서도 사람에 따라 그곳에 대한 이미지나 기억은 다를 수 있다. 그러나 근대 이후 인천 '부평'은 '공장'지역이라는 새로운 이미지가 의도적으로 부여되었다. 일제강점기와 산업화시대를 겪은 사람에게 그 이미지는 긍정적이든 부정적이든 강렬하게 남았고, 그 흔적은 공간과 건물에 집약되어 있다.

동양의 '맨체스터'?
'공업왕국'의 형성?

현재 부평의 공장은 대부분 1960년대 '자립 경제 달성'의 일환으로 세워진 부평수출공단 계획에 따라 조성되었다. 1965년 1월 11일 정

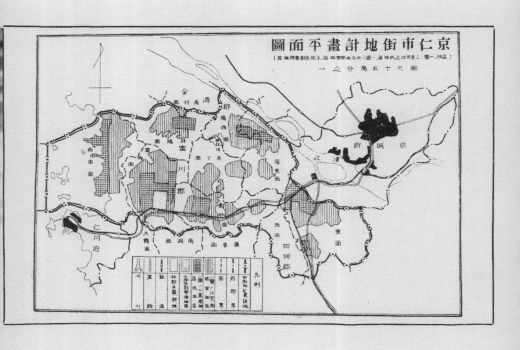

경인시가지계획 평면도, 〈京仁市街地計劃に就て〉, 《조선朝鮮》 1939년 11월호

부는 대통령령 1호로 부평의 갈산동, 효성동, 작전동 일대를 수출 공단 예정지로 지정했다. 당시에 부평은 넓고 저렴한 농지, 대규모 공장, 저렴한 노동력 등 공단을 조성할 때 필요한 조건을 모두 충족한다고 평가받았다. 그러나 놀랍게도 이 조건들은 1960년대 즈음이 아니라 이미 일제강점기 때부터 마련되었다고 한다.

그렇다면 부평은 왜 일제강점기 때부터 공업지역으로 조성되었을까? 여기에 대해서 일제강점기와 산업화 시기의 복잡한 정책 결정 과정과 시대적인 배경 등 다양한 이야기를 할 수 있을 것이다. 하지만 좀 더 간단한 질문을 통해 이 문제를 해결할 수 있다. '한국의 공업화'를 추진하기 위해서 공업단지를 조성한다면 어느 지역이 가장 적절하다고 할 수 있을까?'라는 질문이다. '공업화'를 성공적으로 추진하기 위해서는 많은 요소가 필요하다. 수도 '서울'을 중심으로 생각해 보면, 경기-인천-서울의 권역 형성이 매우 중요하다고 볼 수 있겠다. 여기서 부평의 입지조건은 최적이라고 할 수 있다. 항구가 있는 인천과도 가깝고, 부천과 같은 생활 권역이며, 서울로 이동하기에도 편리하다. 한 공장의 제품은 부평에서 생산되어 인천의 항구로 수출될 수 있고, 육상교통을 통해 서울로 단시간에 유통될 수도 있다. 따라서 '수도권'의 형성과 '경인공업지역'의 형성, 부평 공업지대의 형성은 밀접하게 연관될 수밖에 없었다. 실제로도 일제강점기와 산업화 시기에 관련 정책들이 추진되었다.

일제가 중국에서 대륙침략을 위해 중일전쟁을 일으킨 후 난징대학살을 벌이던 1938년, 한반도에서는 '경인' 권역을 형성하기 위한 논의가 진행되었다. '부평'은 그 권역을 형성하는 중요지역으로 언급되었다. 《동아일보》 9월 23일 기사에는 경인일원화계획의 일환으로 '공업지로서의 좋은(好) 조건'을 갖춘 부평평야에 '대공장이 진출'한다는 사실이 기록돼 있다. 여기서 '경인일원화계획'이란 1937년 인천 시가지계획이 결정되면서 제기된 것으로, 서울과 인천을 잇는 권역을 구상한 도시계획이라고 할 수 있다. 이후 경인시가지계획으로 구체화되면서 1940년 1월 19일 정식으로 발표되었다. 이 계획은 '경인일원화', '경인일체', '경인일여'로 불리기도 했다. 구체적으로 살펴보면 계획은 권역을 지구로 나누고 그 안에 공업용지와 주택용지를 설정하는 식으로 이루어졌다. 공업용지가 조성된 곳은 구로九老지구, 시흥始興지구, 소사素沙지구, 양천陽川지구 등 7개 지구였으며, 여기에 부평지구가 포함되었다. 계획을 고시한 이후 부평지역은 첫 번째 사업 대상지로 결정되어 약 90만 평의 공업 용지와 택지가 개발될 예정이었다. 이와 더불어 서울과 인천을 잇는 복선철도, 대운하 등 교통로가 계획되면서 부평의 중요성은 더욱 커질 수밖에 없었다. 여론의 기대감은 더욱 높아져 부평의 인구가 곧 100만 명이 될 것이고, '인천부'에서 벗어나 독립된 공업도시가 될 것이라는 예측도 있었다. 그렇게 몇몇 사람은 부평이 '동양의 맨체스터'로 부상할 것이라며 장밋빛 미래를 꿈꾸기도 했다.

그런 기대감이 허무맹랑하지는 않았다. 경인시가지계획이 정식으로 발표되기 전부터 공장들은 앞다투어 부평으로 진출하고자 했다. 부평역 앞 대정리大井里에서는 히로나카弘中상공이 공장 건설에 착수했고, 조선국산자동차공업도 자동차공장을 부평에 설치할 계획이었다. 나고야착암기제조회사도 착암기 제조공장을 건설하려 했고, 오사

<표 1> 1938~1940년까지 부평지역에 진출한 주요 공장

공장명	히로나카 상공 주식 회사	국산 자동차 주식 회사	경성 공작 주식 회사	도쿄 자동차 공업 주식 회사	일본 고주파 중공업 주식 회사	오사카 철사 공장	부평 요업 주식 회사	조병창	디젤 자동차 공업 주식 회사
설립일	1938년 10월	1939년 6월	1939년 11월	1939년 12월	1939년	1938년	1939년	1939년	1940년
주요업종	광산용 기계 생산	자동차, 자전거 제조	수도용 강관鋼管 생산	자동차 조립	각종 금속 제품 생산	철사 생산	연와, 기와 생산	소총 탄약, 총검, 수류탄 등 무기 제조	자동차 수리 및 조립

출전: 오미일, 〈자본주의생산체제의 변화와 공간의 편성〉,《한국근현대사연구》 53, 2010, 115~116쪽, 표2 재구성

카철사공장도 부내면 마분리에 부지 5만 평을 매수해 부평평야에 진출하려는 상황이었다. 이처럼 부평평야로 앞다투어 진출하는 공장들을 보면서 사람들은 부평평야를 '공업왕국'이라 표현하기도 했다.

1938~1940년까지 부평지역에 진출한 주요 공장은 〈표 1〉과 같다. 우리 역사에서 유독 가혹했던 시기이기에 한국인 자본으로 설립한 공장을 찾아보기 어려운 것은 매우 안타까운 점이다.

'조선 3대 기계 메이커'
히로나카상공의 진출

이 중에서 일제의 정책과 관련해 주목해야 할 곳은 히로나카상공이다. 히로나카상공은 당시에 '조선 3대 기계 메이커' 가운데 하나로 불리기도 했다. 1912년에 일본에서 부산으로 이주한 히로나카 툐이치는 4년 뒤인 1916년부터 기계를 판매하는 히로나카상회를 꾸려 나갔다. 이후 사업이 번창하자 그는 서울로 상회를 옮기고, 1937년부터는 기계제조업에 뛰어들어 히로나카상공을 설립했다. 서울에 히로나카상공의 공장이 건립되고 얼마 지나지 않은 1938년 히로나카는 부평에 대규모 부지를 마련해 공장 건설 공사를 시작했고 1939년 즈음 공사를 마쳤다. 완공된 공장에서는 철도차량과 철도, 광산, 토목용 기계가 주로 제조됐다. 이렇듯 히로나카상공의 진출은 부평이 '공업왕국'의 이미지를 만들어 가는 데 중요한 계기가 되었지만, 다른 한편으로 부평공장의 건설은 히로나카상공에도 상당한 의미가 있었다. 서울에서 히로나카상공의 사업은 광산·토목 기계류를 대리 판매하고 수리하는 수준이었기에 서울 공장은 제조공장으로 보기 어려웠다. 부평에 대규모 부지를 매수하고 공장을 설립하고 나서야 기계 설비를 본격적으로 생산할 준비가 이루어졌다. 또한 근무 인원의 비중만 봐도 히로나카상공의 시설 중 부평공장의 규모가 상당하다는 것을 알 수 있다. 1940년 히로나카상공에서 근무한 인원은 1710명이었고 그중 부평공장에 배속된 인원은 1365명에 달했다고 한다. 거의 5분의 4에 해당하는 인원이 부평공장 업무에 종사하고 있었던 것이다.

그러나 히로나카상공은 여기서 만족하지 않고 사업을 무리해서 확장하고자 했다. 이미 부평공장을 건설했을 때 재정에 문제가 생겼음에도 1940년에는 동양척식주식회사에서 자금을 대출받아 확장 계획을 시행하고자 했다. 하지만 그해 하반기에 경영 악화를 맞았고 결국 1942년 6월 말, 히로나카상공의 부평공장은 미쓰비시三菱중공업에 넘어가고 말았다. 청산된 가격은 약 600만 원이었는데, 이때 히로나카 료이치는 총독부와 협의해 '시국에 즈음해 가장 유효한 방면에 이용하도록 국가적 견지에서' 기업을 양도했다고 언급했다. 이 발언에 주목하면, 부평공장을 양도하는 데 경제적인 요인 외에 정책적 의도가 개입되었을 가능성도 존재한다. 그렇게 미쓰비시중공업이 부평공장을 인수한 이후 부평지역은 일본의 병참기지화 정책과 더욱 깊은 악연을 맺고 말았다.

악연의 시작, 미쓰비시중공업

미쓰비시중공업은 근대 일본을 대표하는 기업이지만, 우리에게는 일본 우익단체를 지원하는 대표 기업으로 알려져 있다. 이 기업은 1873년 미쓰비시상사에서 시작되었다. 1890년대부터는 일본 정부의 비호 아래 잠수함, 어뢰 등의 무기를 생산하며 일본의 군사행동과 인연을 맺기 시작한다. 급기야 1928년에 이르러서는 주요 군용기를 생산하는 기업으로 부상했고, 여기에서 제작된 군용기는 2차 세계대전 시기 일본 군대의 중요한 전력이 되었다. 1934년에는 조선 분야와 항공기

분야를 합해 미쓰비시중공업을 설립하고 일본을 중심으로 조선과 중국 등지로 사업을 확장했다. 또한 일본이 태평양전쟁을 벌인 1942년에 미쓰비시중공업은 군수품의 수요가 급증하는 상황을 대비하고자 했다. 이에 따라 공업생산품의 기본 재료가 되는 철강을 직접 생산할 필요를 느끼고 미쓰비시제강주식회사를 설립했다. 일제가 군수품 중에서도 방탄강판의 증산을 지시하자 미쓰비시제강주식회사 또한 방탄강판을 제작할 만한 여건이 마련되어 있는 공장을 물색했다. 이 과정에서 히로나카상공의 부평공장은 이미 관련 시설을 완비하고 있었기에 낙점될 수 있었다. 결국 부평공장은 1942년 11월 미쓰비시제강주식회사 인천제작소로서 생산을 시작했으며, 해방이 올 때까지 방탄강판 외에도 주강鑄鋼, 박격포 등을 제조하는 병기창이 되어 버렸다.

1940년대 부평지역에서는 미쓰비시제강주식회사 인천제작소를 마주하고 병기를 제조하는 조병창도 건설되었다. 만약 조병창에서 병기를 생산하기 어려운 경우, 육군이 관리하는 민간군수공장에 하청을 줄 것을 고려해 입지를 선정한 것으로 보인다. 또한 이 자리는 1920년대부터 일본군 20사단이 관리했던 부평연습장富平演習場이 있었던 곳이다. 일본 육군은 70만 8000여 평에 달하는 이곳을 중심으로 주변의 약 33만 평의 토지를 매수해 조병창을 설립했다. 조병창을 건설하는 과정에서는 1940년 6월 김포와 강화 등 주변 지역에서 근로보국대를 징발했다. 그로부터 약 1년 뒤인 1941년 5월 5일 총검공장과 '견습공 연습공장'이 우선 완성되어 조병창 개창식이 열렸다. 이 총검공장, 견습공의 연습공장을 완성하기 위해 한국인은 애석하게도 근로보국대로 동원되어 일상을 빼앗기고 말았다.

조병창은 1제조소 아래 3개의 공장을 두어 총탄, 총대, 총검, 군도 등을 제작했다. 놀랍게도 이곳에서는 매달 소총 4000정, 총검 2만 자루, 소총탄환 70만 발, 군도 2만 자루가 제작됐고, 이외에도 차량 200대와 20만 엔 상당의 가죽 제품을 만들었다. 심지어는 잠수정을 만들기 위한 부품을 제작해 인천의 조선기계제작소에 공급했다. 이렇게 수많은 무기를 만들기 위해 일제는 인천을 비롯한 대부분의 지역에서 놋그릇은 물론이고 절에 있는 범종도 공출하게 했다. 일제가 수행하는 전쟁을 위해서 한국인은 노동력은 물론 집에서 밥 먹던 숟가락도 빼앗겨야 했던 것이다.

국산이 아닌 국산자동차

부평에 진출한 공장을 다시 살펴보면 자동차제조 관련 공장이 눈에 띈다. 국산자동차주식회사와 도쿄자동차공업주식회사, 디젤자동차공업주식회사 등이 1930년대 말 부평에 공장을 건설했다고 기록되어 있다. 여기서 국산자동차주식회사는 한국인의 자본으로 세워진 '국산'자동차가 아닌, 일본의 '국산'자동차회사이다. 일본산 자동차가 우리의 뜻과는 다르게 국산으로 불렸던 시대였다.

각각 다른 회사가 공장을 건설한 것처럼 기록되어 있지만, 이들 회사는 부평지역에서 생각보다 복잡한 관계에 놓여 있었다. 국산자동차주식회사가 부평에 진출한다는 소식을 둘러싸고 신문에는 크고 작은 일이 보도되고 있었다. 국산자동차주식회사는 공장을 건립할 자본이

부족했는지, 부평에 땅만 매수해 두고 도쿄자동차공업주식회사와 합병을 의논한다. 결국 1939년 2월 20일 두 회사가 합병을 하고 겨우 공장 건설에 착수했다. 그런데 공장 완공을 앞둔 1940년의 기록을 보면 두 회사는 합병되지 않았으며, 다만 도쿄자동차공업주식회사 산하 공장으로 국산자동차주식회사의 부분부품공장이 소속되어 있었다. 또한 도쿄자동차공장은 1941년에 디젤자동차 전용허가업체로 선정되면서 디젤자동차공업ディーゼル自動車工業으로 불렸다.

이처럼 자동차공장이 완공되었지만 부평의 자동차 생산은 주로 일본에서 부품을 들여와 조립하거나 일부 부품만을 생산하는 단계에 머물러 있었다. 국산자동차공장은 자체적인 생산과정을 마련하지 못했던 것이다. 국산자동차주식회사가 만약 일본에서 부품을 원활하게 들여오지 못하면 공장을 운영하기 어려운 상황이었다. 디젤자동차 부평공장도 국산자동차공장과 비슷한 상황이었다. 1942년까지도 국산자동차주식회사 부평공장은 자동차 부품으로 들어갈 스프링만을 주로 제작했다. 이렇게 공장에서 스프링 제작이 가능해지면서 한편으로는 철도국에서 철도용 스프링을 수주하는 기회가 생겼다. 국산자동차주식회사는 이 기회를 발판으로 삼아 철도용 스프링을 제작하는 사업으로 영역을 확장하고자 했다.

자동차 생산업계도 일제의 군사침략과 무관할 수 없었다. 태평양전쟁이 한참이던 1943년 부평의 자동차산업은 본격적으로 전쟁을 대비하기 위해 재편되었다. 디젤자동차공업주식회사를 국산자동차주식회사, 도요타자동차와 함께 자동차산업의 '삼총사'로 꼽으면서도 차별성을 강조하는 경향이 두드러졌다. 디젤자동차공업주식회사를 강

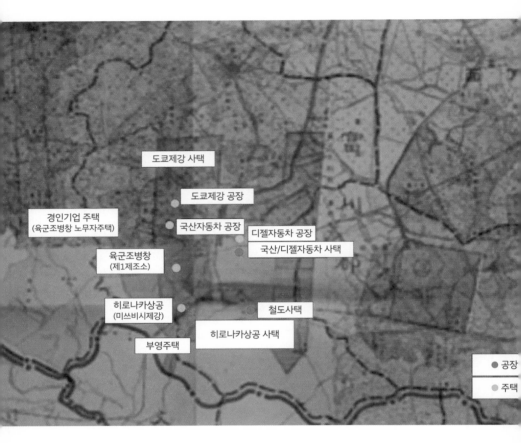

도쿄제강 사택

도쿄제강 공장

경인기업 주택
(육군조병창 노무자주택)

국산자동차 공장

디젤자동차 공장

국산/디젤자동차 사택

육군조병창
(제1제조소)

히로나카상공
(미쓰비시제강)

철도사택

히로나카상공 사택

부영주택

● 공장

● 주택

경인시가지계획도(1940) 위에 표시한 부평의 주요 공장과 노무자 주택 위치
이연경, 〈부평의 노무자주택을 통해 본 전시체제기 주택의 특징과 산업유산으로서의 가치〉,
《건축역사연구》30-3, 2021

조한 이유는 당시에 편찬된 〈조선상업의 결전 재편성朝鮮産業の決戰 再編成〉이라는 문서를 통해 알 수 있다. 이 문서는 대량으로 화물을 수송하기 위해 견인력이 강력한 디젤차의 수요가 확대될 것이라고 기록하고 있다. 즉 전쟁을 수행하기 위해서 대량으로 화물을 운반하는 일이 급증해 디젤차의 필요성이 높아진다는 것이다.

그러나 이러한 기대에도 디젤자동차공업주식회사 부평공장은 여전히 일본에서 부품을 수입해 조립하는 수준이었다. 국산자동차주식회사와 비슷하게 철도국의 수주를 받아 '모터카'를 수리하는 상황이었다. 총독부는 애초에 부평공장에서 광산용 대형 육륜차 및 기타 특수관계차를 생산하는 것을 목표로 삼고 이를 독려했다. 그러나 그 목적이 달성되는 것은 쉽지 않은 일이었다. 〈조선상업의 결전 재편성〉에서는 매우 낙관적이게도 자동차산업에 대한 고민들이 자연스럽게 해결될 것이라고 보았다. '조선의 대륙병참기지화'로 조선의 공업이 변화하면서 부평공장이 자연스럽게 이에 호응해 자체적으로 자동차를 생산하는 작업을 진행할 수 있을 것이라고 전망했다.

한편 국산자동차주식회사는 지속적으로 부품 판매, 자동차 수리, 자동차 판매 사업을 운영했다. 그러다가 1943년 4월부터 자동차 판매 사업을 자동차판매통제회사에 전부 양도했다. 전시체제로 인한 휘발유 소비규정의 강화와 전시 중 영업실적이 부진한 상황 때문이었다. 결국 부평 자동차산업의 시작은 대륙병참기지화 전략에서 자유로울 수 없었다.

공간 :
동원의 기억, '사자'와 만남

부평2동에는 '삼릉三菱'마을이라 불리는 곳이 있다. 삼릉은 '미쓰비시 三菱'를 한자 발음으로 읽은 것이다. 실제로 이 마을은 미쓰비시에 동원된 노무자들이 거주하던 사택이 있는 곳이다. 이 사택은 히로나카상공이 1939년경 건축한 것으로, 장내 사택과 장외 사택으로 나누어진다. 미쓰비시가 히로나카상공을 인수하던 시기에 이곳의 규모는 총 5만 4664평에 달했다. 미쓰비시는 여기에 직원사택과 공원(연립)사택, 합숙소, 공동욕장 등을 추가하고, 사람들을 수용했다. 대부분의 미쓰비시 사택과 조병창 노무자 주택은 약 4~6평의 크기로 부엌과 온돌방만을 갖추었던 것으로 보인다. 노무자사택으로 제공된 곳이 지금의 고시원보다 약간 넓은 정도였다. 이 주택은 각 호가 줄줄이 이어져 있는 탓인지 미쓰비시 줄사택이라고도 알려져 있다. 이곳에서 많은 노무자가 강제 동원되었고, 고된 작업을 담당했다. 그러나 강제 동원된 피해자의 기록이나 구술 자료는 안타깝게도 존재하지 않는다. 히로나카상공에 입사해 미쓰비시에서 근무했던 분의 구술로 피해자의 실태를 간접적으로 추측할 수 있을 뿐이다.

한편 부평2동에서 차로 10분 정도 이동하면 철마산 밑에 위치한 산곡동이 나오는데 여기에는 조병창 노무자 주택이 자리를 잡고 있다. 이 주택은 조병창 건설 공사가 시작되자, 조병상曺秉相 등 민간사업자가 그 주변으로 노무자가 이주해 올 것을 예상하고 조성한 것이다. 조병상은 1940년 7월 경인기업주식회사를 설립해 조선총독부 주택대책위원회에서 저리로 융자를 얻었다. 그는 이 자금으로 2만 평 부지의 땅을 매수하고 공사를 시작하였다. 그러나 공사가 약 70퍼센트 진행된 1943년에 자금난을 맞아 조선주택영단朝鮮住宅營團에 이를 매각하고 말았다.

조병창 노무자 주택은 일제 말기 강제 동원된 노무자가 대거 거주했던 곳이다. 강제 동원은 관의 알선, 징용, 근로보국대 등의 방식으로 이루어졌다. 동원된 노무자는 무기를 생산하는 업무를 담당하거나, 원자재를 옮기거나, 토목공사에 투입되거나, 조병창 병원에서 서무를 살피기도 했다. 조병창 노무자의 구술 자료를 살펴보면, 그들은 넉넉하지 못한 환경에서 고된 노무를 담당했다는 것을 알 수 있다. 대부분의 구술자는 조병창에서의 생활을 회상할 때 '배가 고팠던' 것이 가장 힘들었다고 한다. 잡곡을 주로 먹었으며 콩밥에는 쌀을 찾아보기 어려웠고 하는 일에 비해 양이 적었다고 한다. 구술자들은 심지어 밤에 취사반에 가서 잔반을 훔치는 사람도 있었다고 회상했다. 월급 또한 봉급이라고 부르기 어려울 정도로 적어 따로 먹을 것을 사 먹을 수 없었다. 잠자는 시간, 식사시간을 제외하고는 종일 일해야 했고, 안전교육을 충분히 받지 못해 부상자가 많았다. 조병창 병원에는 팔이 절단되는 등 큰 부상을 입은 노무자가 몰려들었는데, 심지어는 국민학교를 갓 졸업한 어린아이가 기계에 빨려 들어가 사고를 당한 일도 있었다. 공장에는 헌병대가 배치되어 노무자가 생산량을 채우지 못하거나 규율을 어기면 구타했다. 그들의 눈에 거슬리면 죽음의 문턱에 이를 수 있기 때문에 그들은 '사자'로 불렸다. 일제강점기 부평에서 이루어진 강제 동원은 곧 '사자'와 만남이었다.

공간 : 기억의 삭제

2015년 겨울 부평역 1번 출구로 나와 평소에는 거의 가지 않던 그 일대의 노무자사택들을 답사했다. 쇼핑이나 저녁식사를 했던 부평광장 쪽의 분위기와는 사뭇 다른 곳으로 발길을 옮겼고, 이내 미쓰비시 사택을 발견할 수 있었다. 사택들은 세월의 흔적이 상당했고, 일부는 개조가 된 곳도 있었다. 그런데 줄사택의 경우 상황은 더 심각했다. 지나가는 사람의 안전을 위협할 정도로 허물어진 곳도 있었다. 줄사택의 내부를 살펴보니 낮은 천장에 낡고 비좁은 공간이 눈에 들어와 그곳에서 화장실도 없이 생활했을 노무자의 모습이 그려졌다. 무거운 걸음을 뒤로하고 택시를 타고 이동해 조병창 노무자 주택도 살펴보았다. 어렸을 적 자주 지나다녔던 길인데도 전혀 알지 못한 공간들이 나왔다. 마치 일부러 숨겨 놓은 것처럼 길고 좁은 골목을 지나 큰 공터가 나왔고 이를 둘러싸고 오래된 건물이 늘어서 있었다. 책에 몇 줄 기록되어 있는 것으로만 봐 왔던 노무자 주택을 직접 발로 답사하고 눈으로 보니, 그 시대의 건축양식은 물론이고 당대의 분위기, 동원된 사람의 생활상도 짐작해 볼 수 있었다. 지식으로 아는 것과 체험하는 것은 전혀 다르다는 것을 깨달을 수 있었다.

그러나 미쓰비시 줄사택과 조병창 노무자 주택은 2021년 8월 현재 철거 위기에 놓여 있다. 미쓰비시 줄사택의 경우 부평구가 최근 이 지역을 주차장 부지로 선정해 철거를 진행하고자 했다. 하지만 전문가와 시민의 지속적인 관심으로 철거 문제가 이슈화되었고, 다행히 문화재청이 보존을 권고해 공사계획이 잠시 중단되었다. 조병창 노무

미쓰비시 줄사택

ⓒ김은진

조병창 노무자 주택
ⓒ김은진

조병창 노무자 주택 ⓒ김은진

자 주택은 더욱 어려운 상황에 놓여 있다. 이 일대는 재개발지역으로 지정되어 2023년이면 철거될 예정이다. 이를 보존하기 위한 대책은 검토되지 않고 있다. 심지어는 노무자 주택뿐 아니라 조병창 부지에 있는 주요 건물마저 철거될 위기 속에 있다. 조병창은 해방 이후 미군의 캠프마켓으로 이용되다 최근 반환되기 시작했다. 이곳은 공원으로 활용될 계획인데 공원을 조성하는 과정에서 병원으로 알려진 주요 건물이 철거될 위험에 놓여 있다.

일제강점기 문화재는 다른 시기의 문화재에 비해 보존의 중요성을 인정받지 못하는 경우가 많다. 우리나라에서는 자본주의 논리를 들어 문화재를 철거하는 일이 종종 일어나는데, 일제강점기 문화재의 경우 이러한 논리를 포장하기 위해 '친일 잔재 청산'이라는 명분을 내세우기에 더욱 철거가 쉬워진다. 특히 부평지역에 남아 있는 일제강점기 유적지들은 최근 들어 철거 계획이 진행되고 있다. 그러나 이는 그 시대를 살았던 사람의 체험과 기억이 담겨 있는 공간을 삭제해 버리는 행위이다. 공간을 잃으면 옛 사람의 생활을 간접 체험할 수 있는 기회도 사라지는 것이다. 또한 일본은 그들이 일제강점기에 우리나라에 자행한 폭력들을 부정하고 있다. 부평에 남아 있는 일제의 한반도 대륙병참기지화 정책의 흔적들을 철거해 버린다면, 일본이 부인하는 강제 동원의 증거를 우리 손으로 파괴하는 일이 될 것이다.

흥남

식민지의

일장춘몽

양지혜

1980년 겨울, 어느 선술집에서

조선인은 그것밖에 안됐으니까. 조선인은 일본인만큼 신용할 수 없어. 일본인이라면 '이러이러한 사정이 있으니 내일 몇 시경에 운전할 수 있도록 용접해'라고 말을 할 수 있지만 조선인은 그렇게 말을 하면 안 된다고. 책임감이 없는 놈들이야. 책임감이라는 게 없는 거야. 그 자리에서는 '나머지는 어떻게든 끝내 놓겠다'고 말하지만 결국은 못했다면서 책임을 지지 않는다고. 조선인은 의리도 인정도 몰라. 은혜도 모르지. '조선인은 세계에서 가장 악질이다'라고. 나도 그렇게 생각했어. 이놈들은 군대에서 때리는 것처럼 해야 길을 들일 수 있다고.

야마다山田는 술잔을 내려놓으며 목소리를 한껏 높였다. 환갑이 갓 지난 그는 35년 전 떠나온 조선을 떠올릴 때면 아직도 입이 쓰다. 처음 직공으로 취직한 날, 양복을 빼입고 고향으로 돌아가 친구들에게 으스대던 날, 아내를 데리고 사택에 처음 들어선 날, 사택 정원에서 딸이 세 발 자전거를 처음 탄 날, 한 해 한 해 두둑해져 가던 월급

339

봉투까지…. 술에 취하는 날이면 어김없이 조선에서 보낸 청춘의 시간들이 떠올랐다. 손에 잡힐 듯 생생한 기억들이었다. "그 시절에는 조선, 하면 북선北鮮이었지. 흥남은 정말 으리으리했다니까." 불콰하게 술기운이 돌기 시작하면 버릇처럼 식민지에서 보낸 젊은 날이 떠올랐다. 처음에는 멋진 날들이, 그러다 단내가 고일 즘이면 어김없이 뒤끝이 쓴 기억들이 불쑥 솟았다. 얼어붙은 구덩이에 죽은 딸을 던져 넣던 날, 숨죽이고 밀항선에 올라탔던 날…. 꼬리에 꼬리를 문 생각이 이제는 '그 얼굴'을 떠올리는 데까지 이어졌다. 1945년 가을과 겨울 내 집에 찾아와 집을 쑥대밭을 만들었던 놈, 그 갖은 고초 속에서 조선에서 도망쳐 나올 때까지 자신이 흥남을 떠날까 호시탐탐 감시하던 놈. 강인지, 김인지, 성씨도 가물가물한 옛 조선인 부하의 얼굴이었다. "괘씸한 것…." "조선인은 의리도 모르고, 인정도 몰라! 그런 놈들은 군대에서 때리는 것처럼 해야 길을 들일 수 있다고." 모멸하는 마음을 한껏 담아 저 깊은 데서 욕지기를 끌어올려 독한 말을 쏟아 냈다. 지금은 생사도 알 수 없는 그이…. 실컷 떠들고 나면 분이 조금은 풀리는 것 같았다.

"일본질소의 왕국" 흥남을 향해

야마다가 조선 땅을 밟은 것은 그가 15살이 되던 1930년이었다. 가난한 소작농의 둘째 아들이었다. 지긋지긋한 농사일에서 벗어나고 싶어서 공장 일용직을 전전하던 참이었다. 그즈음 고향인 미나마타에서는 공장 일도 쉽지 않았다. 대공황 때문에 경기가 한껏 움츠려 있었다. 1년을 일용직으로 버텼지만, 직공 자리를 꿰차고 들어갈 틈이 좀처럼 보이지 않았다. 그러다 지금 일하는 회사가 몇 해 전 식민지 조선에 지었다는 분공장 소식을 들었다. "조선의 흥남공장에 가면 바로 직공이 된다네." "조선인을 부리면 돼서 바로 조장組長도 될 수 있다고 그래." 1년 전 흥남으로 건너갔던 이웃이 지난 명절에 신사복을 빼입고 찾아왔던 기억이 났다. 조선은 살기가 좋다더라, 바로바로 출세할 수 있다더라, 흥남을 얘기하는 사람 중에 나쁜 얘기를 하는 사람이 없었다. 그는 부모에게 사정해 겨우 뱃삯을 챙겼다. 그 길로 배낭 하나만 짊어지고, 조선 북단의 신흥도시 함경남도 흥남으로 향하는 배에 올랐다.

흥남은 그의 고향 일본 구마모토현 미나마타를 본거지로 삼았던 일본질소비료주식회사가 1926년에 건설한 공업도시였다. 일본질소는 본디 작은 회사였는데, 그가 태어나던 해 즈음, 유럽에서 질소고정법 특허를 사 왔다고 한다. 그 기술로 질소비료를 비롯해 각종 질소화합물을 대량으로 생산하는 데 성공하면서 사세가 크게 폈다고 했다. 이후 회사는 그의 고향을 비롯해 일본 각지에서 공장을 증설하다가, 1926년 돌연 식민지 진출 계획을 발표했다. 일본에서의 사업 확장이 쉽지 않아서라고 했다. 질소화합물을 대량으로 만들려면 전력을 확보하는 게 중요했는데, 일본에서는 수력발전소 하나를 세우려고 해도 농사에 강물을 이용해야 하는 농민에게 보상비도 줘야 하고, 하천 정비를 위해 관청에 세금도 내야 했기 때문이었다. 이래서는 이문이 남는 장사일 수 없었다. 그런데 조선은 그럴 필요가 없는 땅이라

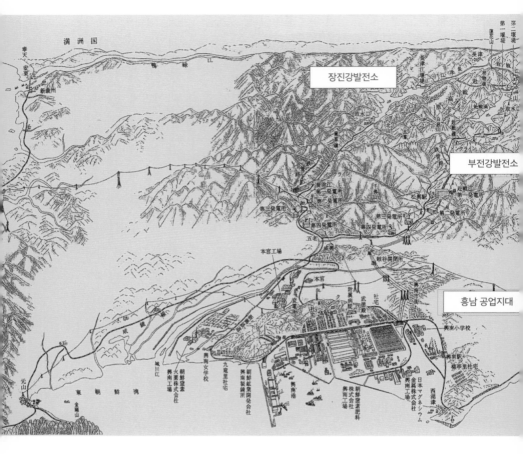

일본질소의 수력발전소와 흥남공업지대 설명도,
《일본질소비료사업대관日本窒素肥料事業大觀》, 일본질소비료주식회사, 1937

흥남항과 흥남공업지대 전경,
《일본질소비료사업대관》, 일본질소비료주식회사, 1937

흥남의 일본인 사원 사택 전경,《일본질소비료사업대관》, 일본질소비료주식회사, 1937

흥남의 일본인 노동자 사택 전경,《일본질소비료사업대관》, 일본질소비료주식회사, 1937

고 했다. 식민지에서는 농민에게 끼칠 피해를 보상하지 않아도, 하천이든 공장부지든 원래 살던 사람을 내쫓아도, 하천 정비를 위한 세금을 내지 않아도, 관청이 기업을 규제하지 않는다고 했다. 이런 조건을 이용해 일본질소는 1926~1945년까지 함경남도 부전강과 장진강, 허천강, 평안북도 압록강에 대규모 수력발전소를 건설했다. 또한 여기서 생산하는 막대한 전력을 거의 독점해 이용했다. 그가 조선으로 건너간 1930년대 즈음부터는 아예 회사의 거점을 미나마타에서 흥남으로 옮겼다. 그리고 흥남에는 세계 1위 규모의 수전해水電解공장, 세계 3위이자 일본 1위 규모의 암모니아합성공장 등 세계적 수준의 공장단지를 설립해 나갔다. 오로지 일본질소, 한 회사가 이룬 일이었다. 그 결과 그가 조선에 첫발을 디딘 1930년 2만 5000명이던 흥남의 인구는 고작 10년 만에 11만 명으로 급증했다. 작은 면面에 지나지 않았던 한반도 북단의 작은 마을이 함경남도 제일의 도시로 성장한 것이다. 도시뿐만이 아니었다. 흥남이 커 가는 만큼, 일본질소도 성장했다. 그가 스물다섯이 되던 1940년, 일본질소는 일본재계 내 자본금 순위 6위를 기록하며 명실상부한 일본의 '신흥재벌'로 입지를 굳혔다.

"조선인에게는 절대로 정을 주지 마"

"일본질소 왕국이다." 흥남에 도착한 야마다는 혀를 내둘렀다. 붉은색 벽돌로 단장한 근대식 건물이 죽 늘어서 있고, 거대한 공장 굴뚝에

345

흥남, 식민지의 일장춘몽

서는 검은 매연이 쉴 틈 없이 뿜어져 나왔다. 항구며 공장, 사택, 도로
도, 모두 일본질소가 건설했다는데, 고향에서 보던 것보다 모두 몇 배
는 컸다. 그는 고향에서 알던 형을 찾아가 하룻밤을 묵고 이튿날 바로
흥남비료공장에 찾아갔다. '일용직 자리라도 남아 있을까.' 걱정하던
것도 잠시, 채용을 담당한 일본인 사원은 이렇게 말했다. "조선인과
일본인은 능력이나 운위云爲를 떠나서 직장을 지키려고 하는 그런 마
음가짐 자체가 완전히 달라. 그러니 일본인이 제일 귀하지. 일본인은
조선인을 누르고 지도해 가는 민족이야." 사원은 그 자리에서 그를 직
공으로 채용했다. 미나마타에서 일용직으로 전전하던 시간이 허무하
게 느껴질 만큼, 간단하고 신속한 채용이었다.

공장에 들어서 보니 일본인 사원이 했던 말이 더 선명하게 다가왔
다. 조선 전체로 보면 일본인은 10명 중 1명꼴도 안 될 만큼 극소수에
지나지 않았다. 그런데도 흥남에서는 10명 중 3명이 일본인이었고,
그중에서도 이 비료공장에는 10명 중 7명꼴로 일본인이 있었다. 막상
며칠을 근무해 보니 한 직렬을 책임지는 조장인데도 자기 이름 석 자
도 쓰지 못하는 무능한 일본인이 보였다. 비료포대나 나르고 청소나
하는 일용직 중에는 중학교를 졸업하고 소설을 쓴다는 유식한 조선
인이 있었다. 그럼에도 공장에 익숙해질수록 선배들은 그에게 신신당
부했다. "조선인은 호되게 부려야 돼. 조선인에게 절대로 얕보이면 안
돼." 탈의실에서도, 작업을 교대하는 중에도, 퇴근길에 들른 대폿집에
서도 선배들은 조선인에게는 절대로 정을 주지 말라고 당부했다. 그
리고 평소에 숫기 없던 선배 한 명이 불 같이 화를 내며 조선인을 다
그치는 걸 보았다. 자기 말에 제대로 대답하지 않았다는 이유였다. 그

날 선배에게 쇠파이프로 흠씬 두들겨 맞은 조선인은 그 후 제대로 걷지 못했다. '여기는 식민지이고, 나는 일본인이다.' 야마다는 출근길에 나설 때마다 선배들의 말을 되뇌었다. 그리고 자신보다 몸집이 크거나, 나이가 많거나, 똑똑해 보이는 조선인 앞에 설 때면 복어가 제 몸집을 부풀리듯 잔뜩 힘을 주었다. 처음에는 욕설을 날렸고, 그 뒤에는 물건을 던졌다. 얼마 지나지 않아서는 팔과 다리를 휘두르고, 손에 닥치는 대로 때리는 일에도 익숙해졌다. '일본인으로 태어나서 참 다행이다.' 식민지의 공장에서 지내는 시간이 늘어갈수록 그는 자신이 '일본인'이라는 사실을 더 예민하게 실감했다.

양복을 빼입고,
라이카카메라를 들고

급여도 많았고 승진도 빨랐다. 조선인에 비해 일본인은 기본급이 높게 설정되어 있었다. '재선수당在鮮手當'이라는 명목으로 가급加給도 있었다. 같은 공장의 조선인은 물론이고, 미나마타공장의 사람들보다도 훨씬 많은 돈을 받았다. 그는 돈을 모아 조선에 건너간 지 2년 만에 부모가 소개해 주는 고향 여자와 결혼했다. 결혼을 하자 회사에서 사택을 제공해 줬다. 유토피아 같았다. 겨울에는 실내에 스팀이 들어와 따뜻했고, 전기밥솥 같은 솥이 있어 아침이면 스위치 한 번에 밥이 다 됐다. 고향에서 농사를 지어 손톱 밑이 늘 까맣던 아내는 흥남에 온 지 몇 달 만에 조선인 하녀를 부리며 '사모님' 소리를 듣는 데 익숙

347

해졌다. 그는 결혼한 지 몇 년 지나지 않아, 다시 승진했다. 승진할수록 급여도 늘었다. 고향에 다달이 목돈을 보내고, 아이 셋을 낳아 키워도 금세 돈이 쌓였다. 명절마다 아내와 아이들에게 고급 기모노를, 자신을 위해서는 양복을 샀다. 동료 사이에서는 라이카카메라가 유행이었다. 그도 둘째가 태어났을 때 기념으로 카메라를 샀다. 아내는 사택의 다른 부인들과 함께 취미로 샤미센을 배웠다. 아이들은 회사 부설 유치원, 소학교, 중학교에 차례로 진학했다. 고향에서는 모두 엄두도 내지 못하는 일이었다. 아내는 가끔 흥얼거렸다. "사바극락이야, 조선은."

1945년의 비극

마음먹은 대로 인생이 술술 풀리는 것 같았다. 남부러울 것 없는 성공한 삶을 살고 있다고 생각했다. 중일전쟁이 일어나고, 아시아·태평양전쟁으로 전황이 확대되어도, 일본의 패색이 갈수록 짙어져도, '이대로만, 계속 이렇게만 흘러가기를….' 그는 그저 오늘 같은 내일이 이어지기만을 바랐다.

1944년 그는 함경북도 나남에 있는 군대에 징집되었다. 이듬해 8월 16일 이른 아침, 소련함대 7척이 나남 앞바다에 와서 함대 포격을 하고 나서야 일본의 패전을 알았다. 부대장은 일본이 졌다는 사실도 알려 주지 않은 채 이미 도망간 상태였다. 그는 남아 있는 가족을 만나기 위해 무기도 버린 채 나남을 탈출해 흥남을 향해 걸었다. 집에

도착하자, 숨도 돌릴 틈이 없었다. 직장에서 부리던 조선인 부하 3명이 몽둥이를 들고 사택에 우르르 몰려왔기 때문이었다. "야마다 씨, 오랫동안 신세 많았습니다. 복수하러 왔어요." 살기 어린 눈에 원망이 가득했다. 복수…. 그제야 몇 년 전 일이 떠올랐다. 김인지, 강인지 하는 집을 찾아온 그 부하의 동료가 그날따라 신경에 거슬렸다. 잠깐 매질을 한다는 게, 그만 빗나갔다. 그 후 그이는 며칠을 앓다 세상을 떠났다고 했다. "나도 열심히 한다고 했던 거야. 자네들도 화가 났겠지. 그래도 오늘은 어쨌든 이걸로 그만하고 가 주게. 애들도 보고 있잖아." 아내가 손을 벌벌 떨며 집안에 있던 값나가는 물건을 주섬주섬 챙겨 그들에게 안겨 주었다. "다시 올 겁니다." 그 말을 남기고 돌아가는 뒷모습을 보며, 비극이 이제 그치기만을 바랐다. 하지만 뜻한 대로 흘러가지 않았다.

8월 22일 소련군이 흥남에 진주하기 시작했다. 그달 26일에는 공장을 접수했다. 야마다와 일본인 동료들은 공장 출입을 금지당했다. 곧이어 은행과 우체국도 접수되면서 저금을 찾을 수 없었다. 생계가 완전히 끊겼다. 일찍이 조선인이 바라봄 직한 물건을 암시장에 내다 팔기 시작했다. 얼마 지나지 않아 사택에서도 강제로 퇴거당했다. 전쟁 말기에 각지에서 강제 동원한 조선인 노동자를 수용하기 위해 날림으로 지은 소위 '조선인 사택'에 이번에는 야마다를 비롯한 일본인 동료들이 수용되었다. 겨울을 넘기며 본격적인 불행이 닥쳤다. 유럽 전선에서 오랜 전투를 거듭하다 흥남으로 들어온 소련군은 탐욕스럽고 거칠었다. 그들은 값나가는 물건과 여자를 끝도 없이 요구했다. 전염병도 유행했다. 발진티푸스였다.

보통 조선 이는 허연데 발진티푸스 이는 색이 조금 있어. 그 놈을 발견하니까 맥이 탁 풀리데. 제일 처음에는 우리 첫째 딸이 걸렸는데 얼마 안 가 죽었어. 시신을 거적으로 싸고 삼각산까지 리어카로 짊어지고 갔지. 머리랑 발이 거적 밖으로 나와. 발이 리어카 밖으로 매달려 있는 거야. 11월인데, 조선 그 나지막한 언덕에 새하얗게 눈이 쌓여 있었어. 그 위를 터벅터벅 끌고 가는 거지. 딸내미 발끝이 눈 위에 계속 끌려. 그 자국이랑 리어카 바퀴 자국이 눈 위에 남아서 꼭 네 바퀴 수레로 가는 것 같아. 그러고 언덕을 올라갔어. 리어카 양 옆으로 끌고 가는 사람이며 장례하러 가는 사람들 발자국이 남았지. 그 모습만큼은 잊히지가 않아. 구덩이가 파져 있었는데 그 안에는 겹겹이 일본인 시체야. 안에 들어가 땅을 파서 조금은 덮었는데도 딱딱하게 얼어서 꼭 돌덩이를 얹어둔 것 같았어.

홍남에서 보낸 15년간 많은 일이 있었다. 청춘도, 부귀도, 영화도, 미나마타에 있었다면 누려보지 못할 일이었다. 그럼에도 홍남에 버려두고 온 그 모든 것보다, 딸의 마지막 모습이 가슴에 사무쳤다. 그와 아내, 그리고 남은 두 아이는 이듬해 초봄, 눈이 녹기 전에 밀항선을 타고 미나마타로 도망쳤다.

다시 밑바닥으로 :
식민지의 일장춘몽

"너희들, 조선인을 노예처럼 부리다 왔잖아"라는 말도 들었어. 난 그렇게 생각하지 않아. 어디에 가더라도 그만큼 일하지 않으면 먹고 살지 못하는 거 아닌가. 우리는 그만큼 고생을 겪은 거고, 그만큼의 일을 하고 온 거야.

미나마타 생활은 참담하고, 그냥 참담했어. 걸식하는 것 외에는 살 방법이 없었지. 그런 괴로움에서 도망쳐 나왔다는 기분이 앞섰던 거야. 소나 말이나 먹을 것 같은 음식, 소나 말이 맛있어 하며 먹을 것 같은 음식에서 해방되었으니까. 게다가 거지 같은 옷에서 해방되기도 했고. 6할割, 4할까지 빼앗기던 소작인의 둘째, 셋째 아들의 슬픔은 이제 질렸고 두 번 다시는 농사 따위는 안 할 거라는 마음이 있기도 했어. "조선까지 와서 더럽게!" "농민이었다는 걸 기억하고 싶지 않아"란 건 모두 그런 마음의 반향反響인 거지. 조선이란 곳은 한 껍질 벗기면 일본 전국에서 생계를 잃은 자가 모여든 곳이었어. 모두 일본에서 비참한 생활을 질릴 만큼 하고 조선으로 건너와서 사치스러운 생활을 했던 거지. 막 도망쳐 온 가난한 생활을 비웃고 싶었던 거야.

딸을 잃고, 가까스로 돌아온 미나마타에서 그와 가족을 기다린 것은 패잔병을 바라보는 차가운 시선이었다. 고향에 돌아올 때마다 그를 반기고, 선망하던 눈빛을 보내던 이웃들이 이제 더는 그의 이야기를 듣고 싶어 하지 않았다. 일본 최고의 공장에서 누렸던 그의 영광도, 1945년 8월 15일 이후 그가 겪었던 참담한 불행도, 그들은 들어주려 하지 않았다. 그와 가족, 그리고 돌아온 동료들을 향해 고향 사람들은 "조선인을 노예처럼 부리다 왔다"며 손가락질하고 수군거렸다. 변명하고 싶었지만 할 수 없었다. 그는 식민지에서 보냈던 날들을 마음 한편에 묻어 두고 입을 닫았다.

그사이 일본질소의 높은 분들이 미나마타로 모여들었다. 일본 한 귀퉁이 이 작은 도시에 다시금 흥남을 세우기라도 할 듯, 그들은 밤낮으로 공장에 매달렸다. 그도 공장의 말단 직공으로 취업했다. 직급이 내려갔고, 임금도 깎였지만 어쩔 수 없었다. 아내는 바닷가에서 조개 캐는 일을 시작했다. 다시 밑바닥부터 삶을 시작하는 기분이었다. 풍요는 잃었지만, 매일을 성실하게 살면 다 괜찮아질 거라 생각했다. 헛된 희망이었다.

귀국 후 15년 만에, 아내가 오래 앓다 세상을 떠났다. 원인을 알 수 없는 기병奇病이었다. 끝을 알 수 없는 괴로움에 짓눌리는 지독한 시간이었다. 몇 년 뒤 원인이 밝혀졌다. 회사에서 방류한 폐수에 함유된 유기수은이 문제였다. 회사의 높은 분들은 기병과 폐수 사이의 연관성을 인정하지 않았다. 뼈마디도 무르익지 않았던 시절부터 제 가족처럼 여기고, 미나마타에서 흥남으로, 그리고 다시 미나마타로 이어지는 그 긴 시간을 함께해 온 회사였다. 아내와 회사를 떠올릴 때면 아득해졌다. 어디부터 잘못된 것일까. 원망할 것은 내 팔자일까, 회사일까, 아니면 국가일까. 어두운 생각에 잠길 때면 그리운 흥남이 떠올랐다. 카메라 렌즈 너머로 밝게 웃던 아내, 뛰놀던 아이의 모습이 엊그제 일처럼 선명했다. 술기운이 오를수록 저 멀리로 아이가 떠나고,

아내가 떠나는 모습이 보였다. 매 맞던 눈이 자신을 노려보았다. 김인지, 강인지 모를 사내가 끝없이 문을 두드렸다. 그는 머리를 흔들며 선술집을 나서 한밤의 거리 속으로 걸어 나갔다.

※ 글의 주인공 '야마다'는, 1990년 일본 소후칸草風館출판사에서 발간한 인터뷰집《미나마타민중사水俣民衆史》에 수록된 회고를 바탕으로 필자가 만들어 낸 가상의 인물이다. 이 책에는 일제시기 홍남의 일본질소에서 노동자로 근무하다 해방 후 구마모토현 미나마타시로 집단귀환한 여러 일본인 가족의 인터뷰가 실려 있다. 책에 실린 여러 사람의 인터뷰를 조합해서 '야마다'의 사연을 만들었으며, 직접 인용문도 모두 책에서 발췌했다. 이 외에 글에 삽입한 통계, 일본질소, 미나마타병 피해자에 대한 설명은 모두 기존연구와 사사社史를 토대로 서술했다.

353

선양

노동자와 기업에 대한

집단기억의 원형 공간

박철현

빛나는 과거Radian Past, 공인촌

청나라 초기 수도였던 선양은, 일본이 1905년 러일전쟁 승리 이후 만주滿洲 침략을 강화하고 1932년 만주국滿洲國을 건국한 이후 만주국의 대표적인 공업도시로 급성장한다. 당시 만주국에서 하얼빈은 북방北方의 교역과 무역의 중심지, 신징新京(현재의 창춘)은 수도, 다롄은 항구도시로서 조선산업, 철도산업, 금융업의 중심지였는데, 선양은 기계, 자동차, 항공기, 야금, 화학, 중장비 위주의 중공업 중심지로 발전했다. 1945년 2차 세계대전 종전 후 국공내전國共內戰을 거치고 1949년 건국된 이후 선양은 중국 최대의 중공업 중심도시로 부상했고, 1978년 개혁개방 직전까지 공업생산량 측면에서 경제수도 상하이上海 다음가는 공업도시의 지위를 유지했다.

　'철도의 서쪽'이라는 뜻의 선양 '톄시구鐵西區'에는 러일전쟁 직후부터 주로 일본계 공장이 들어서기 시작했고, 만주국 시기인 1938년 행정구行政區로 지정되었으며, 중공업 기업이 집중적으로 건설되었다. 톄시구 공인촌工人村은 사회주의 시기 건설된 '노동자 주택 밀집 지역'이다. 최초의 공인촌은 중국 건국 초기인 1951년에 건설을 시작한 상하이 푸퉈구普陀區 차오양신촌曹楊新村이다. 차오양신촌은 1952년 5월 1차분이 완공되어 '1002호戶'의 노동자 가족에게 분배되었다. 이후 중국 전역에는 공인촌이 속속 들어서기 시작했고, 선양 공인촌은 1952년 12월에 1차분이 완공되었다.

공인촌은 건국 초기 '사회주의 중국'이라는 이념의 공간적 표현 중 하나로서, 기존 국민당 정부 시기 도시가 '소비, 향락, 자본가의 도시'였기 때문에 마땅히 국가의 주인이어야 할 노동자는 저임금과 착취에 시달리는 것은 물론이고, 특히 주거공간 측면에서 매우 열악한 상황에 처해 있었다는 중국공산당의 인식에 기초해 건설되었다. '노동자 계급이 지도하고 노동자-농민연맹에 기초하는 사회주의국가'(중국 헌법 1장 1조)인 중국은, 기존의 도시와 다른 '생산과 노동자의 도시'를 만드는 데 가장 기본인 노동자의 주거환경 개선을 위해서 공인촌 건설에 집중했던 것이다.

물론 사회주의 시기 내내 상하이 차오양신촌과 선양 공인촌은 물론 전국의 모든 공인촌은 기본적으로 공급이 수요를 따라가지 못하는 상황으로, 원하는 노동자 누구나 공인촌에 입주할 수 있지는 않았다. 1950년대 건설 초기 선양 공인촌에 입주한 노동자는 주로 고급기술자, 간부, 숙련 노동자와 그 가족이었다. 건국 직후 중국공산당은 제국주의 침략, 2차 세계대전, 국공내전으로 훼손된 공업생산력을 회복하기 위해서 특히 중공업이 밀집된 동북지역(=만주) 선양의 공업 기업의 정비와 건설에 집중했고, 손실된 노동력을 보충하기 위해서 전국에서 기술자와 노동자를 모집 및 동원해 선양 톄시구의 공업 기업들에 집중적으로 배치했다.

중국 정부는 '노동자가 주인'인 나라에서 노동자가 어떤 생활을 누리는지를 보여 주기 위해서 공인촌을 건설하는 데 정성을 기울였고, 그 결과 테시구 공인촌은 '아랫집 윗집 모두 전등, 전화'라고 하여 당시로서 보기 드문 전화와 전등이 설치될 정도로 현대적이었고, 공인촌 안에는 아파트는 물론 식료품점, 목욕탕, 학교, 탁아소, 병원, 약국, 영화관, 사진관, 백화점, 우체국, 저축소, 여관, 식당 등 주민이 살아가는 데 필요한 모든 것을 갖추고 있었다. 문제는 건설에 막대한 자금이 필요한 공인촌에 입주할 수 있었던 노동자는 소수일 수밖에 없었다는 사실이다.

모든 노동자에게 공인촌을 제공할 수 없었던 것은 중앙정부와 해당 지방정부의 예산 부족이 근본 원인이었지만, 동시에 사회주의 시기 중국 기업의 구조적 특징도 중요한 원인이었다. 사회주의 시기 중국의 기업은 국유기업과 집체기업集體企業으로 나뉘고, 국유기업도 다시 중앙기업과 지방기업으로 나뉘었다. 중앙기업은 중앙정부, 지방기업은 지방정부가 소유한 기업이며, 집체기업은 도시와 농촌의 주민이 자체적으로 자금을 모아서 설립한 기업이다. 문제는 중앙기업, 지방기업, 집체기업이 기업별로 소유 주체가 다를 뿐 아니라, 각 기업이 소속 노동자에게 제공하는 임금과 복지의 차이가 매우 크다는 점이다. 중앙기업은 주로 중앙정부의 부처가 직접 소유한 기업으로, 예를 들어서 기계공업부가 직접 소유한 '선양 공작기계공장'은 공장의 소재지는 선양이지만, 기업의 소유 주체가 중앙정부 기계공업부이기 때문에 공장 자체의 행정적 지위도 높았고, 소속 노동자의 임금과 복

357

공인촌
ⓒ박철현

지도 기계공업부가 직접 제공했다. 따라서 복지 중의 하나인 주택도 당연히 일정 수준 이상이었다. 하지만 지방기업이나 집체기업은 이들 중앙기업에 비해서 행정적 지위, 임금, 복지 모든 측면에서 뒤떨어졌다. 중요한 것은 선양 공인촌은 1차분이 완공된 이후에도 사회주의 시기 내내 지속적으로 건설되었으며, 건국 초기를 제외하고 이후에 공인촌을 건설하는 데 필요한 자금은 중앙정부만이 아니라 선양시와 해당 기업이 동시에 부담하거나 해당 기업이 독자적으로 부담했기 때문에, 중앙기업, 지방기업, 집체기업 중 어디냐에 따라서 실제로 해당 기업이 제공할 수 있는 노동자 주택의 품질과 수량은 큰 차이를 보일 수밖에 없었다는 점이다.

이렇게 노동자 주택 사이에 차이가 있음에도, 톄시구 공인촌은 사회주의 중국을 대표하는 공업도시 선양의 기업과 노동자 및 그 가족이 밀집된 지역으로 인식되었고, 중국 정부도 공인촌을 '노동자 국가'의 공간적 표현으로 선전했다.

선양의 쇠퇴,
공인촌의 몰락

1978년 이후 과거 마오쩌둥毛澤東 시대의 계급투쟁 및 계획경제와 결별을 선언하고, 시장경제가 사회와 경제를 운용하는 핵심 기제가 되어 버린 개혁기에 들어서 선양은 서서히 사회와 경제의 쇠퇴가 진행되었다. 계획경제 시대에 설립된 선양의 중대형 중공업 기업들은 효

톄시구

율과 이윤을 핵심으로 하는 시장경제에 적응하지 못하고 점차 경쟁력
을 상실했다. 1978년 이전 사회주의 시기 '공화국의 큰아들', '공화국
장비부', '동방의 루르Ruhr'라고 불리면서 중국을 대표하는 중대형 중
공업 국유기업과 소속 노동자가 밀집되었던 선양은, 1990년대 중후
반이 되면서 기업파산, 조업정지, 노동자 파업이 대량으로 발생했고
2001년에 해고 노동자는 70만 명에 달해 선양은 '해고의 도시', '휴가
촌'이라고 불릴 정도였다.

  선양에서도 톄시구는 공업 기업과 소속 노동자가 가장 밀집된 곳
으로 특히 2000년대 초 공인촌의 상황은 심각했다. 건설된 지 50년이

넘은 공인촌 아파트는 유지관리가 제대로 이뤄지지 않아서 곳곳이 허물어졌고, 이곳 주민이었던 공장 노동자는 해고된 후 상당수가 공인촌을 떠나서 이사하거나 이곳에서 살면서 재취업을 위한 사투를 벌였다. 공인촌은 점차 '빈민촌'이 되어 갔다.

공인촌의 몰락은 공인촌 주민인 노동자가 소속된 톄시구 공업 기업의 쇠퇴가 가장 큰 원인이지만, 동시에 '공유제公有制 주택제도'가 1998년 전국적으로 공식 폐지된 것도 중요한 배경이다. 사회주의 시기 중국은 기본적으로 도시 주민에게 '공유제 주택'을 제공했다. 물론 앞서 살펴본 것처럼 기업에 따라서 제공되는 주택의 품질과 수량은 매우 다양했고, 모든 도시 주민이 이러한 공유제 주택을 사용할 수 있지는 않았지만, 도시 주민은 기본적으로 자신이 속한 단위單位(기업, 학교, 정부, 연구소, 협회, 병원 등 도시의 직장)가 제공하는 공유제 주택을 매우 저렴한 임대료만 내고 사용할 수 있었으며 심지어는 자식에게 물려줄 수도 있었다. 이러한 '공유제 주택제도'의 전면적 폐지는 상품으로서의 주택과 주택 시장의 탄생을 의미했고, 이제 주민은 자신의 소득수준에 따라서 자신의 주택을 시장에서 구매했다. 기업들도 직접 건설사와 계약을 맺고 주택을 건설해서 이 주택을 소속 노동자에게 제공하던 과거의 방식에서 탈피해, 소속 노동자에게 주택비용 일부를 보조금 형태로 지급하거나 아예 아무런 비용도 지급하지 않는 방향으로 전환했다.

1990년대 중후반 심화된 기업파산과 노동자 해고, '공유제 주택제도'의 폐지, '상품주택' 시장의 탄생, 경제적 불평등 심화 등은 모두 공인촌 몰락의 직간접적 원인이 되었다.

361

모범노동자의 생산

2003년 중국은 중앙정부 차원에서 '동북진흥 정책'을 추진한다. 동북진흥 정책은 과거 중국을 대표하는 중공업 기업과 노동자가 밀집된 동북지역에서 특히 1990년대 중후반 들어서 사회와 경제의 쇠퇴로 기업파산, 노동자 해고가 잇달아 발생하자, 중앙정부가 이 지역 중공업 부문의 중대형 국유기업의 개혁을 통해서 동북지역을 다시 진흥하겠다는 계획이다.

국유기업의 개혁은 '산업구조조정'과 '소유권 개혁'으로 구성되는데, 전자는 기존 국유기업 중 국가 기간산업의 핵심 기업을 제외한 모든 국유기업을 사유화privatization하는 것이고, 후자는 노동계약에 따라 노동자의 신분을 '임금노동자'로 전환하고 기업 소유권에 주식제를 도입하는 것이었다. 그 결과 기존에 이념적으로 '공장의 주인'이었던 노동자는 임금노동자가 되었고, 주식의 보유량만큼 기업 소유권이 행사되는 '현대적 기업제도'가 자리를 잡았다.

문제는 국가의 입장에서 볼 때 '동북진흥 정책'을 제대로 추진하기 위해서는 이러한 제도적 물질적 변화는 필수였지만, 동시에 기존 선양 톄시구의 대표성, 즉 사회주의 중국의 공간적 표현이라는 성격도 시장경제 시대에 적합하게 전환될 필요가 있다는 점이었다. 다시 말해서 산업구조조정과 소유권 개혁이라는 국유기업의 개혁을 통해서 기존 선양의 제도적 물질적 전환을 추진하는 것과 함께, 사회주의 시기 선양의 공간적 상징성도 시장경제에 부합하는 방향으로 전환되어야 한다는 것이다.

앞서 살펴본 것처럼, 과거 '공화국의 큰아들', '공화국 장비부', '동방의 루르'로 묘사된 선양은 곧 선진성과 우수성의 공간 즉 '모범노동자'의 공간으로 위치했다. '모범노동자勞動模範'는 직무능력, 발전가능성, 창조성 등을 의미하는 '우수성'과 당과 국가에 대한 충성심을 의미하는 '선진성'을 체현한 인물이다.

사실 모범노동자는 건국 초기부터 지속적으로 '생산'되었다. 1949년 11월에 '선양 3기기공장' 노동자 자오궈유趙國有는 "신기록 창조운동"이라 불리는 모토 아래 최단 시간에 가능한 한 많은 양을 생산하기 위한 경쟁을 주도했고, 한국전쟁 발발 직후인 1950년 10월에는 '선양 5기기공장' 노동자 마헝창馬恒昌이 "애국주의 노동경쟁"이라는 표어 아래 생산 경쟁을 시작하면서 〈전국 노동자를 향한 도전서〉를 발표해 전국적인 생산 경쟁 분위기를 끌어냈다. 이러한 경쟁은 주로 생산 캠페인, 즉 '운동'의 형태로 전개되었으며, 당시에 제기된 정치적 경제적 대외적 도전에 대응해 당초 특정 지역에서 시작된 운동이, 전개되는 과정에서 국가가 지속적으로 개입해 전국 범위로 확대되면서 그러한 운동을 체현한 인물 즉 '모범노동자'를 창출해 내었다. 모범노동자는 또다시 운동을 더욱더 확대하고 그 과정에서 또 다른 모범노동자가 탄생하는 형태가 반복되었는데, 전체 과정에는 각종 도전에 대응하는 국가의 의지가 철저히 관철되었다.

모두가 노동자였던 사회주의 시기에 모범노동자의 범위는 공장노동자만이 아니라 군인, 기술자, 예술인, 학자, 언론인, 의사, 농민 등 광범위한 직종으로 확대되었고, 국가는 우수성과 선진성을 보유하고 당과 국가에 충성하는 노동자를 곧 모범노동자로 규정했다. 문제는

363

개혁기에 들어서 기업파산과 노동자 해고가 발생했고 기존 사회주의와 결별하고 자본주의사회로 체제 전환을 지속하는데도, 공산당과 국가는 노동자가 계속해서 충성할 것을 요구한다는 사실이다.

이렇게 볼 때, 선양 톄시구 공인촌은 자본주의로 이행이 심화되는 개혁기에도 당과 국가에 충성하는 모범노동자의 공간이 되어야 했다. 효율과 이윤을 핵심으로 하는 시장경제를 지상의 가치로 내면화한 현재의 모범노동자가 과거 사회주의 시기의 모범노동자와 다른 것처럼, 과거 사회주의 노동자의 공간이었던 공인촌의 역사도 다르게 해석되어야 한다. 다시 말해서 비록 현재 당과 국가가 요구하는 모범노동자는 사회주의 시기 모범노동자와는 완전히 다르지만, 당과 국가의 지도에 충실히 따라야 한다는 점에서는 같다. 아울러 모범노동자의 공간 톄시구 공인촌의 역사도 개혁기 시장경제의 현실과 모순되지 않는 내용으로 선별적으로 재구성되어, 모범노동자의 당과 국가에 대한 충성에 기여해야 한다는 것이다.

공인촌 생활관과
공인신촌

선양시와 톄시구는 '동북진흥 정책'을 추진하는 과정에서 기존 공인촌 주택 중 상당 부분을 철거하고 얼마 남지 않은 주택을 유지보수하는 한편, 공인촌 생활관生活館과 '공인신촌工人新村'을 건설했다.

공인촌 생활관은 '동북진흥 정책'이 시작된 지 몇 년 후인 2007년

工人村生活馆
Exhibition Centre of Workers Village

공인촌 생활관
ⓒ박철현

공인신촌

ⓒ박철현

톄시구가 '공업문화유산'을 보존하기 위해서 과거의 공인촌을 재현한 것이다. 공인촌 생활관에는 공인촌의 건설 및 노동자 생활과 관련된 각종 자료가 전시되어 있고, 1950년대, 1960년대, 1970년대, 1980년대 등 시대별로 노동자 주택 공간 내부를 실존 인물의 이름을 붙여서 재현해 놓았다. 공인촌 생활관 전체를 관통하는 서사는, 과거 선진성과 우수성을 체현한 톄시구 노동자가 당과 국가의 지도에 충실히 따르면서 불요불굴의 투지와 노력으로 조국의 사회주의 건설을 위해서 노력했고 행복한 가정을 만들었다는 내용이다. 이러한 서사를 증명하기 위해서 당시의 각종 물건, 신문, 일기, 구술기록 등이 동원되었다.

중요한 사실은 공인촌 생활관의 서사에는 톄시구에 있었던 '충돌과 분열'의 기억이 '소거'되어 있다는 점이다. 톄시구는 공업 기업이 선양 최대로 집중된 지역인 만큼 사회주의 시기 정치운동이 강력하게 전개된 공간이다. 10년 동안 지속된 문화대혁명 기간에 톄시구는 홍위병紅衛兵과 조반파造反派 파벌 사이의 격렬한 충돌과 분열이 집중되었다. 또한 앞서 살펴본 것처럼 1990년대 중후반 기업파산 및 노동자 해고와 더불어 노동자의 파업과 시위 등 저항이 끊이지 않았다. 생활관의 서사에는 이러한 충돌과 분열의 기억은 지워지고, 선진성과 우수성을 체현한 모범노동자라는 매끈한 기억만이 전시되어 있다.

공인신촌은 2007년에 공인촌 길 건너편에 새로 건설된 주택으로, 국가가 기존 모범노동자에게 시장가격보다 저가로 공급했고 일정 기간 보유한 후에 시장가격으로 매도해 큰 이익을 거둘 수 있게 해 주었다. 당과 국가는 사회주의 시기 기업에 들어와서 오랫동안 근무한 후 퇴직한 노동자에게 모범노동자의 칭호를 붙여 주고 충성의 대가

367

로 저가로 아파트를 제공한 것이다. 공인신촌은 과거와 완전히 달라져 버린 개혁기에도 노동자가 계속 당과 국가에 충성하기를 요구한 공간이다.

문제는 공인신촌은 톄시구의 모든 노동자가 입주할 수 없었다는 점이다. 당과 국가가 모범노동자의 이상을 잘 체현했다고 판단한 소수의 노동자에게 혜택을 제공하고 이를 통해서 개혁기에도 당과 국가에 대한 충성을 요구했지만, 국유기업의 개혁 과정에서 해고된 대다수의 노동자에게 주택 문제에 대해서 어떠한 조처를 취했는지는 침묵한다.

이런 의미에서 선양 톄시구 공인촌-공인촌 생활관, 공인신촌과 함께-은 중국 사회주의 노동자와 기업에 대한 집단기억의 원형 공간이며, 그것은 국가에 의해 이루어졌다. 건국 초기 톄시구가 전국에서 노동자를 모집했기에, 공인촌은 문화와 경험이 서로 다른 다양한 노동자가 모여들어 생활하면서 비교적 좋은 임금과 복지를 누리면서 상호 매우 동질적인 정체성을 보유한 공간이었다. 개혁기에 들어서 시장경제가 확산되자 노동자는 기업파산, 조업정지, 해고, 파업 등을 경험했고, 자신의 생활공간인 공인촌이 빈민촌으로 전락하는 것을 지켜봤다. 2003년 '동북진흥 정책'으로 국유기업의 개혁이 본격화되면서 상당 부분의 공인촌 주택은 철거되었고, 소수에 대해서만 유지보수가 진행되면서 생활관이란 이름으로 과거의 복잡다단한 역사가 단선적인 역사로 정리되었다. 2007년 공인신촌을 건설하면서 당과 국가는 기존 공인촌에 살던 노동자의 주택 문제를 해결하는 데에는 침묵하면서 소수의 모범노동자에게만 시장경제 방식의 특혜를 베풀었고, 공인신촌을 통해서 자본주의로의 전환이 점점 가속화된 현재에도 모든 노동자가 모범노동자로서 당과 국가에 충성하기를 요구한다.

369

선양, 노동자와 기업에 대한 집단기억의 원형 공간

선전

개발과 혁신의

실험장

윤종석

선전경제특구는 하나의 시험이며, 걷는 길이 올바른지 올바르지 않은 지는 한 번 봐야만 한다. 선전경제특구는 사회주의의 새롭게 태어난 사물로서, 성공하는 것이 우리의 바람이지만, 성공하지 못해도 하나의 경험이다. 우리가 사회주의를 하는 중심임무는 사회생산력 발전에 있고, 사회생산력 발전에 유리한 방법(외자 이용과 선진기술 도입을 포함해서)은 뭐든지 채택할 것이다. 이는 매우 큰 시험이며, 책 안에도 없는 것이다.

– 덩샤오핑, 알제리 민족해방전선 당대표단과 회견 시(1985년 6월 29일)

선전의 거대한 '성공'과 기억들 : '인스턴트 시티'와 사회(들)

개혁개방 이후 지난 40여 년간 중국은 빠른 속도로 경제발전을 이루면서 '세계의 공장'으로, 다시 '세계의 시장'으로 거듭나 왔다. '상전벽해桑田碧海'란 말이 무색할 정도로 빠른 변화 속에서도, '개혁개방의 1번지'라 불리는 선전深圳의 변화는 가장 극적이다. 개혁개방 직

371

전 31만 4100명이 살던 변방의 농어촌지역은 2019년 현재, 상주인
구 1343만 8800명의 대도시로 변화했다. 더욱이 베이징·상하이·광
저우와 함께 중국을 대표하는 '일선一線 도시(城市)'로서, 2019년 말 1
인당 지역내총생산(GRDP)이 3만 달러가 넘는 현대적인 대도시로 발
전해 왔다. 한때 "선전은 모기, 파리, 굴이 3대 특산품인데, 다들 홍콩
으로 도망가 집 10채 중 9채는 비었고 노인과 아이만 남았다"는 노래
가 유행하던 공간은, 이제 고층 건물과 소비시설이 가득한 현대적인
도시로 거듭났다. '선전속도深圳速度'라 불릴 정도로 빠른 변화와 발전
은, 허허벌판에 마법의 신기루와 같은 '인스턴트 시티instant city'를 현
실에 구현해 냈다.

선전 관방의 발전담론은 '시험장'이자 '창구'로서의 지정학적·지
리경제학적 성격을 끊임없이 강조하며, 결사적인 자세와 돌진적인 방
식으로 개혁개방을 감행해 왔던 자신의 경험을 널리 선전한다. 개혁
개방 이후 중국 최초이자 최대의 경제특구로서 누려 온 우대 정책과
제도적 자율성은 선전 경제발전의 주요한 기반이었지만, 적어도 초기
의 개혁개방과 경제성장은 상당히 불확실했고 의심스러운 일이었다.
중국 내 자본은 절대적으로 부족했고, 기술 수준이 높지도 관리 경험
이 충분치도 않았다. "중앙은 돈이 없으니 광둥성 스스로 방법을 생각
해 봐라"라는 덩샤오핑의 말은, 결국 선전 스스로 어떻게든 자기 조직
화를 하여 성공적으로 임무를 완수해야 했던 곤경을 보여 준다. "죽을
힘을 다해 혈로를 뚫는다"(殺出一條血路), "과감하게 돌진하고 과감하게
시험한다"(敢闖敢試), "한 걸음 먼저"(先走一步), "용감히 천하에서 가장
먼저"(敢爲天下先)라는 표어는 바로 이러한 절박함을 보여 준다.

결과적으로 선전은 거대한 '성공'을 거두었다. 단순한 양적 성장 뿐만 아니라 질적인 면에서 글로벌 도시로 거듭났다. 화웨이, 텐센트, 비야디(BYD), 다장이노베이션(DJI)으로 대표되는 IT제조업의 도시이 자, 창업과 혁신에서 글로벌 경쟁력을 갖춘 거대도시로 자리매김했 다. 더욱이 2018년 선전의 경제규모(GDP)는 처음으로 홍콩을 추월했 고, 웨강아오粵港奧 다완구大灣區의 핵심지역 중 하나로서 광둥성과 홍 콩·마카오의 사회경제적 통합 발전을 목표로 하여 더욱 커다란 발전 의 노정에 올라섰다.

본 글은 빠른 경제발전 과정에서 다층적으로 형성되어 온 선전 사 회(들)에 대한 기억들을 탐색한다. 원주민이 불과 30만 명이었던 선전 지역에 공식 통계로 1300여만 명, 비공식적으로 1800만 명 이상이 거주한다. 빠른 경제발전은 선전으로 다양한 인구집단이 이동하게 했 지만, 빠른 경제성장만큼이나 사회적 갈등과 모순 또한 상당하다. 어 쩌면 선전은 지난 40여 년간 개혁개방 과정에서 중국 사회가 겪었던 복잡한 경험을 보여 주는 일종의 축소판이다. 폭스콘Foxconn 노동자 연쇄자살사건 및 파업 등의 노동 이슈가 빈발하고, '문화사막'이라 불 릴 정도로 인문역사적인 토대가 부재하며, 선전의 사회를 통합할 도 시정신과 사회적 토대 또한 상당기간 부재했다. "나의 생활이 너와 관 계없는 것처럼, 너의 생활도 나와 관계없다"*는 말은 곧 선전에 온 사 람이 전혀 귀속감과 정체성을 갖지 못하는 현실을 반영한 것으로, 선

---

*   선전 경험에 기반하여 큰 인기를 얻은 장편소설 나의 생활은 너와 관계없다我的生活與 你無笑에 나오는 말이다.

선전, 개발과 혁신의 실험장

전에서 상상할 수 있는 '사회'의 부재를 보여 준다. 결국 우리는 다양한 개인과 인구집단이 간직해 온 다양한 사회(들)의 모습을 통해 선전의 변화를 되돌아볼 수 있을 것이다.

뤄팡촌 : 개혁개방의 시작이자 '성공'을 증명하는 곳

뤄팡촌羅芳村은 선전과 홍콩의 경계 지역에 있는 작은 농촌 마을이지만, 개혁개방의 시작이자 그 '성공'을 증명하는 곳으로 유명세를 타왔다. 개혁개방 이전 홍콩으로 도망 나간 사람들이 선전허深圳河를 마주하고 원래 마을 맞은 편에 또 하나의 뤄팡촌을 이뤘는데, 두 개의 뤄팡촌은 개혁개방 초기인 1970년대 말 중국 사회에서 관심이 많았다. 같은 마을 출신들이 두 개 마을을 만들었으니 인적 구성면에서는 별반 차이가 없었지만, 홍콩 뤄팡촌의 1인당 연평균 소득은 선전 뤄팡촌보다 100배가 넘게 높았다.* 건축 경관은 더욱 극명한 대비를 이뤘다. 홍콩에는 40~50층의 고층 건물이 즐비했지만, 선전의 가장 높은 건물은 겨우 3층에 지나지 않았다. 덩샤오핑의 말처럼, 이것은 결국 중국이 정책에 문제가 있음을 보여 주는 것이었다.

---

* 선전 뤄팡촌 촌민의 연평균 소득이 134위안인 데 반해, 홍콩 뤄팡촌 촌민은 1만 3000 홍콩달러에 달했다. 당시 홍콩달러와 위안화 간의 실제 환율을 고려한다면 100배도 넘는 격차였다.

개혁개방이 시작되자마자 뤄팡촌 촌민은 가장 빠르게 성공적인 결과를 낳기 시작했다. 불과 1~2년 만에 뤄팡촌 촌민은 가구당 1만 위안의 소득을 달성하며 홍콩 신제新界 농민의 소득수준엔 거의 근접했다. 가족이 힘을 합쳐 농사를 짓고 신선한 채소를 홍콩 시장에 팔면서 부를 일궈 나갔고, 자녀는 홍콩에서 학교를 다니며 선전과 홍콩을 넘나드는 일상이 만들어졌다.

두 개의 뤄팡촌,《南方都市報》

더욱이 뤄팡촌 촌민은 개혁개방의 필요성을 몸소 증명했다. 1984년 경제특구의 효과와 성격을 두고 개혁파와 보수파 간 정치적 풍파가 발생했고, 보수파의 리더 중 하나인 보이보薄一波가 뤄팡촌을 두 번 방문해 면담을 가졌다. "도대체 자본주의가 좋은 거냐, 사회주의가 좋은 거냐"는 질문에, 당시 촌장인 천톈러陳天樂의 대답은 걸작이었다. "어떠한 주의든 관계없이 인민 생활이 좋아지고 평안히 살면서 즐겁게 일할 수 있다면 그들은 당을 옹호하고, 우리의 국가와 제도를 옹호할 것입니다." 경제특구를 둘러싼 정치적·이데올로기적 논쟁이 벌어질 때마다 뤄팡촌 촌민의 '성공'은 개혁개방을 밀어붙일 주요한 근

375

거가 되었다.

뤄팡촌은 더욱 빠르게 변화하고 발전해 기존 촌민과 선전시 정부의 가장 커다란 성공담 중 하나가 되었다. 급속한 도시화와 경제발전으로 많은 농민이 토지에서 강제로 내몰리면서 빈곤해지는 다른 사례들과 달리, 뤄팡촌의 경험은 오랫동안 터전을 닦아 온 촌민이 부자로 거듭났음을 보여 준다. 300여 명에 지나지 않았던 촌민이 만든 마을 회사가 부동산 개발과 임대업 등으로 크게 번창하면서, 촌민은 농사를 짓지 않아도 부유한 건물주로 자산가계급으로 집단적으로 변화했다. 더욱이 홍콩과 자유로이 왕래하며 안락한 생활을 누리면서, 홍콩의 식민화 이전에 가졌던 선전과 홍콩의 밀접한 연계를 복구했다. 이들에게 선전과 홍콩의 거리는 다시 가까워졌고, 장구한 역사적 전통은 개인과 가족의 삶에서 되살아났다.

2019년 현재 뤄팡촌의 상주인구는 1만 8000명에 달하지만 호적인구는 1949명으로, 대부분의 인구가 현지에 호적을 두지 않은 일명 '외지인구外地人口'다. 뤄팡촌 촌민은 필사적으로 노력해 개혁개방의 과정에 동참해 왔고, 결과적으로 과거에는 상상조차 하기 힘들었던 거대한 부를 쌓을 수 있었다. 하지만 이러한 성공담의 이면에는 '이주민의 목소리를 어떻게 반영할 수 있는가'라는 숙제가 남겨졌다. 뤄팡촌의 경험이 홍콩과 거리는 가깝게 했을지 몰라도, 중국 내부와 거리는 더욱 멀게 했는지도 모를 일이다. "뤄팡촌 촌민은 이미 자산이 1억 위안 이상이다"라는 이야기가 온라인에서 심심찮게 등장하는 만큼, 내륙에서 이주해 와 청춘을 바친 수많은 이주민에게는 짙은 그림자가 드리워진다.

선전속도:
돌진적 근대화의 '예외공간'

선전속도는 바로 개혁개방 이후 선전의 빠른 경제발전을 나타내는 핵심 용어다. "시간은 금이고, 효율은 생명이다", "개혁과 혁신은 선전의 근본이고, 선전의 혼이다"라는 표어가 드러내듯이, 선전은 돌진적인 경제성장 속에서 1980년대 이후 체제전환 측면에서 수많은 '전국 첫 번째'의 영예를 얻었다. 건축공사와 관련해 처음으로 프로젝트입찰제도를 도입해 공사기간을 단축하고 비용을 절감했으며, 사회주의식 '철밥통鐵板碗'과 '한솥밥大鍋飯'식의 임금 분배제도를 개혁하고 노동계약을 도입하는 데에도 가장 먼저 나섰다. 최초의 주식제 기업을 만들고, 국유자산관리/경영 전문기구를 설립했으며, 각종 기업·은행·금융 측면에서 많은 변화를 선도했다.

　선전속도의 상징은 바로 1980년대와 1990년대에 지어진 두 건물의 빠른 건설 속도였다. 1985년 선전국제무역중심빌딩深圳國際貿易中心大廈은 '3일에 1층'을 건설할 정도로 빠르게 지어지며 '선전속도'란 말을 탄생하게 했다. 1996년 선전디왕빌딩深圳地王大廈은 최고속도 '9일에 4층'을 지을 정도로 빠르게 지어졌고, 당시 아시아 최고 높이로 선전의 발전과 기술혁신을 상징하는 곳이기도 했다.

　선전의 돌진적 근대화는 기본적으로 경제특구로서 선전이 갖는 '예외공간'적 성격에서 비롯되었다. 문화대혁명의 풍파를 10여 년 겪은 사회주의 중국의 입장에서 전국적으로 자본주의적 요소를 동시에 도입한다는 것은 결코 쉬운 일은 아니었다. 더욱이 중국 바깥에서

377

〈표 1〉 1979~2019년 선전의 사회경제 발전

연도	경제규모(만 위안)				인구규모(명)				1인당 GRDP (위안)
	지역내총생산 (GRDP)	1차 산업	2차 산업	3차 산업	연말 상주인구	상주 호적인구	상주 비호적인구	연말 취업인구 (명)	
1979	1억 9638	7273	4017	8348	31만 4100	31만 2600	1500	13만 9500	–
1980	2억 7012	7803	7036	1억 2173	33만 2900	32만 0900	1만 2000	14만 8900	835
1985	39억 222	2억 6111	16억 3586	20억 525	88만 1500	47만 8600	40만 2900	32만 6100	4809
1990	171억 6665	7억 0220	76억 9319	87억 7126	167만 7800	68만 6500	99만 1300	109만 2200	8724
1995	842억 7933	12억 4122	422억 3744	408억 67	449만 1500	99만 1600	349만 9900	298만 5100	1만 9558
2000	2219억 2015	15억 5656	1108억 7644	1094억 8715	701만 2400	124만 9200	576만 3200	474만 9700	3만 3276
2005	5035억 7678	9억 7385	2709억 6861	2316억 3432	827만 7500	181만 9300	645만 8200	576만 2600	6만 1844
2010	1조 2183	6억 8391	4737억 9750	5257억 4042	1037만 2000	251만 300	786만 1700	758만 1400	9만 9095
2015	1조 8014억 720	7억 2084	7678억 987	1조 328억 7649	1137만 8700	354만 9900	782만 8800	906만 1400	16만 6415
2019	2조 6927억 920	25억 1950	1조 495억 8369	1조 6406억 601	1343만 8800	494만 7800	849만 1000	1283만 3700	20만 3489

비고: 상주인구란 6개월 이상 해당 지역에 거주하는 인구를 의미하고, 호적인구와 비호적인구의 기준은 선전지역의 호적 유무이다.
출처:《深圳統計年鑑 2020》

도 정치적·경제적으로 불확실성이 많은 중국 대륙으로 진출한다는 것 또한 결코 쉬운 결정은 아니었다. 결국 선전은 개혁개방의 실험실이자 중국 내 '예외적인 공간'으로서, 경직된 계획경제를 벗어나 '체제 외'적인 요소를 가장 먼저 도입한 '제한적인 공간'이자, 시장경제적 요소와 계획적 요소가 병존하는 '이중적인 공간'이었다. 더욱이 성공적으로 도입한 제도는 중국 국내 전역으로 확산됨으로써 결과적으로는 특구로서의 특별함이 궁극적으로 사라질 '잠정적인 공간'이기도 했다.

하지만 더욱 근본적으로는 선전을 둘러싼 무수한 행위자의 열정과 참여가 놀라울 만큼의 경제성장을 이끌었다. 기본적으로 선전은 중국 최초로 최대 경제특구로서 중국 정부 입장에서도 반드시 성공해야만 하는 공간이었다. 덩샤오핑이 초기에 규정한 외화획득, 자본, 기술, 경영·관리의 경험을 도입하는 목적 이외에도, 홍콩과 향후 정치적 통합을 예비하는 마중물 역할도 수행해야 했다. 선전 지방정부 또한 마찬가지였다. 압도적인 경제적 실적은 무수한 비판에도 경제특구를 지속케 했다.

정부뿐만 아니라 촌, 지역 커뮤니티(사구社區), 기업, 이주민 등 무수한 행위자가 개혁개방 과정에 동참하면서 기여해, 선전의 인구는 애초 계획과 구상을 뛰어넘는 규모와 속도로 증가했다. 1980년 〈선전경제특구 총체규획〉에서 선전 특구의 인구를 1990년 30만 명, 2000년 50만 명으로 잡았던 관리목표는 이미 1980년대 중반에 돌파되었다. 1982년 3월 〈선전경제특구 사회경제발전규획대강〉은 2000년 인구를 100만 명으로 재조정하고 건설면적을 확대했으며, 1986년 〈선전경제특구 총체규획 1986~2000〉은 2000년 인구를 80만 명으로 재조정했지만, 이미 1990년 선전시 인구는 100만을 넘어섰다. 선전 인구의 폭발적인 증가는 꾸준히 이어져, 2019년 현재 상주인구는 1300만 명을 넘어섰다.

'농민공의 도시':
호적이 없는 이주자가 다수인 문제공간

선전의 경제발전을 이끌어 온 주축 중 하나는 바로 '농민공'이라 불리는 농촌 내륙 출신 이주노동자였다. 개혁개방 이후 홍콩을 '전방 상점'으로 삼아 '후방 공장'으로 발전해 온 선전 지역에서는, 과거 사회주의 시기의 국유기업 노동자와는 다른 '새로운 노동자'가 만들어졌다. 자본주의적 고용관계가 중국에서 가장 선도적으로 도입되었는데, 대표적으로 개인의 자유구직과 기업의 자유채용, 국가의 직업소개라는 '삼결합'은 노동력 확보의 편의를 위해 선전 경제특구의 외자기업에서 우선적으로 시행된 친기업적 정책이었다. 더구나 초기 노동정책의 상당수는 홍콩, 마카오, 타이완의 법제를 참고했고, 홍콩·타이완 기업을 통해 기업의 노동관행이 확산되며 억압적·전제적 공장노동 문화 또한 함께 도입되었다. 결과적으로 '새로운 노동자' 계층은 주로 중국 내륙 농촌 출신의 농민으로, 과거 국유기업 노동자와 구분되는 일종의 비공식 노동자였다.

지금까지도 선전은 현지 호적이 없는 이주자가 다수를 차지하는 사실상 '농민공의 도시'로 발전해 왔다. 2019년 말 당시 호적이 없는 이주자가 847만 9700명으로 선전의 전체 인구 중 63.2퍼센트에 달했다. 하지만 돌진적 경제발전의 과정 속에서 그들의 사회경제적 현실은 상당히 문제가 있었다. 호적 유무를 따라 제도적·비제도적 차별이 가해졌고, 노동시장의 주된 참여자임에도 사회적 위험에 대한 국가의 제도적 혜택에서는 상당 부분 배제되었다. 더욱이 저임금, 저복지, 저인권에 더해 소질과 문화 수준이 낮다는 이유로 취약계층, 삼무인원三無人員[*], 망류盲流, 공돌이打工仔·공순이打工妹 등 사회적 차별과 멸시의 대상으로 이름 지어졌다. 그 결과 상당수의 '새로운 노동자'는 직장 간, 지역 간 이동을 거듭하며 불안정한 삶을 영위해 가고 있다.

바오안寶安 라오우궁勞務工박물관은 중국 최초의 삼래일보三來一補[**] 기업 자리에 건립된, 선전에 대한 기억의 핵심장소 중 하나이지만 그 의미는 사뭇 복합적이다. 삼래일보 형식의 제조업이 빠르게 발전하면서 '농민공'으로 대표되는 대규모 이주노동자가 일해 온 도시의 발전 지표가 되는 장소이자, 선전에서 냉대와 멸시를 받은 채 잦은 이동을 하며 거쳐 간 수많은 농민공에 대한 일종의 기념 장소라고 할 수 있다. 무엇을 위한 기념관인가는 누구의 시선에서 보느냐에 따라 다르겠지만, 농민공 권익보호 단체도 종종 다녀가는 곳이기도 하다.

개혁개방 이후 선전은 거대한 자본과 인구의 유입을 경험하며

---

[*] 삼무인원은 신분증, 임시거주증, 고용증이 없는 사람을 일컫는 말이기도 하지만, 엄혹한 현실을 드러내는 다양한 의미로도 사용된다.

[**] 삼래일보란 광둥지역에서 주로 진행된 임가공 위탁생산방식을 의미하는데, '위탁가공來料加工', '견본가공來樣加工', '녹다운수출來件裝配', '보상무역補償貿易'을 포괄한다.

중국 최초의 삼래일보 기업 자리에 건립한 바오안 라오우궁박물관 ⓒ윤종석

'이민도시'로서 사회적으로 (재)구성되었다. 하지만 '인스턴트 시티'란 말이 적합할 정도로, 성장과 세계화, 포섭과 배제, 거버넌스 측면에서 많은 한계와 문제 또한 누적되었다. 선전 경제특구가 체제전환 실험의 선도자로서 갖는 '예외공간'으로서의 장점은, 자본주의와 사회주의, 계획과 시장, 호적주민과 비호적주민 등 다양한 문제가 복잡하게 착종되게 했다. 그런 점에서 선전은 체제전환 실험의 선도자·계획자로서도 주요한 역할을 담당했지만, 의도치 않았고 경험해 보지도 못한 수많은 사회적 문제도 선도적으로 직면했다. 선전은 개인 차원에서는 개발에 참여함으로써 임금 소득과 발전의 기회를 잡을 수 있는 곳인지는 모르겠지만, 다차원적인 불평등과 사회적인 문제의 '사회적 해법'을 찾기에는 상당히 무력했다. 그 사회적 결과는 한

바오안 라오우궁박물관 내 게시물 '노동에 대한 존중'을 드러내는 달력
(여러 사회단체가 연합하여 제작) ⓒ윤종석

편으로는 철저한 무관심한 사회로서의 '낯선 사람'의 사회로서 사회
적 안전과 사회적 소외의 문제로,* 다른 한편으로는 수많은 '쉐한궁
창血汗工廠, sweat shop'(직원들의 피와 땀을 착취하는 공장)과 몰인권적 사장
들의 이미지로 드러났다.

선전의 꿈 :
시민의 도시와 글로벌 도시 속의 시민(성)

개혁개방 30주년인 2010년을 전후해 선전은 발전전략의 전환과 더
불어 '선전의 꿈'을 강조하며 발전담론의 전환을 모색하기 시작했다.
과거 개발과 발전을 통한 양적 성장 위주에서 좀 더 질적인 발전을 동
반하는 경제발전전략으로의 전환과 더불어, '선전의 꿈'을 강조하며
선전의 도시 브랜드와 시민성을 다시 만들어내는 데 나서고 있다. 경
제특구로서의 정책적인 특수·특혜가 사라진 이후 지속된 선전위기
론에 대한 정책적 대응의 차원이기도 하지만, 선전의 경험을 되짚어
보고 사회경제적 문제에 대한 시민(성)적인 해법 또한 담겨 있다.

　　2010년 선전에서 가장 영향력 있는 관념을 대중과 전문가를 통해
'선전 10대 관념'으로 선정했는데, 이는 발전담론의 전환을 가장 잘

---

*　　광둥지역에서의 사회적 무관심과 그로 인한 사회적 악영향은 최근에도 큰 문제로 제
　　기되어 왔다. 2012년 광둥지역 한 도로에서 차량에 치인 어린아이를 몇 시간째 아무도
　　돌보지 않아 사망한 사건이 바로 대표적인 사례다.

〈표 2〉2010년 선전 10대 관념

10대 관념 원문	해석
時間就是金錢, 效率就是生命	시간은 금이고, 효율은 생명이다.
空談誤國, 實干興邦	헛된 이야기는 나라를 망치고, 실천은 나라를 부강하게 한다.
敢爲天下先	용감히 천하에서 가장 먼저
改革創新是深圳的根, 深圳的魂	개혁과 혁신은 선전의 근본이고, 선전의 혼이다.
讓城市因熱愛讀書而受人尊重	도시가 독서를 사랑하게 하면 다른 사람에게 존중받는다.
鼓勵創新, 寬容失敗	혁신을 북돋고, 실패를 너그럽게 여겨라.
實現市民文化權利	시민문화권리를 실현해라.
深圳, 與世界沒有距離	선전, 세계와 거리는 없다.
送人玫瑰, 手有余香	남에게 장미를 주면, 내 손에는 향기가 남는다.
來了, 就是深圳人	(선전에) 왔으면, 곧 선전사람이다.

출전: 王京生 主編, 《深圳十大觀念》, 深圳报業集團出版社, 2011; 梁英平 謝春紅 等, 《深圳十大觀念解讀: 歷史背景 文化內涵 時代價値》, 2012

드러내 준다. 〈표 2〉에서 위의 네 개 관념이 과거 돌진적 경제발전의 표어라면, 나머지는 좀 더 미래적으로 만들어 가야 할 도시 브랜드와 관련된다. 독서, 시민문화권리, 관용과 혁신, 포용과 개방이 직접적으로 명시되고, 특히 마지막 두 관념은 기존에는 존재하지 않던 '사회'의 상상과도 관련된다. 즉 "남에게 장미를 주면, 내 손에는 향기가 남는다"는 관념은 나와 당신이 함께 있는 사회적 공간을 상상하게 하며, "(선전에) 왔으면 곧 선전사람이다"라는 말에서 호적이 없는 이주민에

385

선전

통합과 자발적 참여를 강조하는 선전의 게시물
"왔으면 선전 사람이고, 왔으면 자원봉사자다" ⓒ윤종석

대한 사회적 통합과 포용도 상상해 봄 직하다.

하지만 현재에도 과연 이러한 발전담론의 변화가 실제 사회경제적 문제를 해결할 '사회적 해법'으로 작동할 수 있을지는 여전히 지켜볼 필요가 있다. 한편으로 "왔으면 선전사람이다"라는 말은 다양한 형태로 변주되기 시작했는데, 선전에 호적이 없더라도 기본적인 사회경제적 서비스를 받을 수 있는 가능성이 열림과 동시에 좀 더 '조건부'적인 형태로 권리와 의무가 서로 연계되는 방식이 나타나기 시작했다. 특히 위 사진처럼 자원봉사자와 같은 사회적 참여는 선전에 사는 시민의 의무이자 사회발전에 대한 기여라는 차원에서 대중적으로 활용되기 시작했는데, 시민으로서의 문화와 소질을 개별적인 차원에서 요구한다는 점에서 여전히 문제라 할 수 있다. 더욱이 광둥과 홍콩, 마카오를 통합한 발전을 꾀하는 웨강아오 다완구 발전전략은 선전이 글로벌 도시로 성장하도록 더욱 자극하는데, 창의와 혁신을 내세우는 글로벌 도시의 시민성은 서구적인 의미의 시민(성)이라기보다는 글로벌 인재를 영입하기 위한 맞춤형 전략이 아니냐는 이야기도 나온다.

선전은 향후 성장 잠재력이 큰 도시로 글로벌 발전이 더욱 기대되는 도시이지만, 과연 어떠한 모습으로 만들어 갈지는 여전히 미지수다. 2015년 완커萬科그룹의 이사회 주석은 "'선전의 꿈'이란 곧 선전에서 일구어 낸 '중국의 꿈'이고, 선전은 첫 번째의 기득이익자이며, 중국도 도시도 기업도 전환(轉型)을 해야 하는 현재, 선전 또한 기득이익에 안주하지 말고 전환의 전면에 서야 한다"고 밝히기도 했다. 개혁과 혁신, 개방이 과거에서 이어져 온 발전동력이라면, 포용과 관용, 문화에 대한 강조는 새로운 발전동력이 된다. 과연 선전은 과거 선전위기론에서 제기되던 적막한 도시로서의 모습과는 다른 '사회'를 만들어 낼 수 있을 것인가? "선전에 오면 선전인일 수 있고, 선전인임에 틀림없고, 선전인이어야만 한다"(梁英平·謝春紅 等,《深圳十大观念解读》, 2012, 185~200쪽)라는 선전 정부의 외침이 과연 어떠한 모습의 공간으로 만들어 갈지 주목해 볼 필요가 있다.

선전, 개발과 혁신의 실험장

기타큐슈

철의 도시가 남긴

흔적들

류영진

기타큐슈지역의 산보에
초대합니다

규슈지역 관광에서 인기 지역 중 하나인 후쿠오카시. 조선통신사들의
상륙지이자 부관페리의 출항지이자 입항지로 역사 교과서에도 등장
하는 시모노세키시. 기타큐슈시는 이 유명한 두 도시 사이에 자리 잡
고 있다. 언뜻 들어서는 생소한 지역일지도 모른다. 우리는 주로 알려
진 것을 기억한다는 점을 생각해 본다면 기타큐슈라는 지역의 이름만
으로는 확실히 오늘날 우리에게 생소할 수 있으리라.

　기타큐슈시는 한국의 광역시에 해당하는 후쿠오카현의 정령政令
지정 도시이다. 기타큐슈시는 일본을 구성하는 큰 4개의 섬 중 하나
인 규슈의 최북단에 위치했다. 인구는 2020년 통계를 기준으로 약 93
만이다. 혼슈의 남측 끝자락에 위치한 시모노세키시와는 600미터 남
짓의 간몬해협을 사이에 두고 마주보고 있기에 기타큐슈시는 혼슈의
관문으로 불리기도 한다. 또한 긴 해안선과 만이 있기에 서일본 최대
의 무역항만으로도 명성이 높은 곳이다. 이후에 등장할 기타큐슈지역

의 다양한 정보를 이해하는 데 참고하도록 간단히 기타큐슈의 지형과 지명을 소개하면 오른쪽 그림과 같다.

하지만 기타큐슈지역의 일반적인 정보들보다도, 가장 최근에 기타큐슈가 알려진 것은 아마 강제징용 문제로 미디어에서 자주 다루어진 신일본제철 때문일 것이다. 신일본제철의 전신인 야하타제철소가 있었던 곳이 바로 기타큐슈지역이다. 야하타제철로 상징되는 일본 철강산업의 한 축이 바로 기타큐슈지역이었으며, 이를 기반으로 일본 중공업의 심장부로서 역할을 했던 곳이 바로 기타큐슈이다. 1900년을 전후로 석탄과 철강을 중심으로 한 산업이 집중되었고, 비약적으로 발전하면서 기타큐슈지역은 급속히 도시화를 이루었으며, 1910년대에 일본의 4대 공업지대로 꼽히는 위치에 올랐다. 1935년에는 전국 생산액의 8.2퍼센트를 차지하는 수준으로 성장했다. 2차 세계대전과 한국전쟁은 기타큐슈지역이 성장하는 계기였기에 한국에서 의미가 각별한 지역이라고 할 수 있다.

하지만 앞서 지적했듯이 기타큐슈는 오늘날의 한국 사람에게 그 의미만큼의 인지도가 없는 지역이다. 이 글에서는 기타큐슈의 산업 발전을 큰 축으로 두고서, 마치 도시 내를 산보하듯 도시 속에 남겨진 기념물과 비석 그리고 일상의 흔적을 들춰 보며 편린이나마 기타큐슈에 남겨진 기억들을 훑어보고자 한다.

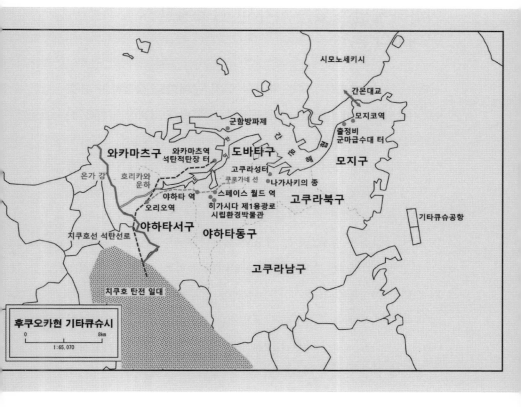

시모노세키시

간몬대교

모지코역

군함방파제

출정비
군마급수대 터

와카마츠구   와카마츠역   도바타구   모지구
            석탄적재장 터

온가 강   호리카와   고쿠라성터
          운하   쿠로가네 선   나가사키의 종

          야하타 역   스페이스 월드 역   고쿠라북구
          오리오역   히가시다 제1용광로
                      시립환경박물관

                                        기타큐슈공항

치쿠호선 석탄선로   야하타서구   야하타동구

                              고쿠라남구

치쿠호 탄전 일대

후쿠오카현 기타큐슈시
0   8km
    1:65,070

기타큐슈시의 각 구와 기념물 위치

야하타에 남아 있는 히가시다 1용광로 : 근대화의 흔적

기타큐슈시 야하타동구에는 일본의 산업 근대화를 상징하는 흔적이 남아 있다. 1901이라는 숫자 표식이 눈에 띄는 거대한 시설은 바로 2015년 세계문화유산으로 등재된 '관영야하타제철소 관련 시설' 중 하나인 히가시다 1용광로이다. 1901이라는 숫자는 이 용광로가 처음 가동된 해를 의미한다. 1890년대 일본은 식산흥업殖産興業이라는 기치를 내걸고는 근대적 중화학공업으로 전환하고자 했고, 1896년 제철소를 관제한다는 발표와 함께 야하타제철소를 설립하기로 결정했다. 1895년 청일전쟁에서 승리하여 얻은 배상금은 제철소의 건설자금이 되었다. 당시 근대적 철강 산업에 대한 선진기술이 아직 부족했던 일본은 독일 루르 공업지대 오버하우젠의 철강회사인 GHH(Gutehoffnungshütte)에 설계를 의뢰했고, 직접 독일의 기술자들을 고용해 철강 산업의 기초를 닦기 시작했다.

기타큐슈지역의 야하타 일대가 제철소 건설지로 선택된 것은 치쿠호탄전이라는 풍부한 산탄지를 배후에 두었다는 점과 도카이만을 끼고 있다는 점이 주요하게 작용했다. 치쿠호탄전에서 채굴된 대량의 석탄은 호리카와운하와 치쿠호선 철도를 통해 야하타의 용광로로 신속히 보내졌다. 치쿠호탄전의 석탄 산출량은 제철소를 계기로 1903년에 전국 출탄량의 50퍼센트에 이를 정도였다. 호리카와운하의 물줄기와 철도는 그대로 도카이만과 간몬해협 일대의 항만시설로 이어졌고 이곳을 통해 중국의 철광석이 끊임없이 공급되었으며 또한 완성

히가시다 1 용광로

된 철강자원들이 각지로 실려 나갔다.

당시 석탄을 나르던 호리카와운하의 모습은 야하타의 오리오역에서 내려 북쪽 출구로 나오면 만날 수 있다. 북문 앞에 설치된 호리카와운하를 소개하는 안내판을 기점으로 운하를 따라 걷다 보면 '모야이 이시'라고 불리는 발목 정도 높이의 고리 형태의 돌들이 듬성듬성 남아 있음을 볼 수 있다. 풀 더미 속에 있어 언뜻 알아보기 힘든 이 돌들은 석탄 운반선들을 잠시 묶어둘 수 있는 고정시설이었다. 온가강에서 호리카와운하로 이어지는 운송 노선에는 '가와히라타川艜'라는 석탄 전용 운송선이 8000척 이상 운용되었고 연간 13만 척이 왕복했다. 오리오고등학교에는 당시의 배가 딱 한 척 보존되어 있다. 현재 오리오역사와 주변 지역의 재개발이 진행되어 당시의 흔적이 많이 사라져 버렸지만, 운하와 철도가 합류하는 이곳은 당시의 입지적 이점을 주장하는 듯하다. 1927년 탄전과 제철소 그리고 각 공장을 잇는 전용철도가 만들어지는데 바로 '구로가네黑鐵선'이다. 한자 그대로 검은 철이라고 이름 붙은 100여 년 전의 이 철로는 지금도 기타큐슈시를 가로질러 이어져 있으며 자재를 실어 나르는 역할을 한다. 석탄 철도의 종착점인 와카마쓰역의 적탄장이었던 곳은 지금 광장이 되어 승객들을 맞이한다. 광장의 한 귀퉁이에 당시의 석탄 운반 탄차 한 량이 보존되어 있어 이곳이 적탄장이었음을 말해 준다.

야하타제철소의 용광로에 처음 불이 댕겨진 이후부터 기타큐슈 지역은 관련 산업들로 급속히 발전하기 시작했다. 시멘트, 선재, 양철, 유리, 벽돌, 요업 등 다양한 기초자재가 생산되었고, 철도, 축항, 토목 등 산업도 번성하기 시작했다. 이를 바탕으로 기계 가공 산업 또한 계속해서 발전해 갔다. 청일전쟁의 종료와 함께 시작된 기타큐슈의 기간산업에 대한 불씨는 러일전쟁의 발발로 수요가 폭증하며 맹렬히 타올랐다. 1934년 관민합동의 부분민영회사로서 일본제철이 설립되기까지 야하타제철소는 총 세 번에 걸쳐 확장공사를 진행했고, 1917년 선철 및 강재의 생산량은 전국의 75퍼센트를 차지했으며, 이윽고 연간 목표 생산량을 100만 톤으로 설정하며 국내 철강 생산의 대부분을 차지한다. 당시 일본의 철은 모두 야하타에서 나온다고 해도 과언이 아닐 정도였다.

전쟁의 엔진으로 전환, 그리고 나락으로

크게 성장한 만큼 기타큐슈지역은 추락 또한 크게 경험한다. 현 기타큐슈시 모지코에는 '모지코 출정비'와 '출정군마 급수장 터'가 해안가에 남아 있다. 기타큐슈지역은 중국으로 이어지는 항로가 시작되는 아시아의 현관이었기에 이곳에서 많은 군인이 파병하는 배에 올랐다. 만주사변을 기점으로 2차 세계대전까지 200만 명이 넘는 군인을 기타큐슈 모지코에서 파병했다. 사람만이 아니었다. 만주지역 등으로 징발되어 보내지는 군마도 전부 기타큐슈에서 출발했다. 100만 마리에 달하는 말이 긴 뱃길을 떠나기 전 마지막으로 이곳 급수대에서 목을 축였다. 당시 파병된 이는 절반만이 살아 돌아왔고, 말은 단 한 마리도 돌아오지 못했다. 일본의 어느 지역이 그렇지 않은 곳이 있겠냐

기타큐슈, 철의 도시가 남긴 흔적들

마는 특히 기타큐슈는 전쟁이라는 키워드와 관련이 깊다.

　기타큐슈지역의 항만을 중심으로 한 공업 인프라의 집적은 자연스레 2차 세계대전 중 군수산업 중심지로 변환하게 했다. 기타큐슈지역은 일본의 군국주의를 지탱하는 엔진이었으며 동시에 심장부였다.

　현재 기타큐슈시의 관광지로 유명한 고쿠라성 터를 걷다 보면 일본의 육군 보병 12사단의 사령부가 있었다는 것을 기록한 표석을 발견할 수 있다. 1898년 기타큐슈시의 공업화가 시작되며 군비가 확장됨에 따라 일본 정부는 12사단의 사령부와 함께 4개 연대와 2개 대대를 현재의 기타큐슈시의 가장 중심지이기도 한 고쿠라성 터가 있는 곳에 배치한 것이다. 그만큼 기타큐슈는 군사적으로도 중요한 위치를 점했다. 이로써 기타큐슈지역이 군사도시화가 되는 계기가 되어 상업을 비롯한 행정기능이 급속히 확장되기 시작했다.

　기타큐슈지역이 군수산업 핵심지역이었던 만큼, 2차 세계대전 중 연합군에게는 가장 먼저 무력화해야 하는 대상이기도 했으리라. 실제로 1944년 일본 본토 첫 공습은 기타큐슈지역 야하타가 타깃이 되었다. 세 번에 걸쳐 야하타를 비롯한 기타큐슈지역에 공습이 이어졌고, 이로써 1만 4000호의 가옥이 파손되고 2500명의 사상자가 발생했으며 소이탄은 시가지의 대부분을 불태워 버렸다. 현재 야하타에 남아 있는 1용광로는 용케 그때의 공습을 피해 살아남았다.

　당시 육군 조병창이 자리했던 곳은 현재 가쓰야마공원이 조성되어 기타큐슈 시민에게 휴식 공간을 제공한다. 이 공원의 한편에는 '나가사키의 종'이라는 기념물이 위령비와 함께 세워져 있다. 원폭이 투하된 나가사키시가 1979년 보내온 것이다. 일본에 투하된 두

가쓰야마공원에 설치된 희생자 위령비와 나가사키의 종

발의 원폭은 히로시마와 나가사키에 각각 떨어졌다. 그런데 본래 미국의 원폭투하 목표는 기타큐슈지역의 고쿠라 일대였다. 일본의 군국주의 산업의 심장이자 엔진을 타격하고자 한 것이다. 하지만 투하 당일 구름이 짙어 고쿠라 상공의 시야가 좋지 못해 원폭은 목표가 바뀌어 나가사키에 투하된 것이다. 전쟁이 끝나고 기타큐슈 시민은 이 사실을 알고 피해자들을 추모하는 위령비를 세웠고, 나가사키시가 그에 응해 나가사키의 종을 보낸 것이다. 매년 나가사키에 원폭이 투하된 8월 9일에 기타큐슈 시민단체가 가쓰야마공원에서 위령제를 지낸다.

　1905년 러일전쟁의 승리로 군국주의에 도취된 일본을 지탱하던

기타큐슈, 철의 도시가 남긴 흔적들

공업지대 기타큐슈는 폭주하듯 이어지던 전쟁이 끝나고 나서 잿더미의 시가지가 되어 있었다. 1920년 약 43만 명이었던 기타큐슈의 인구는 1940년에 무려 82만 명에 달했지만, 1947년에는 62만까지 줄어들었다. 앞서 소개한 모지코의 출정비에는 이렇게 쓰여 있다. "항구평화를 기원하는 불전不戰의 다짐을 담아 여기에 비석을 세운다."

폐허에서 재출발, 환경오염의 극복

기타큐슈시에서 공장과 창고 항만시설이 운집해 있는 와카마쓰구 도카이만에서는 이색적인 흔적을 하나 만나 볼 수 있다. 바로 군함방파제이다. 전쟁에서 패전한 이후 일본은 군함의 대부분을 전쟁 보상 명목으로 연합국에 넘겨주거나 해체했는데, 이 중 스즈쓰키涼月, 후유쓰키冬月, 야나기柳 등 3척의 구축함을 1948년 도카이만의 방파제로서 활용하게 된다. 전함을 침몰시켜서 선체를 그대로 파도막이로 삼은 것이다. 이후 점점 부식이 진행되어 가자 선체를 그대로 철골로 삼아서 콘크리트를 덮어 현재에 이르렀다. 현재 콘크리트 방파제 사이로 삐죽이 야나기함의 뱃머리 부분이 드러나 있다. 전쟁의 잔해들은 그대로 다시 일본의 인프라 재건에 투입되었다.

폐허와 잔해들을 다시 재정돈하며 기타큐슈지역은 다시 한 번 공업 분야에 힘을 쏟아붓는다. 풍부한 탄전과 항만, 아시아와 연계성. 기타큐슈가 처음 공업도시로서 입지를 다지는 데 필요했던 기본 조건

이 변한 것은 아니었다. 한국전쟁과 베트남전쟁이 이어지면서 기타큐
슈지역은 그 수요를 발판으로 삼아 1955년부터 맹렬히 다시 발전하
기 시작했다. 1947년 62만이었던 인구는 일본 전역에서 일자리를 찾
아오는 이들로 다시 증가하기 시작해 1965년에 100만을 넘어섰다.
1967년 기타큐슈 신일본제철의 노동자 수만 14만 명에 달했으며 관
련 회사는 777개사에 이르렀다.

"야하타의 자긍심! 불의 강철!"(히라바루소학교)
"자욱하라 넓은 하늘! 녹아라 대지여!"(야마노구치소학교)
"검은 연기 하늘에 춤출 때! 아아, 검은 철의 듬직함!"(나루미즈소학교)

위의 가사들은 전쟁 후 한창 다시 공업발전의 고삐를 당기던 기타
큐슈 야하타지역에 있던 소학교들의 교가이다. 막 여섯 일곱 살의 어
린 학생이 부르기에는 강렬하게 들리는 이 가사들은, 2021년 현재도
존재하는 나루미즈소학교를 찾아가 보니, 그 가사 그대로 불리고 있
었다. 기타큐슈지역의 어린이들은 지역의 아이덴티티를 이러한 문화
적 학습을 통해서 자연스레 인식하고 있었고, 이는 지역의 프라이드
가 되었다.

하지만 공업도시 속 일상적 경험들은 늘 자랑스럽지만은 않았다.
교가 속 가사처럼 매일같이 뿜어져 나오는 일곱 색깔의 매연은 늘 하
늘을 뒤덮고 있었다. 빨래를 널어 두면 하루 만에 분진이 내려앉아 얼
룩이 졌다. 교정에 심은 벚꽃 나무들은 심는 족족 말라 죽어 꽃을 피
우지 못했다. 당시에 소학교는 노동자들의 업무교대 시간 확보 등을

401

위해 공장 부지 내에 세워지는 경우가 많았고, 재학생은 만성적인 천식에 시달렸다. 폐수도 심각해 도카이만은 '죽음의 바다'라는 이명으로 불렸다.

1960년대 심각해진 이러한 환경문제에 대해서 처음 문제를 제기한 것은 가족의 건강을 염려하기 시작한 기혼여성들이었다. 나카바라 부인회, 산로쿠부인회, 도바타부인회 등 지역의 여성 모임을 중심으로 "기타큐슈의 하늘을 되찾자!"라는 구호 아래에 환경운동이 시작되었다. 1957년부터 1968년까지 지속된 여성모임의 환경운동은 언론과 지자체, 기업을 움직이게 만들었다. 그리고 1980년 기타큐슈시는 푸른 하늘과 물고기가 사는 바다를 복구하는 데 성공한다. 기타큐슈시는 2011년 일본 정부가 공모한 환경미래도시로 선정되었고, 2018년 OECD의 지속가능한 발전의 모델도시로서 지정받는다.

현재 1용광로가 남아 있는 곳에서 걸어서 겨우 10여 분도 걸리지 않는 곳에 '기타큐슈시립 환경박물관'이 자리를 잡고 있다. 환경박물관에는 기타큐슈에서 발생한 환경문제와 이를 극복한 과정이 자세하게 기록돼 있고, 환경박물관은 관련 소식을 발신하고 있다. 기타큐슈시의 중심가인 고쿠라에도 '시립 물환경관'이 만들어졌다. 물환경관에는 기타큐슈의 무라사키강 수중에 전면 유리의 조망대가 설치돼 있어 현재의 수질을 직접 볼 수 있게 조성되었고, 당시의 수질과 같은 수준의 물을 재현해 과거와 현재를 비교할 수 있게 했다.

공업도시 기타큐슈가 만들어 낸
일상들

석탄 및 다양한 산업재의 운송통로였던 도카이만에는 현재 '와카마쓰 밴드'라고 하는 산책로가 조성되어 있다. 구 후루카와광업, 구 아소광업, 도치기빌딩, 석탄회관 등 도카이만의 해안을 따라서 남아 있는 당시 산업을 상징하는 근대식 건물을 보존하고 정비한 곳이다. 모두가 당시에 잘 나가던 유명 기업으로 종류도 업종도 다양하기에 이 글에서 건물 하나하나를 다 다룰 수는 없지만 하나 꼭 짚고 넘어가고 싶은 것은 '구 곤조고야'이다. 산책로의 벤치 사이 도카이만의 바다가 잘 보이는 곳에 좁다란 목조형태로 세워진 이 건물은 여타 건물, 기념비, 흔적과는 약간 다른 '삶'의 기억을 보여 준다.

도카이만을 비롯해 기타큐슈의 해안선을 따라 이어지던 다양한 항만시설 일대에는 석탄, 목재, 철광석 등이 끊임없이 운반되고 있었고, 이를 담당하는 수많은 하역업자가 근처에 늘 상주하고 있었는데 이들을 '곤조'라고 불렀다. 곤조고야는 이들이 대기하던 곳을 이르는 말로 현재 산책로에 세워져 있는 곤조고야는 당시의 모양을 본떠서 재현한 기념물이다. 와카마쓰의 도카이만 일대에만 4000명에 이르는 곤조가 있었다. 일본의 기록사진작가인 하야시 에이다이林えいだい에 의하면, 기타큐슈지역의 항만 일대에는 약 9000여 명의 하역노동자가 있었는데 그중 약 3200여 명이 여성이었다고 한다. 1966년 철학자 사르트르와 시몬 드 보부아르가 이들을 직접 만나러 기타큐슈를 찾아온 적이 있었다. 남성과 똑같은 노동 강도 속에서도 완벽하게

403

업무를 처리하는 여성 곤조들을 보며 "전 세계에 이와 유사한 경우는 없다"라며 혀를 내둘렀다고 한다.

가나가와대학의 비문학자료연구센터의 구술사연구에 따르면, 1890년부터 1970년에 이르는 약 80년 동안 도카이만 일대에는 일명 '하시케부네艀舟'라고 하는 작은 배가 빼곡히 정박해 있었다고 한다. 수많은 곤조들은 자신들의 일터인 항만에 그대로 배를 이용해 보금자리를 만들었는데 그것이 바로 하시케부네였다. 즉 곤조들은 선상 생활자였다. 배 위에서 밥을 짓고 빨래를 하다가 화물을 실은 선박이 들어오면 보금자리는 바로 노동 현장으로 전환되었다. 학교에 다녀오는 아이들이 바다를 향해 엄마를 큰 소리로 부르면 저 멀리 어느 배에서 답변이 들려오고, 아이는 자신의 집(배)을 찾아 배와 배 사이를 총총 뛰어넘어 돌아가는 모습이 당시 도카이만의 흔한 풍경이었다. 1970년대 이후 하역업이 기계화가 될 때까지 하시케부네와 남녀 곤조들은 기타큐슈를 상징하는 하나의 일상이었다.

곤조를 비롯한 기타큐슈지역의 제철 관련 노동자와 제조업 종사자는 그들만의 기질을 반영하는 독특한 문화와 일상을 공유했다. 그 대표가 바로 '가쿠우치角打ち'라는 음주문화이다. 현재에도 기타큐슈시의 전역에 '가쿠우치'라고 불리는 곳이 여기저기 남아 있다. 이곳들의 본디 업종은 주조장이거나 주류도매상 또는 지역의 작은 상회였다. 오래된 곳은 1910년대부터 이어지고 있다. 활발히 그리고 격렬히 발전하던 기타큐슈지역에서 곤조는 물론 제철소 및 공장의 교대 노동자에게 내일의 근무를 위해 값싸고 빨리 마실 수 있는 한잔이 필요했다. 고된 노동의 회포를 풀 수 있는 술이 간절했지만 여유롭게 술을

빼곡히 모여 있는 하시케부네
水邊の生活環境史研究班編集,《北九州市若松洞海灣における船上生活者の歴史的変容》,
神奈川大學日本常民文化研究所非文字資料研究センター, 2014

즐길 시간은 없었다. 가쿠우치는 그런 노동자에게 오아시스와 같은 곳이었다. 가쿠우치는 고구마 소주나 청주를 술을 계량하는 '마스升'라는 그릇에 남실남실 담아내어 주었고 노동자들은 그것을 몇 잔 주욱 들이켜고 다시 노동을 준비했다. 호리카와운하에서 석탄을 운반하는 사공도 강변의 가쿠우치 기슭에 배를 잠시 대고는 술을 한잔 들이켜고는 다시 삿대를 잡았다.

가쿠우치는 주점은 아니기에 테이블도 없고 안주 등은 원칙적으로 제공할 수 없었다. 하지만 가쿠우치의 주인은 통조림이나 주전부리들을 말없이 가게 한구석에 쌓아 두었다. 가쿠우치를 찾은 이들은 안주가 당기면 통조림을 집어다 먹고 말없이 술값과 함께 돈을 지불

405

한다. 또는 집에 있는 반찬들을 종이 위에 올려서 내어 주기도 했다. 접시에 담아서 주면 안주를 제공하는 셈이니 접시가 아닌 종이 위에 올려서 내어 주는 것이었다. 현재 가쿠우치는 기타큐슈를 대표하는 하나의 음주문화로 자리를 잡았다.

사라져 가는 기억과 남겨지는 기억?

기타큐슈시에는 재밌는 이름의 전철역이 하나 있다. 스페이스월드 역. 영어 단어 그대로 Space World이다. 이 역에서 내리면 히가시다 1용광로도 환경박물관도 매우 가깝다. 사실 이 역은 야하타지역에 있던 테마파크 스페이스월드의 이름을 딴 역이다. 1990년 야하타제철소를 전신으로 하는 신일본제철이 개장한 테마파크 스페이스월드는 "우주에서 추억을", "지구에서 태어난 우주를"이라는 표어를 걸고서 당시의 최첨단 기술이었던 우주를 전면에 내세운 전국 유일의 테마파크였다. 총면적 24만 제곱미터에 달하는 방대한 신일본제철 부지에 우주선과 우주 공간을 표현한 놀이기구들이 들어서 있었다. 학생들을 대상으로 하는 우주 관련 교육 프로그램들도 풍부했다. 스페이스월드에 세워져 있는 거대한 '스페이스 셔틀 디스커버리호'는 기타큐슈가 언제나 최첨단을 달리는 지역임을 상징하는 조형물이었다. 하지만 2005년 경영권이 신일본제철에서 가모리관광주식회사로 넘어간 이후 출자금계약 갱신이 문제가 되어 2018년에 폐장되었다. 지금은 2022년 4월부터 아웃렛이 개장하여 운영 중이다. 스페이스월드역은 테마파크의 정문 바로 앞에 만들어진 역이었지만 지금은 그저 폐장 이후 역의 이름만이 쓸쓸하게 남아 안내방송으로 흘러나온다. 아웃렛으로 대체되어 버리며 그저 이름만이 남은 역은 철강을 비롯한 제조업과 중공업 분야의 쇠퇴로 인구도 점점 줄어들고 있는 기타큐슈의 현황을 반영하는 듯하다.

현재는 기타큐슈의 많은 기억이 사라져 가고 있다. 앞서 설명했던 가쿠우치도 하나둘 사라져 가고 있다. 점주가 고령이 되어 폐업하거나 재개발로 사라지는 곳도 다수이다. 호리카와운하와 석탄 철도의 연결점이던 오리오역도 재개발로 예전의 모습을 잃어버렸다.

하지만 예전의 기억을 다시 불러일으키는 일들도 있다. 최근 일본 문화청이 추진하는 정책으로 '일본유산'사업에 기타큐슈가 선정된 것은 대표적인 예라고 할 수 있다. 일본유산사업은 지역의 매력을 어필할 수 있는 유형과 무형의 문화재들을 스토리텔링 형태로 조합하고 이를 콘텐츠로서 국내외에 발신하는 것을 지원하는 프로젝트이다. 이를 통해 지역의 활성화를 도모하는 것이 목적이다. 2017년 4월 28일 기타큐슈시는 시모노세키시와 함께 '간몬 노스텔직 해협, 시간의 정차장, 근대화의 기억'이라는 테마로 선정되었다. 이는 메이지유신 이후 일본의 근대화와 관련된 기타큐슈 내의 흔적들을 중심으로 구성되어 있다. 근대화부터 전쟁, 그리고 경제성장과 환경오염의 극복으로 이어지는 기억의 소재 중 기타큐슈는 동력이 움트기 시작한 근대화의 기억을 대대적으로 불러일으키고 체계적으로 구축하고자 하고 있다. 어떤 사회가 공통적으로 공유하는 기억이라는 것이 단지 개인적일 뿐

기타큐슈

만이 아니라 사회적으로도 구성된다는 점에 동의한다면, 기타큐슈시가 포함하고자 하는 것과 제외하고자 하는 기억의 소재들에 대해서 생각해 볼 필요가 있지 않을까? 그리고 우리 주변에 남겨진 흔적들이 우리에게 전하고자 하는 그리고 강요하고자 하는 기억에 대해서도 곱씹어 보는 것도 필요하지 않을까?

블라디보스토크

요새에서

도시로

이진현

'동방을 지배하라'는 뜻의 블라디보스토크는 한국에서 가장 가까운 유럽의 도시이다. 1880년 도시로 인정된 비교적 젊은 이 도시는 시베리아 횡단열차의 시발점이자 종착점이며, 러시아 태평양 함대의 주둔지이다. 우리에게는 19세기 후반 기근을 피해 이민을 떠난 한인이 살던 곳이기도 하며, 안중근, 신채호, 이상설 등 독립운동가가 활동한 근거지이기도 했다. 하지만 외국인은 물론 내국인의 출입도 자유롭지 않던 블라디보스토크는 1992년 1월 1일이 되어서야 소비에트 연방의 해체와 함께 외국인에게 전면 개방되었다. 이에 따라 한국 기업들이 진출하기 시작했으며, 1997년에는 종로구 계동에 있는 현대사옥과 똑같이 생긴 현대호텔이 설립되어 블라디보스토크 최고의 호텔 지위를 차지했다(이 호텔은 2018년 롯데호텔이 인수하여 운영하고 있다). 2004년 5월 서태지의 블라디보스토크 공연은 대중이 이 도시에 대한 큰 관심을 갖게 하는 계기가 되었다. 2012년 아시아 태평양 경제협력체 정상회담이 열렸으며, 2014년에는 한국인에 대해 단기방문 비자가 면제돼 여행객이 크게 증가하기 시작했다. 연해주정부의 통계자료에 따르면 2014년 2만 8428명이었던 한국인 관광객 수는 2019년 29만

블라디보스토크, 요새에서 도시로

9696명으로 10배 이상 증가했다.

시베리아 탐험

블라디보스토크의 건설은 러시아의 시베리아 탐험에서 기인한다. 1483년 이반Иван 3세부터 시베리아 대원정을 시도했으며, 16세기 말에는 본격적으로 우랄산맥 북방까지 진출했다. 특히 1579년 카자흐의 추장 예르마크Ермак는 우랄산맥 너머에 위치한 토볼스크Тобольск를 점령하고 이반Иван 4세에게 바쳤는데, 이는 러시아가 동방으로 진출하는 교두보가 되었다. 예르마크의 원정 이후 지속적으로 시베리아 대륙을 횡단해 1647년에는 오호츠크Охотское를 건설한다.

탐험가 하바로프Хабаров는 1649년 아무르강에 진입하고 이듬해 알바진Албазин이라는 거점을 확보했다. 그러나 아무르강에서 중국과 접한 러시아는 1689년 〈네르친스크조약〉으로 남하가 좌절되고 동으로 향했다. 1713년에는 쿠릴열도를 조사했으며 1732년에는 베링해협을 건너 알래스카에 도착했다.

1844년 러시아는 다시 남으로 진로를 바꾸어 아무르강 유역을 개척하고, 1858년 중국과 〈아이훈조약〉을 체결한다. 이 조약으로 아무르강과 우수리강이 합류하는 곳까지 진출할 수 있었으며, 그곳에 하바롭스크Хабáровск를 건설했다. 1860년 다시 〈베이징조약〉을 체결해 연해주를 점령하면서 조선과 국경을 접하게 되었다. 그리고 그 해 7월 2일 쉐프너Шефнер 중령과 31명의 해군이 수송선 만주르Манджур 호를 이

러시아 국경 변화(범례 위에서부터 〈네르친스크조약〉, 〈아이훈조약〉, 〈베이징조약〉)

용해 금각만Золотой Por에 진주한 것이 블라디보스토크의 시작이다.

해군요새가 되다

1860년대 블라디보스토크에는 해군과 관련된 사람과 소수의 외국인 상인이 상주했다. 금각만 주변의 언덕을 중심으로 해군 관련 시설과 공장, 유흥시설이 들어서기 시작했지만 블라디보스토크는 자급자족할 수 있는 여건을 갖추지 못했다. 식량을 비롯한 많은 물자는 여전히 아무르강을 거쳐 니콜라옙스크Николáевск를 통해 지원받거나 희망봉을 돌아오는 배를 기다려야 했다. 1864년 9월 16일 훗날 극동 최대의 무역회사로 성장하는 쿤스트 운트 알베르Kunst&Albers의 설립자인 구스타프 알베르Gustav Albers가 이곳에 도착했을 때 오직 44동의 목조 건물만이 있었다고 한다.

1865년 대외무역을 장려하기 위해 관세법을 적용하지 않는 자유항으로 지정되었으며, 1866년에는 아무르강 변에 위치한 하바롭스크와 전신이 연결되었다. 연해주지역을 개발할 목적으로 러시아 중부 및 남부 지역 주민을 극동으로 이주시켰으며 중국인과 한인의 이민도 허용하자 인구는 계속 증가해 10년이 지나지 않아 4000여 명에 달했다.

1871년에는 해저케이블을 매설해 나가사키와 상하이까지 전신이 연결되었으며, 이듬해에는 니콜라옙스크에 있던 해군기지가 옮겨 오면서 태평양에 위치한 주요한 항구로 성장할 계기가 되었다. 하지만

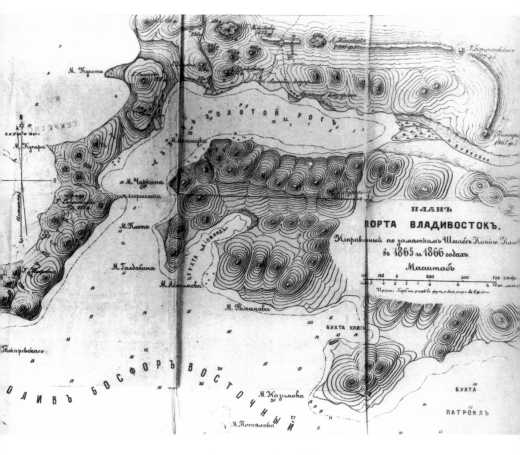

1865~1866년 블라디보스토크, 아르세니예프박물관 소장

도시의 외연은 크게 변하지 않았다. 1870년대 후반까지 주요 도로라 말할 수 있는 것은 스베틀란스카야Светланская 거리가 유일했으며, 남아 있는 사진을 통해 알 수 있는 것은 대부분 낮은 목조건물이 듬성 듬성 자리 잡은 모습이었다.

이민자의 도시

당시 블라디보스토크에는 중국인과 한인이 많이 살고 있었고, 일본인도 이주해 왔다. 이들의 흔적은 거리의 이름에서도 찾아볼 수 있는데, 까레이스까야Корейская (한인), 페킹스까야Пекинская (베이징), 기타이스까야Китайская (중국) 등으로 남았다. 대부분 하층노동을 하거나 작은 가게를 운영하고 물과 땔감을 공급하거나 가축을 키웠다.

> 여관의 코펠 집에는 아들이 3명이 있는데, 장남이 8세, 차남이 7세, 막내가 5세이다. 장남의 사복은 만주인, 차남의 사복은 조선인, 삼남의 사복은 러시아인이다. 형제 3인이 같이 놀 때는 말이 잘 통하지 않는 경우도 있는데 그럴 경우 장남은 연령이 좀 높으므로 자기 사복에게서 배운 만주어와 약간의 조선어를 섞어서 말한다. 코펠 집에는 또 작년 봄 조선에서 망명한 13세의 하녀가 있는데 그녀도 조선어는 물론 러시아어도 활용했다. 이곳의 모든 사람은 남녀노소를 막론하고 3~4개 국어는 통한다.
> ― 세와키 히사토, 〈블라디보스토크 견문잡기〉, 1875년 5월 8일

특히 한인은 블라디보스토크 건설 초기부터 이곳에 살았다. 중앙 시장 부근에 처음으로 한인마을이 생겼으며, 까레이스까야의 남쪽 주변에도 모여 살았다. 1893년에는 외국인 거주구역으로 까레이스까야 북쪽 부분에 개척리開拓里가 배정되었다. 1911년 5월에는 러시아 당국이 콜레라 예방을 명분으로 개척리를 철거하고 북쪽의 변두리로 강제 이전시켰는데, 새로 이주한 곳을 신한촌新韓村이라고 불렀다. 마을의 중심에는 한민학교가 이전했고, 러시아 정교회의 학교도 이곳으로 옮겨졌다. 《권업신문》 1915년 5월 5일 자에 따르면 신한촌에는 300여 호 3000여 명의 한인이 거주했다.

> 신한촌이라는 곳은 서울로 말하면 동대문 밖과 같이 외따로 떨어져 있는 곳인데 눈이 오면 썰매를 타고 다닌다. 집들은 조그마하고 납작한데 아주 보잘 것 없었다.
>
> – 이광수, 〈노령전경〉, 1914

시베리아 횡단철도

1880년 인구 7300여 명의 블라디보스토크는 별도의 '도시' 단위로 인정되었으며 1884년에는 인구가 1만 명을 넘어섰다. 이와 함께 도시의 경계는 금각만을 따라 동서로 확장되기 시작했다. 민간인 거주지 주변으로 상업시설과 시장 등이 밀집하기 시작했으며, 도서관과 극장 등 문화시설도 문을 열었다. 주요 가로에는 나무가 심기고 120

417

개의 가로등이 설치되었다.

1886년 결정된 시베리아 횡단철도의 부설은 블라디보스토크가 러시아의 주요 도시로 성장할 수 있는 직접적인 계기가 되었다. 당시 시베리아에는 '인구를 제외하고는 발전할 요소가 모두 있다'고 말할 정도로 인구가 매우 부족했으며, 남쪽으로는 청나라의 위협이 계속되고 있었다. 이 문제를 해결하기 위한 방법으로 유럽 러시아와 연결되는 철도의 부설은 반드시 필요하고 중요한 일이었다. 1891년 3월에 열린 착공식에는 동아시아를 여행 중이던 황태자 니콜라이가 참석하기도 했다.

1897년 블라디보스토크와 하바롭스크를 잇는 철도 772킬로미터가 우선 완공되었으며, 블라디보스토크역과 연결되는 상업용 독dock이 새롭게 조성되어 원산, 나가사키, 고베, 상하이 등으로 보낼 물건을 철도에서 선박으로 바로 옮겨 실을 수 있게 되었다. 이를 통해 블라디보스토크는 태평양으로 가는 관문으로 성장했으며 국제무역의 중심지가 되었다. 하지만 군사도시로서의 한계도 여전했다. 도시의 남서쪽으로는 육군, 동쪽으로는 해군이 주둔하고 있어 도시의 외연이 커지지 못하고, 구역을 재정비하는 고밀도 성장을 하게 되었다. 많은 사람이 이주해 왔고, 기존의 목조건물은 다시 지어졌으며, 땅값은 천정부지로 올랐다.

거리의 상점과 가옥은 북, 동, 서쪽으로 금각만을 따라 4.8킬로미터에 이르도록 그 범위가 확장되고 있으며, 그 재료도 나무에서 벽돌과 석재로 빠르게 대체되고 있다. 그리고 새롭고 멋진 공공건물과 개인건물이 속속 완공되고 있다. … 토지의 가치는 폭등했다. 1864년 각각 600루블과 3000루블에 구입했던 부지가 이제는 1만 2000루블과 2만 루블이 되었으며, 시내 중심가의 토지는 어떠한 가격으로도 살 수 없는 형편이었다. 새로움, 발전, 희망이 블라디보스토크 사회의 특징이다.

- 이사벨라 버드 비숍, 《조선과 그 이웃나라들》, 1894

듣건대 이곳은 원래 청나라 땅이었는데 무라비요프가 새로 개척하고 항구를 연 지가 30여 년이나 되었다고 한다. 인구가 2만 6000명인데 또 우리나라 사람이 2000여 명이요 청나라 사람이 1만여 명이고, 일본 사람은 400~500명이다. 각 기기창과 여러 시설을 설치하고 늘리고 보태기를 그치지 않았다.

- 민영환, 《해천추범》, 1896

항만의 입구를 두 개의 섬이 외해에서 막아주는 천혜의 항구로 러시아 극동해군기지가 위치한다. 군함 6~7척, 수뢰정 7~8척, 화물선 수십 척이 정박해 있으며, 육해군 사령관을 비롯해 장군 200여 명, 수군 2000명, 선원 1500명, 기병 500명, 보병 1000명 등이 주둔하고 있는 군사도시이다. 철도와 해상 교통의 편리함으로 청국, 미국, 영국, 독일, 프랑스, 일본 등 각국 물산의 이동이 활발해 상업도시로도 성장하고 있으며, 군영 내에 기계 제조창이 설치되어 가동되고 있다. 이 외에 미국 전선관電線官과 일본 영사관, 청나라 유학생 등이 소재하고 있다.

- 〈아국여지도〉, 19세기 후반

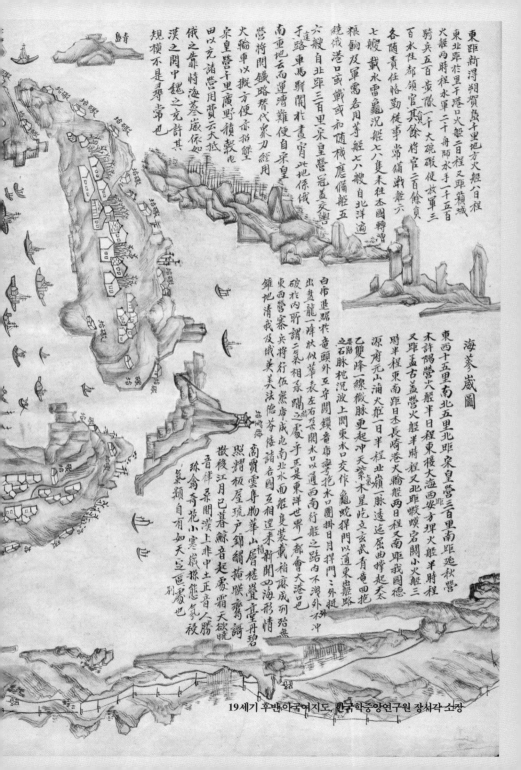

19세기 후반 아국여지도, 한국학중앙연구원 장서각 소장

전쟁과 도시변화

1905년 러일전쟁은 블라디보스토크에 변화를 가져왔다. 전후 복구와 도시의 요새화가 함께 진행되면서 도시는 점차 전쟁 전의 모습을 되찾아 갔다. 외국인의 이주는 매년 증가했으며 금각만에는 입항한 외국 선박과 물자가 가득했다. 1907년 블라디보스토크의 출입 선박표를 살펴보면 총 603척의 선박이 입항했는데, 일본 선박이 209척으로 전체의 30퍼센트 이상을 차지했고 러시아 131척, 독일 128척, 노르웨이 51척, 영국 39척, 청 23척, 조선 17척 등이었다.

1907년에는 도심을 관통하던 시베리아 횡단철도의 지중화 공사가 시작됐으며 이듬해에는 스베틀란스카야 거리에서 전차가 운행을 시작했다. 1912년에는 블라디보스토크역이 다시 지어졌으며 거리에는 자동차가 다녔다. 이미 인구는 10만 명이 넘었으며 더는 도시를 기존 범위 내로 유지할 수 없었으며 확장계획이 수립되어 개발되었다.

1914년 1차 세계대전과 1917년 러시아혁명은 멀리 극동에도 영향을 끼쳐 블라디보스토크를 새로운 형태의 국제도시로 변화하게 했다. 볼셰비키와 그 지지자들을 피해 모스크바 등지에서 이곳까지 피난을 온 난민이 몰려들었고, 제정러시아 백군의 마지막 근거지가 되었다. 1918년 제정러시아를 원조하고 볼셰비키를 진압하며 거류민단을 보호한다는 명분으로 일본군이 상륙했고, 미국, 영국, 캐나다 등의 군대도 시베리아 횡단열차를 통해 귀환하는 체코군의 구출이라는 명분으로 내전간섭을 위해 진주했다. 블라디보스토크는 증가하는 인구와 함께 정치적인 격변의 시기를 맞이했다.

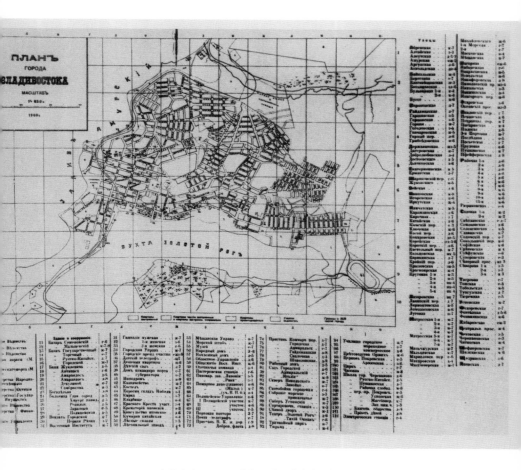

1909년 블라디보스토크 계획도, 아르세니예프박물관 소장

American Army landing at Vladivostock.　(一其) 景光ノ陸上德斯遠浦軍路溫米

미국 군대의 진주, 아르세니예프박물관 소장

　　1922년 후반 이 혼란에서 볼셰비키가 승리했고, 볼셰비키에 반대
한 사람은 대부분 해외로 이주했다. 연해주에 진주했던 외국 군대 중
끝까지 남아 있던 일본군도 철수했다. 한때 41만 명에 달했던 인구
는 1926년 10만 8000명까지 줄어들었고, 1930년대에는 블라디보스
토크를 비롯한 극동지역에 거주하던 한인, 중국인을 비롯한 많은 소
수민족이 강제로 북쪽지방과 중앙아시아로 이주하게 되었다. 1932년

러시아의 태평양 해군 함대의 기지가 된 블라디보스토크는 군수공장
이 들어서는 등 군사도시로 변모하게 되었고, 외부에 공개되지 않는
폐쇄도시가 되었다.

참고문헌

1 식민도시

대전, 이민자들이 건설한 식민도시

고윤수, 〈1910~1930년대 대전의 도시개발과 재조일본인사회〉,《도시연구》28, 2021

고윤수, 〈식민도시 대전의 기원과 도시 공간의 형성〉,《도시연구》27, 2021

고윤수, 〈재조일본인 쓰지 긴노스케를 통해서 본 일제하 대전의 일본인사회와
　　식민도시 대전〉,《서강인문논총》51, 2018

김나아, 〈1930~1931년 대전기성회의 충남도청 유치운동〉,《한국근현대사연구》61,
　　2012

송규진, 〈일제강점기 초기 식민도시 대전의 형성과정에 관한 연구〉,《아세아연구》
　　108, 2002

우치다 준, 한승동 옮김,《제국의 브로커들》, 길, 2020

하시야 히로시, 김세정 옮김,《일본제국주의, 식민지도시를 건설하다》, 모티브, 2005

辻萬太郎,《ぽぷらとぱかち》, 1978

田中麗水,《(朝鮮)大田發展誌》, 1917

군산, '식민의 기억'을 품은 도시

《사진으로 보는 군산 100년》, 군산시, 2004

김두헌, 〈1928년 해항도시 군산의 특징과 사회구조〉, 《해항도시문화교섭학》 14, 2016

김종수, 〈식민지 미화 투어리즘〉, 《내일을 여는 역사》 71·72, 2018

김종수·김민영 외, 《해륙의 도시, 군산의 과거와 미래》, 도서출판선인, 2009

양은정·박소현, 〈군산시 원도심에 관한 계획방식의 변화와 특성〉,
    《한국도시설계학회지》 18-5, 2017

원도연, 〈근대 식민지 경험의 탈각과 변용〉, 《지역사회연구2》 4-4, 2016

채만식, 《탁류》, 문학사상사, 1999

다롄, 남만주철도의 본진

월택명, 장준우 옮김, 《중국의 도시계획》, 태림문화사, 2000

정근식 외, 《다롄연구》, 진인진, 2016

취샤오판, 박우 옮김, 《중국 동북 지역 도시사 연구》, 진인진, 2016

하얼빈, 국적과 인종의 진열장

방민호, 〈이효석과 하얼빈〉, 《현대소설연구》 35, 2007

麻田雅文, 《中東鐵道經營史》, 名古屋大學出版會, 2012

西澤泰彦, 《圖說〈滿洲〉都市物語》, ふくろうの本, 2006

Wolff, David, *To the Harbin Station-The Liberal Alternative in Russian
    Manchuria, 1898~1914*, Stanford University Press, 1999

Carter, James H., *Creating a Chinese Harbin-Nationalism in an International
    City, 1916~1932*, Cornell University Press, 2002

나하, 전쟁의 상처가 남은 계획도시

김백영, 〈오키나와 도시공간의 문화적 혼종성〉, 《경계의 섬, 오키나와》, 논형, 2008

아라사키 모리테루, 김경자 옮김, 《오키나와 이야기》, 역사비평사, 2016.

아라사키 모리테루, 정영신·미야우치 아키오 옮김, 《오키나와 현대사》, 논형, 2008

那覇市企画部市史編集室 編, 《那覇市史》 資料篇 第3券 1, 1987

那覇市企画部市史編集室 編, 《那覇市史》 通史篇 第2券 近代史, 1974

那覇市歷史博物館 編, 《戰後をたどる》 通史編 第3卷 現代史 改題, 2007

伊從勉, 〈市村合併という '都市計畫'〉, 《人文學報》 104, 2013

페낭·말라카·싱가포르, 해협식민지의 역사

이사벨라 L. 버드 비숍, 유병선 옮김, 《이사벨라 버드 비숍의 황금반도》,
　　　경북대학교출판부, 2017

Cheah Boon Kheng, *Early Modern History 1800~1940*, Archipelago Press,
　　　2001

Moore, Wendy Khadijah, *Malaysia: A Pictorial History 1400~2004*, Editions
　　　Didier Millet, 2004

白石隆, 《海の帝國》, 中公新書, 2000

篠崎香織, 《プラナカンの誕生》, 九州大學出版會, 2017

泉田英雄, 《海域アジアの華人街》, 學藝出版, 2006

달랏, 고원 휴양도시의 식민도시 기원과 유산

Bon, A., *Petit Guide illustré de Dalat, Indochine française*, Hanoi: Imprimerie
　　　d'Extrême Orient, 1930

Bouvard, P., & Millet, F., *Dalat, Sanatorium de l'Indochine française. La Chasse au Lang Bian. Nouveau guide illustré*, Bergerac: Imprimerie Générale du Sud-Ouest, 1920

Jennings, Eric T., *Imperial Heights*, University of California Press, 2011, Larcher-Goscha, Trad., *La ville de l'éternel printemps. Comment Dalat a permis l'Indochine française*, Paris: Payot, 2013

Tessier, O., Bourdeaux, P., & Ecole française d'Extrême-Orient, *Đà Lạt - Et la carte créa la ville··· Đà Lạt - Bản đồ sáng lập thành phố··· Đà Lạt - And the map created the city···* Hanoi: Nhà Xuât Bản Tri Thú/ Ecole Française d'Extrême-Orient, 2013

Trô Trương, ed., *Dalat, ville d'altitude*, Comité Populaire de Dalat/ Editions Ho Chi Minh Ville, 1993

2 문화유산도시

평양, 다채로운 공간을 가진 도시

박준형, 〈개항기 평양의 개시과정과 개시장의 공간적 성격〉, 《한국문화》 64, 2013

박준형, 〈청일전쟁 이후 일본인의 평양 진출과 평양성 내에서의 '잡거' 문제〉, 《비교한국학》 23-3, 2015

유경호, 〈평양의 도시발달과 지역구조의 변화〉, 고려대학교 석사학위논문, 2007

李正熙, 《朝鮮華僑と近代東アジア》, 京都大學學術出版社, 2012

五島寧, 〈日本統治下の平壤における街路整備に関する研究〉, 《土木史研究》 14, 1994

朝鮮商工研究會, 《朝鮮商工大鑑》, 1929

朝鮮總督府, 《朝鮮に於ける支那人》, 1924

朝鮮總督府殖産局, 《朝鮮工場名簿》, 1934

부산, 가난이 상품화되는 시대의 관광도시

김선호, 〈도시재생 패러다임 바꾸는 부산 '예술가방168' 개관〉, 《연합뉴스》 2016년 10월 21일

김은정, 〈오버투어리즘의 경고〉, 《전북일보》 2017년 2월 2일

남종영, 〈부산 산토리니의 비밀〉, 《한겨레신문》 2009년 3월 7일

임영신, 〈"관광객은 꺼져라!" 크루즈 막아선 베니스 주민들〉, 《오마이뉴스》 2017년 1월 29일

최흥수, 〈가로등불 아래 그리움이 눕다 … 부산 야경명소〉, 《한국일보》 2017년 4월 11일

부산시 공식 관광 포털 https://www.visitbusan.net/kr/index.do

타이난, 가려져 있던 역사의 도시

高明士 編, 《臺灣史》, 五南, 2010

林玉茹, 〈開港前后臺湾南北雙核心區域型經濟區的形成與發展(1851~1895)〉, 《地域文化研究》, 2017

周婉窈, 《少年臺灣史(增訂版)》, 玉山社, 2019

許雪姬 編, 《來去臺灣》, 國立臺灣大學出版中心, 2019

타이완 國家文化資産網 https://nchdb.boch.gov.tw/

타이베이, 오래된 성시의 권력과 일상

수쉬빈, 곽규환·남소라·한철민 옮김, 《현대 타이베이의 탄생 보이지 않는 타이베이와 볼 수 있는 타이베이》, 산지니, 2020

栖來光, 《在臺灣尋找Y字路》, 玉山社, 2017

中央研究院 數位文化中心,《臺北歷史地圖散步》, 臺灣東販, 2016

Allen, Joseph Roe, *Taipei*, Seattle: University of Washington Press, 2012

Sheng Wu, Phantasmagoria, *A study on the Transformation of Urban Space in Colonial Taiwan- Tainan and Taipei, 1895~1945*, Ph.D dissertation, National Cheng Kung University, 2006

도쿄, 막부 붕괴와 메이지의 상징

백용운, 〈근대화와 박람회〉,《대한건축학회논문집(계획계)》26-8, 2010

호즈미 가즈오, 이용화 옮김,《메이지의 도쿄》, 논형, 2019

호즈미 가즈오, 이용화 옮김,《에도의 도쿄》, 논형, 2019

江戸東京博物館,《常設展示総合圖録》3版, 2016

洋泉社MOOK,《浮世繪と古地圖でたどる江戸の名所》, 2017

마쓰야마, 언덕 위의 구름

박삼헌, 〈아베정권의 메이지 기억과 정치〉,《일본역사연구》48, 2018

藤岡信勝,《汚辱の近現代史》, 德間書店, 1996

司馬遼太郎,《司馬遼太郎全集 坂の上の雲》, 文藝春秋, 1973

成田龍一,《司馬遼太郎の幕末・明治》, 朝日新聞社, 2003

松山大學編,《マツヤマの記憶》, 2004

才神時雄,《松山收容所》, 中央公論社, 1969

호이안, 근세 동아시아 교역 항구에서 세계문화유산 도시로

최병욱, 〈17세기 제주도민들이 본 호이안과 그 주변〉,《베트남연구》2, 2001

Borri, Cristoforo, *Relation de la nouvelle Mission des pères de la Compagnie de Jésus au Royanme de la Cochinchine*, Rennes: J. Hardy, 1631

Cadière, Léopold Michel, "Les Européens qui ont vu le vieux Hue: Thomas Hue", *Bulletin des Amis du Vieux Hué*, vol.7, n.2, 1920

Nguyễn Thiệu Lâu, "La formation et evolution du village su Minh Hương (Faifoo)", *Bulletin des Amis du Vieux Hué*, vol.28, n.4, 1941

UNESCO, *Impact: the Effects of Tourism on Culture and the Environment in Asia and the Pacific: Cultural Tourism and Heritage Management in the world Heritage Site of the Ancient Town of Hoi An, Viet Nam*, Bangkok: UNESCO, 2008

3 산업군사도시

울산, 변방의 읍성에서 대표 산업도시로

《울산을 한권에 담다》, 울산광역시, 2017

배석만, 〈부산항 매축업자 이케다 스케타다의 기업활동〉, 《한국민족문화》 42, 2012

송수한, 《울산의 역사와 문화》, 울산대학교출판부, 2007

유형근, 〈20세기 울산의 형성과 역사적 변천〉, 《사회와 역사》 95, 2012

이민주, 〈울산 공업단지 개발에 관한 연구〉, 울산대학교 석사학위논문, 2008

정현준·한삼건, 〈울산 구도심의 도시변화 과정에 관한 연구〉, 《대한건축학회논문집(계획계)》 23-8, 2007

부평, '공업왕국'의 아픔과 기억

《동아일보》

《조선일보》

《朝鮮の自動車》

《朝鮮産業の決戰 再編成》(1943)

부평역사박물관,《부평 산곡동 근로자 주택》, 2015

부평역사박물관,《미쓰비시를 품은 여백, 사택마을 부평삼릉》, 2016

부평역사박물관,《부평》, 2017

염복규,《서울의 기원 경성의 탄생》, 이데아, 2016

오미일, 〈자본주의생산체제의 변화와 공간의 편성〉,《한국근현대사연구》53, 2010

이상의, 〈구술로 보는 일제하의 강제동원과 '인천조병창'〉,《동방학지》188, 2019

이연경·홍현도, 〈부평 미쓰비시 사택의 도시주거로서의 특징과 가치〉,《도시연구》22, 2019

이연경, 〈부평의 노무자주택을 통해 본 전시체제기 주택의 특징과 산업유산으로서의 가치〉,《건축역사연구》30-3, 2021

인천광역시시립박물관,《관영주택과 사택》, 2014

흥남, 식민지의 일장춘몽

이연식,《조선을 떠나며》, 역사비평사, 2012

양지혜, 〈'식민자 사회'의 형성〉,《도시연구》7, 2012

양지혜,《일제하 일본질소비료(주)의 흥남 건설과 지역사회》, 한양대학교 박사학위논문, 2020

日本窒素肥料株式會社,《日本窒素肥料事業大觀》, 日本窒素肥料株式會社, 1937

興南邑,《興南邑勢一般》, 興南邑, 1937

松崎次夫·岡本達明 編,《水俣民衆史》2~5, 草風館, 1990

NHK取材班,《チッソ·水俣工場技術者たちの告白》, 日本放送出版協會, 1995

チッソ,《風雪の百年》, DNP年史センター, 2011

참고문헌

선양, 노동자와 기업에 대한 집단기억의 원형 공간

박철현, 〈중국 개혁기 공간생산 지식의 내용과 지형〉, 《중소연구》 37-1, 2013

박철현 엮음, 《도시로 읽는 현대중국 1》, 역사비평사, 2017

張立勤, 〈瀋陽: 被貧困撕裂的繁榮〉, 《南風窓》 2001년 9월

선전, 개발과 혁신의 실험장

윤종석, 〈선전의 꿈과 발전담론의 전환〉, 《현대중국연구》 17-1, 2015

윤종석, 〈중국의 급속한 도시화〉, 《역사비평》 115, 2016

윤종석, 〈중국 선전 경제특구 초기의 체제전환과 북한에의 함의〉, 《탐라문화》 63, 2020

윤종석, 〈뤄팡촌, 개혁개방 1번지 선전과 자본주의 홍콩 사이에서〉, 조문영 외, 《민간중국》, 책과함께, 2020

王京生 主編, 《深圳十大觀念》, 深圳报業集團出版社, 2011

梁英平·謝春紅 等, 《深圳十大觀念解讀》, 2012

기타큐슈, 철의 도시가 남긴 흔적들

류영진, '간몬해협 지역에 얽힌 기억들 그리고 부산(성찰)' 한국해양대학교 유라시아 특강 One Asia One Sea 강의자료, 2020

류영진, 〈후쿠오카시와 키타큐슈시의 인구 증감 양상에 대한 탐색적 고찰〉, 《동북아문화연구》 44, 2015

염미경, 《일본 기업도시의 재구조화에 관한 연구》, 전남대학교 박사학위논문, 1998

北九州市, 〈近代·現代(産業經濟1)〉, 《北九州市史》, 1991

北九州市,〈近代·現代(産業經濟2)〉,《北九州市史》, 1992

水邊の生活環境史研究班編集,

《北九州市若松洞海灣における船上生活者の歴史的變容》,

神奈川大學日本常民文化研究所非文字資料研究センター, 2014

블라디보스토크, 요새에서 도시로

박준범 외 3인,〈블라디보스토크와 이르쿠츠크의 시대별 도시공간구조 변화에 대한

연구〉, 서울대학교 지리학과, 2014

박환,《박환교수와 함께 걷다 블라디보스토크》, 아라, 2014

세와키 히사토, 구양근 옮김,〈블라디보스톡 견문잡기〉,《한일관계사연구》, 1998

홍웅호,〈1858~1898년 러시아의 동아시아 팽창과 만주〉,《동북아역사논총》, 2006

Музей имени Арсеньева,《Старый Владивосток》, 1992

참고문헌

지은이 소개
(이름 가나다 순)

고윤수

대전광역시 학예연구사. 지방공무원으로 가끔 논문을 쓰며 능문능
리의 사람이 되고자 노력 중이다. 한국의 근대 도시 형성사, 특히
도시의 위계성과 재조 일본인들에 관심을 두고 있다. 주요 논문으
로 〈일제하 대전의 한국인 유지들의 등장과 변화〉, 〈식민도시 대전
의 기원과 도시공간의 형성〉, 〈1910~1930년대 대전의 도시개발과
재조일본인사회〉 등이 있다.

김봉준

인천대학교 중국학술원 상임연구원. 국립타이완대학교 역사학과
박사 수료. 근대 동아시아 외교사를 공부하고 있다. 한국과 타이완
등을 중심으로 동아시아의 국제관계를 새롭게 바라보는 작업에 열
중하고 있다. 주요 논문으로 〈무술변법기戊戌變法期 청淸의 조선정
책과 근대 외교의 수립(1895~1899)〉, 〈광서주판이무시말·청계외교
사료의 해제解題와 조선 관련 문건〉, 〈조청朝淸 봉천변민교역장정
奉天邊民交易章程의 역사적 의의(1882-1883)〉 등이 있다.

김은진

가톨릭대학교 국사학과 강사. 근대 오물 처리체계와 오물 활용 방
식에 관심이 있다. 현재는 한국인들의 순환 활용 방식과 청계천의
관계, 대한제국의 오물 처리에 관해 연구하고 있다. 주요 논문으로
〈20세기 초 일제의 서울지역 오물 처리체계 개편과 한국인의 대
응〉 등이 있다.

류영진

규슈산업대학교 경제학과 교수. 문화사회학에 기반한 소비문화와
지역경제 연구에 관심이 있다. 사회학과 경제학의 학제적 연구 작

업도 지속해서 하고 있다. 지은 책으로 《일상과 주거》(공저), 《ICT클러스터의 혁신과 진화: 판교에서 오울루까지》(공저) 등이 있고, 일본의 경제 고전 《도비문답》을 국내 초역하였다. 주요 논문으로 〈아즈마 히로키東浩紀의 데이터베이스 소비론과 한국소비문화에의 시사점에 대한 탐색적 고찰〉, 〈일본의 '관계인구関係人口' 개념의 등장과 의미, 그리고 비판적 검토〉 등이 있다.

민유기

경희대 사학과 교수, 글로컬역사문화연구소장. 파리 사회과학고등연구원(EHESS) 역사학 박사. 도시사학회 회장, 한국서양사학회 총무이사, 한국프랑스사학회 총무이사 등을 역임했다. 프랑스 도시문화사, 정치문화사, 국제관계사, 젠더사를 연구하며, 30여 권의 저·역서를 출간했다.

박삼헌

건국대학교 일어교육과 교수. 일본 근대국가와 천황, 그리고 국민 형성에 관심이 있다. 최근에는 메이지 이후 '메이지'가 어떻게 국가와 국민의 '기억'으로 재편성되고, 그 과정에서 어떻게 '정치'로 작동하는지 분석하고 있다. 지은 책으로 《근대 일본 형성기의 국가체제》, 《천황 그리고 국민과 신민 사이》 등이 있고, 주요 논문으로 〈1970년대 일본의 보수주의 언론과 한국인식〉, 〈일본의 근대화 산업유산과 도시재생: 도미오카 제사장과 실크산업 유산군을 중심으로〉 등이 있다.

박준형

서울시립대학교 국사학과 부교수. 근대이행기 한반도에서 외국인의 거류 공간으로 존재했던 '조계'를 비롯하여 조약상에 규정된 공간들의 경계가 식민지화 과정에서 어떻게 재편되어 갔는가를 연구해 왔으며, 최근에는 '촌락' 개념을 중심으로 사학사의 재검토를 시도하고 있다. 지은 책으로 《제국 일본의 동아시아 공간 재편과 만철조사부》가 있으며, 주요 논문으로 〈청일전쟁 이후 잡거지 한성의 공간재편 논의와 한청통상조약〉, 〈재한일본 '거류지'·'거류민' 규칙의 계보와 《거류민단법》의 제정〉, 〈'조계'에서 '부'로: 1914년, 한반도 공간의 식민지적 재편〉, 〈하타다 다카시의 중국 촌락 연구와 한국사 서술에의 영향〉 등이 있다.

박철현

국민대학교 중국인문사회연구소 HK연구교수. 중국 동북東北지역, 국유기업, 노동자, 역사적 사회주의, 만주국, 동아시아 근대국가, 기층 거버넌스, 도시 등에 관심이 있다. 지은 책으로 《도시로 읽는 현대중국 1, 2》(편저), 《특구: 국가의 영토성과 동아시아의 예외공간》(공저), 《세계의 지속가능한 도시재생》(공저) 등이 있고, 주요 논문으로 〈중국 동북지역의 전형단위제와 '창판대집체기업'〉, 〈초국경도시 훈춘 변화의 중국적 요인 (신)동북현상과 지린성 '삼화삼동' 전략〉, 〈다큐멘터리 다싼샤大三峽와 현대 중국의 하이모더니즘〉 등이 있다.

박현

서울시립대학교 서울학연구소 연구원. 근현대 도시사에 관심이 있다. 주요 논문으로 〈일제시기 경성의 창기업娼妓業 번성과 조선인 유곽 건설〉, 〈20세기 초 경성 신정유곽의 형성과 변화 과정에 대한 공간적 분석〉 등이 있다.

서준석

서울역사편찬원 전임연구원. 근현대 도시사에 관심이 있다. 지은 책으로 《한국사, 한 걸음 더》(공저)가 있고, 옮긴 책으로 《흔들리는 동맹》(공역) 등이 있으며, 주요 논문으로 〈자유당 정권에서의 정치 테러〉 등이 있다.

송은영

연세대학교 국학연구원 전문연구원. 서울이 현대 도시화되는 과정과 문학적 재현 사이의 관계를 탐구하며 현대 서울의 사회사, 문화사, 일상사를 재구성하는 데 관심이 있으며, 앞으로 서울과 동아시아 대도시의 현대화를 비교할 계획이다. 지은 책으로 《서울 탄생기》, 《쉽게 읽는 서울사 2》(공저) 등이 있으며, 주요 논문으로 〈사이키델릭 문학, 그리고 변방 히피들의 뒤틀린 성〉, 〈글쓰는 청년 전태일〉, 〈중산층 되기, 부동산 투기, 사회적 공간의 위계 만들기〉 등이 있다.

양지혜

동북아역사재단 연구위원. 한국 근현대 '개발'의 사회사를 연구하고 있다. 경제를 글감으로 하되 '성장'이 아닌 '삶'에 관심이 있다. 주요 논문으로 〈빗장을 건 도시: 일제시기 흥남의 탄생과 기업의 도시화 전략〉, 〈근현대 한국의 광업 개발과 '공해'라는 느린 폭력〉, 〈일제하 대형 댐의 건설과 '개발재난'〉, 〈'개발'의 한계선상에서: 그림자 사람들이 말하는 '개발'과 '개발 너머'〉 등이 있다.

윤종석

서울시립대학교 중국어문화학과 조교수. 중국의 광둥지역, 농민공, 이주와 시민권, 산업과 노동, 사회 거버넌스와 사회복지 등에 관심이 있다. 지은 책으로 《아시아의 이주와 모빌리티특구》(편저), 《특구》(공저), 《도시로 읽는 현대중국 2》(공저), 《민간중국》(공저) 등이 있고, 《아이폰을 위해 죽다》를 공동 번역했다. 주요 논문으로 〈'선전의 꿈'과 발전담론의 전환〉, 〈중국의 급속한 도시화〉, 〈중국 사회 거버넌스 확산 속 동북지역 사구건설의 진화〉(공저), 〈중국 개혁개방 이후 농민공 개념의 형성과 변용〉, 〈중국 신형도시화의 전환적 함의〉, 〈'지역'으로서의 '동아시아'〉(공저) 등이 있다.

이연경

인천대학교 지역인문정보융합연구소 학술연구교수. 19세기 말 이후 서울과 인천을 비롯한 동아시아 도시들의 근대화와 식민화 과정에 관심이 있다. 도시민의 일상생활과 도시환경 그리고 건축 유산을 중심으로 연구를 진행 중이다. 지은 책으로 《한성부의 '작은 일본' 진고개 혹은 본정本町》, 《인천, 100년의 시간을 걷다》(공저) 등이 있고, 주요 논문으로 〈한국의 산업유산 관련 제도와 현황〉, 〈부평의 노무자주택을 통해 본 전시체제기 주택의 특징과 산업유산으로서의 가치〉 등이 있다.

이진현

서울역사박물관 교육대외협력과장. 건축 역사와 역사 보존에 관심이 있다. 〈1784 유만주의 한양〉, 〈서울과 평양의 3·1운동〉 등의 전시를 기획하였으며, 바티칸박물관, 에도도쿄박물관에서 교류 전시를 개최하였다. 서울역사박물관의 분관인 돈의문역사관, 공평도시유적전시관 개관과 상설전시실 1존 개편 업무를 담당했다. 현재 모두를 위한 포용적 박물관 구현을 위해 노력하고 있으며, 서울역사박물관 어린이박물관 조성을 준비하고 있다.

찾아보기

442